# 会计师事务所与客户社会资本匹配的

## 治理效应研究

陈宋生　李晨溪　著

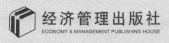
经济管理出版社
ECONOMY & MANAGEMENT PUBLISHING HOUSE

图书在版编目（CIP）数据

会计师事务所与客户社会资本匹配的治理效应研究/陈宋生，李晨溪著 . —北京：经济管理出版社，2022.6

ISBN 978-7-5096-8530-3

Ⅰ.①会… Ⅱ.①陈… ②李… Ⅲ.①会计师事务所—研究—中国②客户—社会资本—研究—中国 Ⅳ.①F233.2②F726.9

中国版本图书馆 CIP 数据核字（2022）第 099614 号

组稿编辑：张馨予
责任编辑：张馨予 乔倩颖
责任印制：黄章平
责任校对：张晓燕

出版发行：经济管理出版社
（北京市海淀区北蜂窝 8 号中雅大厦 A 座 11 层 100038）
网 址：www.E-mp.com.cn
电 话：（010）51915602
印 刷：唐山玺诚印务有限公司
经 销：新华书店
开 本：720mm×1000mm/16
印 张：15.25
字 数：273 千字
版 次：2022 年 10 月第 1 版 2022 年 10 月第 1 次印刷
书 号：ISBN 978-7-5096-8530-3
定 价：78.00 元

# 前　言

　　自1978年党的十一届三中全会提出实行改革开放政策以来，我国不断吸引外资和引进国外先进的管理经验，为促进中国经济发展做出了重要贡献。然而，国内当时编制的报告被称为"资金平衡表"，以"资金占用＝资金来源"作为资产负债表，这一中国特色做法与国际上通用的会计制度具有较大出入，无法实现与国际接轨的目标，国外投资人无法了解中国企业真实的财务状况，更无法进行合资合作。为此，1979年中央决定在北京成立以吸引外资为主的中信集团，想要达到与国外企业深度交流合作的目的。为了让国外投资人真正地了解中国企业真实的财务状况，中信集团成立了会计咨询事务所，专门服务于中信集团对外投资各项事宜，包括对国内企业的财务报表按照国际通行的资产负债表格式重新编排。1980年，上海正式成立挂靠政府机关的上海会计师事务所，为上海吸引外资企业投资与合作服务，由留学归国通晓国际会计准则及惯例的上海财经大学娄尔行教授等负责编制国际通用的资产负债表。直至1992年邓小平同志南方谈话之后，上海、深圳相继成立交易所，直接催生了与国际会计准则制度接轨的《企业会计准则》和《企业财务通则》，俗称"两则两制"。同时，财政部还依据《企业会计准则》和《企业财务通则》针对不同行业特征分行业制定13个全国性的行业会计制度及相关财务制度，以"两则两制"为代表的企业会计制度迈出了会计改革最关键的一步。2006年2月15日，在"中国会计审计准则体系发布会"上，39项企业会计准则和48项注册会计师审计准则正式发布，这标志着适应我国市场经济发展要求、与国际惯例趋同的企业会计准则体系和注册会计师审计准则体系正式建立。

　　可见，自改革开放以来，我国的会计准则经历了一段借鉴、融合与创新的发展历程。截至2018年，全国各地成立的事务所已达到9005家。然而，在同样的制度背景下，为何会产生规模大小、文化理念、管理模式、报告风格等完全不同的事务所？事务所的发展首先是制度创新，通过直接引进的方式吸引外资创建事务所；其次是技术需要，一些大学教授从海外归来，了解国际通行的会计准则，因而成为创办事务所的主力军；最后是文化引领，上海的海派文化，使得上海更容易接受新生事物，上海创办的事务所非常多。与西方国家不同的是，我国的后发优势在于比较方便直接引进一套国际上成熟型的会计师事务所制度，然而结果是不同地区的事务所发展方式却并不一致。如果制度是有效的，那么事务所为什么会千差万别？这让我想到帕特南的《让民主运转起来》一书。作者运用社会资本、治理和善治等新的政治分析框架，对意大利进行个案考察，经过长达 20 年的实证研究，论述了意大利如何在法西斯专制崩溃后，成功地利用意大利深厚的公民传统，建立起一套有效的民主机制，逐渐使意大利社会走向善治和繁荣。在此期间，他发现一个有趣的现象，为什么意大利南方和北方在 20 世纪 70 年代同时进行民主实验，结果北方与南方的经济发展不一样呢？他通过调研发现，意大利米兰等北方地区有结社的传统，这使得人与人之间交往较多，互相信任，减少了交易和沟通成本，再往前追溯，发现北方地区一千多年来就是如此。以罗马为首的南方地区与北方相反，较少结社与交流，导致同样的试验，南方经济发展不如北方，后来这种结社传统被称为社会资本。我国注册会计师事务所的建立和发展是在借鉴西方国家制度基础上建立起来的，类似于意大利这种民主试验。那么，社会资本是否会对我国事务所发展产生一定的影响作用呢？

在中国注册会计师协会公布的"2012 年会计师事务所综合评价前百家信息"中，中国本土会计师事务所瑞华首次跻身"四甲"。但却在 2019 年卷入康得新造假案面临信誉破产和灭顶之灾。然而，通过计算对比发现，2019 年瑞华客户的盈余操纵程度低于前四大事务所客户。那么，究竟是什么原因导致瑞华会计师事务所出现了审计失败呢？是大规模并购所导致，还是事务所内部治理未能及时跟进，还是由于其他原因呢？

如果制度因素无法解释事务所"大而倒"的现象，那么是否有必要从非制度因素如社会资本分析其审计失败的原因呢？在英国，牛顿、胡克、哈雷、波义耳和惠更斯等人的科学成就，在很大程度上受益于皇家学会里经常性的交流。这种交流使得社会资本日益丰富，发挥作用。事务所客户的社会资本是否以及如何起作用呢？范博宏（2014）曾访问有 1300 多年历史的日本法师旅馆。该旅馆的两位掌门提及，传承百世是因为他们将自我与家族缩小到最小，反而将员工、客人、社区与社会置于自我之上。长期以来对员工有责任，员工相信他们。美国学者克林·盖尔西认为，即便是最保守的估计，由家族所有或经营的企业也占全世界企业总数的 65%～80%。全世界 500 强企业中有 40% 是由家族所有或经营的。这些家族企业长盛不衰的秘籍是什么？是制度原因还是非制度因素？如果制度可以复制，为什么企业平均寿命很少超过十年？

可见，无论是事务所还是客户的发展，除了受制于制度性差异、经营管理方法与理念差异之外，根植于文化之中的社会资本可能也在其中起着重要作用。

马凯硕在《中国的选择》中引用 Jean Fan 的话，"我们需要研究中国，不仅仅是为了更好地协调关系，而是因为从中国的成就中，我们也许会发现美国复兴所需的重要事实"。中国能取得今日之成就，一定有某种内在的张力值得我们去深入探讨。2022 年初，因为康美药业舞弊案，我们的事务所与客户都受到严厉的惩罚。这让我们反思，事务所应当担什么样的责。全球新冠肺炎疫情肆虐，中国人均 GDP 接近 1 万美元，改革也即制度的创新才是跨过中等收入陷阱的良方。因此，是否有必要将社会资本纳入制度或规范中，这样做的目的是使社会资本（如校友、老乡、战友、政协委员、人大代表关系）在承接业务中发挥作用的空间进一步缩小，审计师不必为迎合客户在周末陪伴其到高尔夫球场打球，而是让市场在审计资源配置过程中发挥更为关键的作用，是我们当下需要仔细考虑的问题。

在早期，事务所的发展可能通过套利就能做大。当时事务所挂靠，计划经济色彩浓厚，企业家精神被抑制，价格信号扭曲，限价就是如此，资源配置严重不合理，实际生产远离生产可行性边界。事务所多而滥。在相当长的时间里，审计市场处于严重的不均衡状态，套利空间无处不在，而且有太多的闲置资源，无论是人员还是资本，都没有得到有效利用，只要开办事务所，就能盈利。随着国内市场与国际市场逐步一体化，也带来了新的不均衡和巨大的套利机会。把国际"四大"事务所的技术、产品、思想、管理方法移植到国内事务所，一样存在套利空间。但是，现在可以模仿、可以引进的全部被引进了，事务所处于严重的过剩状态，劳动力成本的优势也没有了。在套利空间越来越小、市场处于均衡的状态下，套利很难获得增长。事务所做大做强，必须从配置效率驱动转向创新驱动，事务所必须从套利型企业家转向创新型企业家。创新和套利的差别就如同修路和走路的区别。第一，创新是一个缓慢的过程，创新是高度不确定的事业。第二，创新的周期比套利长得多。瑞华在中国环境下，因为各种行政监管，没有一个好的法治环境，事务所可能通过关系或社会资本或派系，有套利空间。因此，在创新方面的积极性不够，只有逐渐创造出适合创新的制度生态，才能激励事务所从事真正的创新活动，当然这些创新包括审计方法、模式与管理方式等的变革，需要清除一些给创新设置的障碍。这涉及社会资本的两面性。

现有研究支持社会资本的好处，但特定的网络配置和网络可能会产生负面后果（Tan et al.，2015）。社会资本也有"黑暗面"，如过度嵌入导致的潜在绩效弱化（Uzzi，1996），被困在有凝聚力的网络中导致的缺乏灵活性（Gargiulo and Benassi 2000；Maurer and Ebers，2006），或者当在网络上花费太多时间时，可能发生的网络过载（Steier and Greenwood，2000）。社会资本的负面还包括维持社会资本关系的成本（Coleman，1988；Inkpen and Tsang，2016）、竞争盲点以及妨碍其他组织过程或结果的过度联系（Inkpen and Tsang，2016）。此外，正如 Lin 和 Si（2010）所指出的，我国的社会资本可能会导致某些不利的社会和组织后果，特别是市场碎片化、国家干预和寻租活动。Zhu 和 Li（2011）指出，新创企业往往依赖外部联系和网络来获得必要的资源；然而，过度依赖外部网络会降低他们创造资源的能力。

审计学中对社会资本的负面研究却很少。在未来的研究中，仔细研究这一负面现象，并将不同类型的社会资本区分开来，可能更有助于理解社会资本及其绩效产生的影响作用。直觉上，一个人的关系和他获得的收益成正比，但是建立关系并持续维系也需要一定的成本。如果关系使用不当（寻租或贿赂），便会导致腐败。我国会计师事务所之间的正常竞争往往缺乏法律保护，导致审计师可能会通过人际非正式关系开展业务、获取信息和资源。然而，很少有实证研究对这些问题进行分析。研究人员应进一步探索审计市场上，各种类型的与网络社会资本相关的积极因素和消极因素。关于审计社会资本负面的潜在研究问题包括：什么时候审计社会资本的负面影响超过了正面影响？随着个人和/或组织的网络规模和/或年龄的增长，社会资本的好处是否减弱或变为负值？如何平衡中国维持审计市场强关系的高成本和弱关系的低效率，以获得最佳结果？审计社会资本某些方面的负外部性，如我国国内事务所组织中的亲密关系是否会在西方审计市场中出现？在制度转型和/或变革的情况下（如当中国跨国公司进入发达国家时），中国审计市场社会资本的某些方面的积极作用是否会变成消极作用？审计市场社会资本的积极影响和消极影响的形成机制是什么？

已有研究较多关注事务所或客户社会资本或政治关联、社会网络的作用，但是少有关注事务所与客户社会资本联动的情况。根据匹配理论，如果事务所与客户社会资本匹配时（当然这种情况极少出现），社会资本不会发挥治理作用。如果双方社会资本不匹配，对客户及事务所治理机制会产生什么影响？基于此，力图通过分析事务所与客户社会资本匹配度，观察其对双方治理机制及效果产生的影响。为此，陈宋生于 2016 年成功申请国家自然科学基金（71672009），并以此为题展开相关研究。

爱屋及乌，我们是否夸大了社会资本在中国的作用，因为我国的社会是不患寡而患不均的，如果个人的社会资本太过突出，可能会出问题，包括历史上一些红顶商人如元朝的沈万三的个人社会资本，最后归为失败，这不是偶然的。或许正是这些剪不断、理还乱的想法，使得我们写下这本专著。希冀读者在阅读本书过程中，或之后，可以产生一个思索，听见非制度的声音由远而近，匆匆向我们走来，为我们的审计研究启发一种新的灵感与思考，为审计市场尽一分心力。

本书应当是我和我指导的多位博士生共同的研究成果。由本人起草确定整个框架，李晨溪同学协助整理相关资料、撰写部分章节。她承担了大量的工作，感谢她的辛苦劳动与付出。本书借鉴了本人与博士生李文颖、刘青青、曹圆圆、严文龙、田至立、李睿、吴倩、王琦、邓婷友、郭桐羽、王文帅、秦伊宁、张希仁等同学一起合作研究的一些成果，还有与博士后吕文岱、杜雨微、张铧兮、王少华、赵爽等同学的一些研究心得，硕士生谭韵、彭雨欣、明靖博、李雯白、董明韫、王雪怡等同学积极参与讨论，也贡献了他们的智慧，十分感谢与他们在一起紧张学习与热烈讨论中度过的美好时光，每周例会同学们激烈的思想碰撞与交流是本书很多思想的源泉，与他们的相互学习是我的一段美好经历。

本书为陈宋生主持的国家自然科学基金项目（71672009，71972011）的阶段性成果。十分感谢经济管理出版社杨世伟社长 20 多年来的大力支持、鼓励与鞭策，以及张馨予女士的督促与包容，本书最终得以交稿，也使得我们之间的社会资本增加了许多，感恩每一个遇见！

陈宋生

2022 年 1 月 1 日

# 目　录

第一章　引言 ………………………………………………………………… 1

　　第一节　研究背景 ……………………………………………………… 1

　　第二节　研究意义 ……………………………………………………… 3

　　第三节　研究内容、方法 ……………………………………………… 4

　　第四节　主要创新点 …………………………………………………… 6

第二章　审计市场社会资本研究 …………………………………………… 8

　　第一节　历史沿革 ……………………………………………………… 8

　　第二节　概念释义 ……………………………………………………… 18

　　第三节　测度方法 ……………………………………………………… 21

　　第四节　理论框架 ……………………………………………………… 25

第三章　事务所与客户社会资本匹配对审计行为影响的机理分析 ……… 27

　　第一节　引言 …………………………………………………………… 27

　　第二节　嵌入社会资本的新审计理论框架 …………………………… 30

　　第三节　认知及关系面社会资本互动：认同与协调功能 …………… 34

　　第四节　结构面社会资本互动：相对资源权力功能 ………………… 36

　　第五节　社会资本互动各功能对审计行为的影响机理 ……………… 39

　　第六节　结论与启示 …………………………………………………… 42

第四章　事务所与客户社会资本匹配后果：事务所的治理效应 ………… 44

　　第一节　事务所与客户社会资本匹配对审计收费的影响 …………… 44

第二节　事务所与客户社会资本匹配对审计质量的影响 ·············· 51

　　第三节　相对资源权力视角下社会资本匹配与审计质量 ·············· 59

　　第四节　客户重要性与审计质量 ······························· 86

　　第五节　审计定价市场化削弱会计师事务所派系控制了吗? ·········· 105

第五章　事务所与客户社会资本匹配后果：客户的治理效应 ·············· 144

　　第一节　事务所与客户社会资本匹配对企业决策的影响 ············· 144

　　第二节　事务所与客户社会资本匹配对盈余管理的影响 ············· 151

　　第三节　事务所与客户社会资本匹配对企业价值的影响 ············· 154

　　第四节　事务所与客户社会资本匹配对薪酬治理的影响 ············· 158

第六章　事务所与客户社会资本匹配后果：对资本市场的影响 ············ 162

　　第一节　事务所与客户社会资本匹配对分析师预测的影响 ··········· 162

　　第二节　事务所与客户社会资本匹配对媒体关注的影响 ············· 173

　　第三节　事务所与客户社会资本匹配对投资者债权人的影响 ········· 176

第七章　大数据审计对事务所—客户社会资本匹配的影响 ··············· 183

　　第一节　大数据概述及其对审计市场社会资本的影响 ··············· 183

　　第二节　大数据审计概述及其对社会资本的影响 ················· 190

　　第三节　大数据审计对事务所—客户社会资本的影响 ··············· 201

第八章　结论和研究展望 ····································· 209

　　第一节　主要研究结论 ····································· 209

　　第二节　未来展望 ········································ 211

参考文献 ················································ 218

# 第一章　引言

## 第一节　研究背景

我国民间审计发展最早可追溯至 1918 年。时年留学日本归来的谢霖先生从北洋政府手中取得第一号会计师执照，开设我国第一家会计师事务所（以下简称"事务所"）——"正则会计师事务所"。然后是徐永祚会计师事务所（1921年），后改称正明会计师事务所。被称为"中国现代会计之父"、留学美国归来的潘序伦 1927 年创立潘序伦会计师事务所，1928 年更名为立信会计师事务所。他倡导"立信，乃会计之本，没有信用，也就没有会计"，"立信"准则为"信以立志、信以守身、信以处事、信以待人、毋忘立信、当必有成"。此后是 1927年奚玉书的"公信会计师事务所"。可见，"四大事务所"缘起于脆弱的经济发展，由海外留学归国人员促成，强调"信用"对事务所发展的重要性。从社会资本大范围概念看，信用包含在社会资本中，社会资本始终对事务所发展有着不可或缺的作用。这也促成笔者关注社会资本在民间审计发展中的作用。

改革开放之前，国家经济以计划经济为主，民间审计并无存在的经济基础。党的十一届三中全会以来，我国企业普遍采用的"资金平衡表"已无法反映企业的资产、负债与所有者权益状况。中央鼓励中外合资、合作经营企业，外方首先有必要了解中方企业的财务状况，否则就无法合作。为此，1981 年正式批准第一家会计师事务所即"上海会计师事务所"。该所协助中方企业编制外方能够看懂的，与国际惯例接轨的资产负债表与损益表等，这样才可能与外方合作经营企业。此后，各地陆续成立有挂靠单位的事务所。按照马克思的话，实践的需要比十所大学更能推动科学往前发展，中华人民共和国民间审计的发展一开始就是为了完善中外合作制度而成立的，并不是自发成立的。事务所发展在引进外资、促进经济发展、改革开放等方面，发挥了巨大的作用。截至 2018 年 12 月 31 日，全国共有会计师事务所 9005 家，其中总所 7875 家，分所 1130 家。在中注协、中国证监会及财政部备案的具备证券执业资格的会计师事务所有 40 多家。近年来，已经将证券审计资格事务所由"审批制"改为"备案制"（2020 年），很多事务所也获取了证券审计资格。理论上只要是采用特殊普通合伙制的事务所都具有审计上市公司资格，但是真正从事上市公司审计业务的还不到 100 家。在 9000 多家会计师事务所中，真正能够让人们记住的事务所可能也就前"十大"，绝大部分中小事务所的存在感是非常弱的。为什么会出现这种现象呢？同样的制度背景、法制环境与政治生态，造就如此千差万别的事务所，其原因何在？这让人想起帕特南的《让民主运转起来》，1970 年意大利在全国同时进行政治制度改革，实际结果是以米兰地区为首的北方地区和以罗马地区为首的南方地区，其经济发展水平完全不同。观察发现，北方地区注重结算自由、协会林立，人们相互之间交往较多，相互信任，交易成本较低，社会资本较强。而南方地区社团相对较少，较少结社，人们更多猜疑，互不信任，交易成本较高，社会资本较弱。那么，我国事务所的发展是否也有异曲同工之妙呢？这促使我们思考社会资本的作用。

无论是民间审计行业发展，还是事务所本身的发展，社会资本都在其中发挥了非常重要的作用。相较而言，与社会资本相关的文章也陆续发表，主要关注政治关联（周泽将等，2017；Liu and Ying，2019）、校友关系（Shue，2013；申宇等，2017）、籍贯（Fracassi and Tate，2012；王雯岚和许荣，2020）以及客户政治资本（高凤莲和王志强，2015；廖理等，2020）。但是，无论是客户还是事务所，社会资本都是在同时发挥作用。然而，当事务所—客户两边社会资本不匹配时，其社会资本是否以及如何发挥作用呢？2012 年加州大学洛杉矶分校教授罗伊德·沙普利（Lloyd S. Shapley）和哈佛大学教授埃尔文·罗斯（Alvin E. Roth）因为"稳定匹配和市场设计实践理论"获诺贝尔经济学奖，依据匹配理论，不匹配的社会资本将影响事务所和客户双方的治理机制与绩效。

我国 1992 年成立上海证券交易所、深圳证券交易所时，以解决国有企业经营困难为主，大量国有企业才能获得上市资格。受制于当时意识形态，不能完全同股同权，直到 2006 年进行股权分置改革，进行全流通改革。尤其是后期一些国有企业改革成为整体上市，或一些上市公司通过合并，上市国有控股公司成为国有企业集团下属子公司。因而，主要观察国有企业集团子公司方式来衡量上市公司。在事务所方面，由于中注协等主管部门一直鼓励其做大做强，事务所从1992年开始就实施合并战略，全国各地分所林立。现实情况是，企业集团子公司聘请事务所分所成为常态。所以，有必要研究事务所与客户尤其是集团子公司与事务所分所双方社会资本匹配，对客户或事务所的治理作用。研究由此出发。

## 第二节　研究意义

早前已经有事务所社会资本相关研究，笔者希望在此基础上更进一步地探讨本书的理论与实现意义。

### 一、理论意义

一是界定事务所与客户社会资本匹配治理效应的理论内涵，建立理论框架，为审计治理的相关研究提供一个探讨性范例。根据莫茨和夏拉夫（1966）的理论框架，事务所与客户社会资本匹配的审计治理的内涵包括治理目标、原则、主体、客体、要素、结构、制度、运行、反馈全链条闭环系统。构建审计治理理论框架，弥补了审计治理内涵认知不足，又给出了深入剖析事务所与客户社会资本匹配治理机理的研究思路与方法。从事务所与客户双方社会资本匹配视角探讨其对事务所或客户的治理效应，弥补了已有研究仅关注事务所或客户单方面社会资本对审计质量的影响。二是从双边匹配理论视角分析审计师与客户双边匹配情况及经济后果，拓展了匹配理论在资本市场及审计市场的应用，丰富了双边匹配理论。三是从大数据审计视角分析，分析其对社会资本匹配的影响，丰富了大数据审计理论。利用大数据方法开展审计研究，包括社会资本的研究将是未来工作重点，对此进行分析，有利于引导理论界更好开展相关研究。综上所述，本书在继承和发展管理学、金融学等学科中已有的理论和方法的基础之上，构建会计师事务所与客户的社会资本匹配关系模型，深入分析会计师事务所与客户社会资本匹配对审计行为的影响机理，探讨事务所与客户社会资本的治理效应，并分析大数据审计对事务所和客户社会资本的影响，本书有助于丰富和拓展事务所与客户社会资本的研究内容和研究方向。

## 二、现实意义

会计实务界与审计实务界将从本书对会计师事务所与客户社会资本、审计行为、客户行为与资本市场关系的研究中，更为清楚地了解事务所与客户社会资本匹配的治理效应研究。一是有助于事务所从制度层面或文化层面入手，充分利用社会资本，提升审计业务水平，完善事务所内部治理体系。同时事务所应当充分利用社会资本，借鉴企业社会资本运营经验，订立专门的社会资本管理制度，重视社会资本的生成和维护，提升审计业务水平和审计效益，进一步完善事务所内部治理体系。二是在客户层面，应不断优化社会资本结构。三是在提供社会资本视角下，分析审计治理体系对资本市场的影响，探究监管层、投资者、分析师、评级机构、媒体关注以及投资者债权人等应如何应对社会资本带来的影响，使资本市场的发展更为健康有序。

## 第三节　研究内容、方法

现有研究认为，在新兴经济体中，审计能够对客户起到治理作用（Fan and Wong，2005）。审计人员可能通过审计意见提醒投资者，相关销售或相关贷款类关联交易存在盈余管理或掏空的风险（Fan et al.，2018），这些研究隐含着一个假定——审计师的独立性未受到影响。然而，2019 年中审华会计师事务所在审计家族上市公司——湖南天泪数字（代码 002113）时，未遵守职业判断标准（准则第 1101 号第 29 条规定），未充分关注关联交易涉及的会计确认问题（违规担保，合计金额 22.98 亿元），被中国证监会采取出具警示函监管措施。瑞华事务所因未勤勉尽职，未发现康得新公司（002450）控股股东非法占用资金进行关联交易，在 2020 年 1 月再次出具含有虚假的审计报告，被处以 420 万元罚款，客户大量流失。正中珠江事务所因未发现康美药业（600518）控股股东及其他关联方占用非经营性资金，88 亿元资金因关联公司购买股票被处罚，罚没 5700 万元，并对审计师进行警告。正式制度背景下，审计人员为什么或无法有效发现客户存在的问题。作为理性经济人，审计师必定不是有意或愿意在客户风险超出重要性水平下出具无保留意见，这里可能就是独立性受到损害。独立性包括实质上的独立性与形式上的独立性两个方面含义。实质上的独立，是要求审计师与客户之间必须毫无利害关系，它是无形的，难以测量的；形式上的独立性又称为"形体独立性""外在独立性"或"表面独立性"，是对第三者而言的，即审计师必须在第三者面前呈现一种独立于客户的身份，它是有形的，可以观察的。如审计师受利益驱动，审计师获得的利益足够超出可能的潜在成本，在目前审计师屡屡受到处罚的情况下，审计师不愿意为之，因而是小概率事件。因此，独立性受损可能更多的是实质上的独立性受到损害。如审计师受到客户的某种胁迫，客户在社会地位、社会网络等社会资本方面处于绝对强势地位，审计师只能迎合客户，而这方面因为无法观察，也无法起诉，更可能出现。这种社会资本的强弱比较，可以称之为匹配。可见，这些研究未从事务所与客户双边社会资本匹配视角考虑其治理效果。研究由此出发。

本书研究内容如下：

第一章为引言。介绍研究背景、研究意义、研究内容与创新点。

第二章为审计市场社会资本研究。尽管已经有很多有关社会资本的研究，以及社会资本对企业内部治理及资本市场的治理，但是真正的有关审计市场的社会资本的研究还是比较少见。有必要厘清什么是审计市场的社会资本。

第三章为事务所与客户社会资本匹配对审计行为影响的机理分析。从理论模型探讨审计效应。

第四章为事务所与客户社会资本匹配后果：事务所的治理效应。社会资本的匹配会对事务所的内部治理产生影响，包括事务所内部治理应当关注合伙制治理形式（Morrison and Wilhelm，2008；黄琳琳和张立民，2016）、所有权结构（刘桂良和唐松莲，2005）、合伙人利润分享规则（Liu and Simmunic，2005；Lennox et al.，2020）、事务所网络与一体化治理（Hay et al.，2007；王春飞等，2016）、风险管理与质量控制（Bedard et al.，2008；王春飞和吴溪，2019）、事务所知识管理、师徒制（Sanders et al.，2009）等。本章重点关注事务所与客户社会资本匹配对审计收费、审计质量的治理效应，实证分析客户重要性对审计质量的影响、研究派系之间如何分配事务所高收费客户的审计权，并检验派系对事务所的内部治理的影响。

第五章为事务所与客户社会资本匹配后果：客户的治理效应。主要考察事务所与客户的社会资本匹配对企业决策、盈余管理、企业价值与薪酬治理的治理效应。

第六章为事务所与客户社会资本匹配后果：对资本市场的影响。审计报告对资本市场产生重要的影响，对分析师、媒体关注、评级机构、机构投资者及中小股东的各种行为产生影响，有必要分析这些资本市场参与者如何看待社会资本匹配效果。

第七章为大数据审计对事务所—客户社会资本匹配的影响。大数据审计的应用会极大提升审计效率，对包括审计方式、方法、手续与审计报告产生影响，进而对事务所与客户社会资本匹配的作用机理与经济后果产生影响，有必要分析大数据带来的各种影响。

第八章为结论和研究展望。包含主要研究结论和未来展望。在总结全书研究的基础上，具体对审计中社会资本的形成与作用、社会资本的类型与区别、事务所的社会资本管理与事务所的社会资本的未来发展作出展望。

## 第四节　主要创新点

与以往研究相比，本书的主要创新之处可以归纳为以下几个方面：

第一，本书有助于加深对社会资本审计效应的了解，对审计团队人员结构优化、客户对各类社会资本比重的管理或者社会资本匹配考虑在内的审计政策的修订和完善有一定现实意义。未来研究人员对于审计领域在社会资本计量方法扩展、社会资本互动双功能的作用机制实证检验、其他类型社会关联和社会关系子网络的审计效应研究、审计双方社会资本互动的理论仍有待进一步探讨。

第二，以往的研究大多仅仅考虑事务所或客户单边社会资本的治理效应，本书则从双边视角展开研究，探讨事务所—客户社会资本匹配所产生的治理效果。首先，本书探究事务所与客户社会资本匹配程度对事务所内部治理的影响。双方匹配程度的大小将决定是否有利于事务所或客户，当事务所社会资本大于客户时，将有利于其与客户的博弈，有必要探讨双方匹配程度对审计收费及审计质量的影响。其次，本书探究事务所与客户社会资本对客户的治理效应，重点关注事务所与客户之间的社会资本对企业决策、盈余管理、企业价值与薪酬治理等方面的影响。最后，本书从外部视角出发，考察事务所与客户社会资本对资本市场各方参与者如分析师、机构投资者、中小投资者、评级机构、媒体等的影响。

第三，继已有研究事务所与客户的社会关联对审计质量的影响机理后，本书对事务所与其客户没有社会关联时，双方社会资本匹配在审计过程中发挥的功能、功能发挥机制是什么、是哪些类型的社会资本在对审计行为产生显著影响，作出了如下回答：社会资源在社会中不是均匀分布的，组织所拥有的社会资源取决于其所处的社会地位。事务所与客户社会资本的相对资源权力越大，审计质量越高，功能发挥的机理有信息机制、权力机制和声誉机制，即审计方利用较高的相对社会资本，可从其他渠道获得客户的更多信息，在审计谈判沟通中占据权力优势地位；同时，较高的社会资本也将提高审计师的合谋成本，使审计方自发维护其社会声誉，进而提高审计质量。此外，客户的内外部社会资本对审计质量均有显著影响；高管团队中，CEO、CFO 以及不兼任 CEO 的董事长的政治型社会资本对审计质量有负面影响，且 CEO、CFO 政治社会资本较大时，更容易产生权力寻租、加剧代理问题、降低审计质量。研究结论提供了相对资源权力观下审计双方社会资本匹配对审计质量影响的经验证据，对事务所、客户和关于社会资本的动态管理或监管层的有效监督均具有现实启示意义。

第四，从社会资本匹配规模、匹配速度、匹配价值出发，探讨了大数据审计对事务所—客户社会资本匹配可能产生的影响。对相关大数据审计及社会资本的内容做出了有益补充。

# 第二章 审计市场社会资本研究

## 第一节 历史沿革

### 一、事务所沿革与社会资本演进

审计市场是审计市场主体、市场客体和市场交易的集合，是合理分配、利用审计资源的方式。在审计市场中，供需双方能够在一定价格水平下进行交易行为并以此构成经济责任关系。注册会计师是从事独立审计和会计咨询、服务的职业人员，以第三者身份能够独立、客观地出具鉴证意见，通常被市场经济称为"不拿政府工资的经济警察"。我国独立审计制度源远流长，最早可以追溯到西周时期宰辅一职的设置，并在唐、宋、明、清时期设立审计机构。我国的注册会计师制度诞生于 20 世纪初，恢复重建于 1980 年。纵观审计市场及其对应社会资本发展历程，大致可以归纳为以下五个阶段：

1. 改革开放前的独立审计阶段（1979 年之前）

改革开放前的独立审计可划分为两个阶段。第一阶段是中华人民共和国成立之前。1912 年"中华民国"成立。此后，由于军阀割据，中央集权弱化，国有经济基本瓦解，民营公司蓬勃发展，迎来了中国民营经济的"黄金年代"。1913～1915 年，中央政府颁布了《合股企业法》，所有权与经营权的两权分离催生了对第三方监督的需求。1918 年谢霖在北京创办了中国历史上第一家会计师事务所——正则会计师事务所，中国注册会计师制度诞生。此后由于第二次世界大战等诸多环境因素影响，政府对经济强行管制，民营经济几乎丧失殆尽，独立审计行业失去生存的土壤，其发展停滞不前。第二阶段是 1949～1979 年。中华人民共和国成立之初，我国实行高度集中的计划经济，经济活动无须独立的第三方核查，注册会计师行业一度中断。这一时期不存在事务所，当然也无所谓社会资本。

2. 恢复重建阶段（1980～1990 年）

1978 年，党的十一届三中全会确立了"对外开放，对内搞活"的方针，由于我国采用的是资金平衡表（资金占用等于资金来源），而国际上采用的是资产负债表，为更好地对外开展合作，对报表的公允性进行审计并公布审计报告，1980 年经国务院批准，财政部恢复重建注册会计师制度。1981 年初，财政部批准试点的全国首家会计师事务所即上海会计师事务所成立，成为上海市财政局下属事业单位。据丁平准先生在《风雨兼程：注册会计师之路》中记载，1985 年11 月，经工商部门登记核准为合伙制，湖北大信会计师事务所正式成立，成为恢复注册会计师制度后的第一家合伙会计师事务所。1986 年 7 月，国务院颁布《中华人民共和国注册会计师条例》，同年 10 月，财政部颁布《会计师事务所暂行管理办法》，1988 年 11 月财政部借鉴国际惯例成立中国注册会计师协会，随后各地方相继组建省级会计师协会，至 1991 年前后，全国会计师事务所已增至 459 家，批准注册会计师 6722 人，承办了大量的"三资"企业的纳税社保、查账、验资、外汇收支报表审查等业务，对改善当时的投资环境，吸引境外投资，发挥了积极的促进作用。这一阶段主要解决了中国注册会计师制度的"有无"问题，具体在以下四个方面实现了从无到有的飞跃：执业人员——注册会计师，执业机构——会计师事务所，立法保障——《中华人民共和国注册会计师条例》，管理组织——中国注册会计师协会。由此，我国注册会计师制度复苏。

这一阶段主要体现为挂靠体制。会计师事务所必须找一个行政单位作为挂靠单位，接受其领导和监督。当时环境下，有一个挂靠单位就会更好取信于客户。被挂靠单位可以为事务所提供经费、人员和业务上的支持（项怀诚，1999），而事务所可以为被挂靠单位创收并改善其员工福利，员工有双重身份，既是国家编制的工作人员，又是事务所执业人员。1986 年 7 月，国务院发布的《中华人民共和国注册会计师条例》将会计师事务所定性为"国家批准的依法独立承办注册会计师业务的事业单位"，作为事业单位，就需要有一个挂靠单位（丁平准，2011），这为事务所的挂靠体制提制了法律依据。由于承办事业单位需要有"挂靠单位"以取得其自身的"合法"地位，湖北大信会计师事务所为寻找其合适的"挂靠单位",从最初的中南财经大学（原名为湖北财经学院）更换为湖北省会计学会。1993 年财政部发布的《关于整顿注册会计师业务和会计师事务所的通知》明确要求，凡是成立事务所必须找一个挂靠单位，强化了事务所挂靠制度的合法性（项怀诚，1999）。

直至 1993 年，正逢行业整顿，挂靠单位需要不断"强化"，《中华人民共和国注册会计师法》颁布旨在更好地发挥注册会计师在社会经济活动中的鉴证和服务作用，加强对注册会计师的管理，维护社会公共利益和投资者的合法权益。同时允许注册会计师合伙设立会计师事务所。我国会计师事务所经历了挂靠体制发展下的不公平竞争与不正当竞争。市场职业环境较为恶劣，事务所不仅要承受客户方造成的压力，还要面对行政干预的压力，这大大削弱了会计师事务所的独立性，并严重阻碍了事务所大规模发展的客观要求。1995 年我国实行会计师事务所"脱钩改制"，体制改革要求改革做到在人员、财务、业务和名称四个方面全面脱钩。从财税制度改革角度看，事务所的脱钩改制与注册会计师事业的成败紧密相关，同时也关系到国家机构的成败与我国是否能够在2000 年初步建立社会主义市场经济体制。从证券市场管理角度看，提高注册会计师独立性能够保证上市公司财务报表质量，有利于保护中小投资者利益、稳定金融市场秩序与社会稳定。因此，注册会计师事务所实行"脱钩改制"刻不容缓。直至 1998 年 12 月，我国事务所在脱钩改制的浪潮中，逐渐回到合伙体制。

我国资本市场上的"老三案"（1992~1993 年深圳原野公司造假案、北京长城电子公司非法集资案和农业银行衡水支行信用证国际诈骗案）和"新三案"（1997~1998 年的琼民源案、红光实业案和东方锅炉案）中的审计失败几乎都可以从会计师事务所内部治理结构上找到根源。

这一阶段事务所的社会资本主要是原来挂靠的行政单位权力与地位，这些单位所拥有的资源与权力成为社会资本的来源。谁家挂靠的行政权力大，谁家客户资源就多，而审计质量未引起事务所重视，相关诉讼案件由原来行政单位代为应诉，因而出现很多问题，促成了事务所的脱钩改制。

3. 规范发展阶段（1991~1997 年）

1990 年 11 月和 1991 年 7 月上海证券交易所和深圳证券交易所相继成立，标志着我国资本市场的初步形成。1992 年邓小平同志南方谈话，为我国走上具有中国特色的社会主义市场经济发展道路奠定了思想基础。同年，党的十四大提出发展社会主义市场经济。这一时期，我国资本市场的形成与市场经济的确立促进了注册会计师行业的更大需求。同时国际会计师事务所在中国设立办事处乃至分所，中国注册会计师通过参与到国际会计师事务所的活动中，对会计师业务有了更深刻的理解与认识，大大促进了中国注册会计师行业的发展。自1992年起国际"六大"会计师事务所（现为"四大"）和中国会计师事务所设立中外合作会计师事务所。1993年接连发生的深圳原野、长城机电、海南中水三大会计造假案件催生了此后的一系列行业整顿法规。1993年7月，财政部发布《关于整顿注册会计师业务和会计师事务所的通知》，第一次大规模地进行行业清理整顿，同年10月，第八届全国人大四次会议通过《中华人民共和国注册会计师法》。1995年12月，财政部颁布第一批《中国注册会计师独立审计准则》。1996年12月，经财政部、审计署审批同意，由中国注册会计师协会颁布第二批《中国注册会计师独立审计准则》。1997年8月至1998年底中国注册会计师协会在全国范围内开展注册会计师行业清理整顿工作。截至1997年底，共撤销注销事务所520家，撤销分支机构1474家，处罚事务所1181家，清理执业人员4871人，处罚违规违纪执业人员2748名。这一阶段主要完成了行业人才选拔制度的建立、《注册会计师法》的颁布、审计准则体系的构建与市场秩序的整顿，解决了注册会计师行业"整乱"问题，全面清理了不合规的机构与执业人员、颁布相关法规，使得注册会计师行业逐渐走向规范化。此时，事务所的社会资本通常来自原行政单位。

4. 体制创新阶段（1998~2004年）

该阶段主要表现为脱钩改制。由国家行政部门举办会计师事务所的挂靠体制，在行业恢复重建中发挥了重要的支持作用，但也成为制约行业进一步发展的主要瓶颈。

从历史上看，自1949年中华人民共和国成立以来，我国推行国有国营计划经济体制，贯彻落实以计划经济为主、市场调节为辅的思想，计划经济反映了社会主义经济的本质要求，国家成为社会财产的所有者和管理者，影响市场供需的主要因素是行政干预而非市场经济。1978年12月，党的十一届三中全会后，中国开始实行对内改革、对外开放的政策。1979年7月1日，第五届全国人民代表大会第二次会议通过了《中华人民共和国中外合资经营企业法》，允许并鼓励国外企业、其他经济组织与个人进入中国，积极吸引外资。引入外资使得国外的企业与中国的企业合资经营，对我国的会计服务提出了更高的要求。在当时，我国主要使用的会计报表是资金平衡表，采用的记账方法是传统的收付记账法和增减记账法，而国外投资企业主要采用国际通用的借贷记账法。在中国民族工商业快速发展的时期，原本传统的记账方式远不能满足日渐复杂的经济活动的需求。上海会计师事务所特别邀请留学归国的潘序伦作为专家重新编制资产负债表。1979年，为顺应国际趋势，中信集团成立会计咨询服务部门。1984年10月，党的十二届三中全会在北京举行，会议一致通过《中共中央关于经济体制改革的决定》，明确提出在公有制基础上建立社会主义商品经济，首要任务是突破计划经济同商品经济对立起来的传统观念。1992年，邓小平同志南方谈话提出要建立社会主义市场经济体制，党的十四大正式提出建立社会主义市场经济体制的目标，市场经济要求的法律环境、市场监管不断完善，国有企业改革稳步推进，现代企业公司制度处于建设之中，民营经济也取得了长足的发展。在此情况下，会计师事务所如果仍然沿用传统的挂靠制度，其自身的实力与地位无法得到世界的认可，加之我国证券交易所先后成立，使事务所不断发展壮大。

1998年4月，财政部发布《关于执行证券期货相关业务的会计师事务所与挂靠单位脱钩的通知》，1998年底，全国102家具有证券相关业务资格的会计师事务所全部与挂靠单位脱钩（项怀诚，1999）。1999年4月，财政部发布《会计师（审计）事务所脱钩改制实施意见》，截至1999年底，全国会计师事务所脱钩改制工作基本完成（项怀诚，1999）。可见，在国务院支持下，财政部组织推进，注册会计师行业全面开展并完成了会计师事务所脱钩改制工作，事务所与挂靠单位在"人事、财务、业务、名称"四个方面彻底脱钩，改制为以注册会计师为主体发起设立的"自我发展、自主经营、自担风险"的独立服务机构。这一深刻变革在短短两年内基本完成，显示出其强力推动的特点。

这一阶段出现会计师事务所合并与设立分所的浪潮。通过改制进一步保证了注册会计师审计的独立性，后期关注于会计师事务所规模"大小"问题，扩大规模以适应我国加入WTO后证券金融市场与大型国企的审计需求，并使本土会计师事务所增强对在华国际会计师事务所的竞争力。该阶段事务所逐渐与其原有行政单位"分离"，事务所社会资本仍利用原行政单位，获取政治资本，较第一阶段相对弱化。

有限责任转制为特殊普通合伙。2000年4月13日《关于批准设立会计师事务所有关问题的通知》还曾规定有限责任事务所暂缓审批，但效果并不理想，有限责任事务所在我国占主导地位的状况至今仍未得到根本改变。财政部试图取消审计资格审批、事务所组织形式选择与财政部的扶持政策等举措，推动我国大型会计师事务所采用特殊普通合伙这一组织形式。2010 年 7 月 21 日，财政部、工商总局联合发布《关于推动大中型会计师事务所采用特殊普通合伙组织形式的暂行规定》，对我国大型和中型会计师事务所转制为特殊普通合伙规定了时间限制。2010 年 12 月 31 日，立信会计师事务所成为首家转制为特殊普通合伙组织形式的会计师事务所。直至 2013 年底，我国 40 家证券资格事务所已全部转为特殊普通合伙。

大信事务所前后体制的变化也是我国注册会计师事务所体制变迁的一个缩影。从中能够发现，在 1998 年脱钩改制前，事务所的社会资本主要借助于它所在单位的行政权力与地位，因此，事务所挂靠单位的行政权力大小决定了其拥有的社会资本大小，如财政部曾是中华会计师事务所的挂靠单位。

5. 国际发展阶段（2005 年至今）

2001 年加入世贸组织以来，我国经济国际化发展的特征日益凸显，特别是中国企业加快实施"走出去"战略，积极参与国际合作竞争，在全球范围内配置资源和拓展市场，对注册会计师行业的国际化发展提出了新的要求。顺应我国经济发展和注册会计师职业国际化的大趋势，中国注册会计师协会在 2004 年底召开的第四次会员代表大会上提出开放国内市场和进军国际市场并举的国际化发展思路，要求采取措施，大力推进行业国际化发展。2005 年注册会计师行业确立了以国际化为导向的行业发展战略目标，并相继在 2005～2016 年启动实施行业人才培养战略、准则国际趋同战略、事务所做强做大战略、新业务拓展战略和行业信息化战略。2006 年 2 月，中国注册会计师协会发布包括 48 项审计准则在内的审计准则体系。2007 年 5 月，中国注册会计师协会发布《关于推动会计师事务所做大做强的意见》和《会计师事务所内部治理指南》。2009 年 10 月，财政部发布《关于加快发展我国注册会计师行业的若干意见》。2010 年，财政部、国家工商总局印发《关于推动大中型会计师事务所采用特殊普通合伙组织形式的暂行规定》。2011 年 9 月，中国注册会计师协会发布《中国注册会计师行业发展规划（2011—2015 年）》。2012 年 6 月，中国注册会计师协会印发《关于支持会计师事务所进一步做大做强的若干政策措施》。2016 年 12 月，《中国注册会计师审计准则第 1504 号——在审计报告中沟通关键审计事项》等 12 项准则出台。行业发展由此进入国际化发展的新阶段。此时，事务所获取社会资本，必须通过市场竞争、市场资源配置的方式，而非复杂的行政关系。从中我们可以看到，审计市场的社会资本顺应了市场改革与时代发展，为事务所做大做强奠定了坚实的基础。

## 二、客户社会资本演进

不仅是社会学科，经济学、政治学与管理学近年来也越来越强调社会资本理论，使得社会资本的内涵和外延不断丰富和发展。林南（2005）认为社会资本根植于社会网络和社会关系中，并嵌入社会结构里，通过社会资本，可以在有目的的活动下摄取或动员资源。他将社会资本分为三个层面：一是社会资本是嵌入社会结构中的资源要素；二是社会资本是行动者利用社会网络中社会资源的能力；三是社会资本的结果，行动者通过发掘利用社会资源，提高社会效率。归根结底，社会资本的本质是研究行动主体之间的关系网络。目前，在社会层次上，社会资本研究涉及的学科主要是人类学、社会学和经济学；在个人层次上，社会学和心理学也有众多研究成果；在集体层面上，近年来也涌现较多学科对社会资本的关注，本书落脚在客户社会资本的研究上。

"物竞天择，优胜劣汰，弱肉强食，适者生存"是大自然筛选物种的根本方法，也是生物世界竞争的普遍规律。Charles Robert Darwin 曾经说过："那些能够生存下来的并不是最聪明和最有智慧的物种，而是那些最善于应变的物种。"戴尔公司首席执行官 Michael Dell 同样认为："竞争优势和成功不会是永远的，赢家是那些保持移动的人。只有变化是在商业中唯一不变的。"在这样的背景下，合作共赢的理念逐渐深入人心，日益成为企业面对竞争的一种战略手段。社会资本深刻影响企业的经营绩效和其自身在同行业中的竞争优势（Woolcock，1998）。企业的创新与进步如果仅仅依赖自有资源将难以长期发展，只有与外部建立良好的社会关系网络，依靠内外资源相结合、交换创新资源的方式，企业才有可能实现可持续发展。企业社会资本研究通常定位在组织层面上，需要兼顾员工层面，社会资本已然成为企业竞争力强弱的"第四种资本"（Burt，1992；Stiglitz，2000），且社会资本又通过影响企业的结构化社会资本间接地影响企业的技术创新水平（王霄和胡军，2005），不断提高企业组织绩效。然而，无论从社会整体还是从微观个体的视角来看，社会资本并非固定不变，环境动态不确定性逐渐颠覆企业竞争的"游戏规则"、自身的经营习惯，社会资本随着经济社会的不断变迁而改变（边燕杰等，2020）。因此，引出一个需要我们思考的问题，在经济全球化与新技术推动的时代背景下，在我国改革开放 40 多年获得辉煌经济成就的场景下，企业的社会资本是如何搭建企业内部资源与外部社会网络，从而使自身得到更好的发展的呢？

1. 改革开放前的企业（1979 年之前）

1949~1978 年的计划经济时期，国有企业制度是整个计划经济体制最为基础的构成部分，通过各种扩张方式一步步地拓展到几乎所有的产业领域，成为计划经济最重要的微观基础（綦好东等，2020）。国营企业制度的所有制基础是生产资料社会主义公有制，国营企业迅速发展并占据绝对优势地位。企业的三大来源是没收官僚资本企业（比重最大）、接管外资企业、原解放区公营企业。中华人民共和国成立之初，农业落后、工业基础薄弱，面对美国等西方国家的政治和经济封锁，中央决策层选择了优先发展重工业带动整个工业发展，以实现国民经济快速增长的发展战略，而加快对私营工商业社会主义改造的进程，迅速建立社会主义生产资料公有制，成为实施国家发展战略的基础性制度安排，国营企业制度成为服务国家经济体制目标的内生性制度。这种单一的企业所有权制度一直持续到 20 世纪 70 年代末。此阶段企业的社会资本积累主要来自与国家政府的连接。

2. 恢复重建阶段（1979~1990 年）

1979 年 7 月，为扩大国营企业经营管理自主权的若干规定，国务院颁布了《关于扩大国营工业企业经营管理自主权的若干规定》及《关于国营企业实行利润留成的规定》等配套文件，并作出相关规定。如企业必须保证完成国家下达的各项经济计划；实行企业利润留成；逐步提高固定资产折旧率；实行固定资产有偿占有率等规定。1984 年 12 月，中共中央一致通过《关于经济体制改革的决定》（以下简称《决定》），《决定》中指出，社会主义计划经济必须自觉依据和运用价值规律，是在公有制基础上有计划的商品经济。《决定》共十个部分，为了建立充满生机的社会主义经济体制、不断增强企业活力、自觉运用价值规律的计划体制，发展社会主义商品经济、实行政企职责分开，正确发挥政府机构管理经济的职能等规定。由于"利润留成"效果并不明显，"承包经营责任制"逐渐登上历史舞台，首钢创新大胆地提出"利润包干"制，其带来的综合效应十分明显。1988 年，钢铁矿石产量 1975 万吨、生铁产量 336 万吨、钢产量 357 万吨、成品钢材产量 314 万吨，分别是 1978 年的 175.9%、137%、199.4%、268.4%。企业积累增加，生产规模不断扩大，职工收入翻番增长，首钢拥有了更多的经济自主支配权①。"承包责任制"实质上是"放权让利"的一种深化。1987 年，党的十三大明确提出了新的经济运行机制，即"国家调节市场，市场引导企业"的机制，纠正了政府职能"越位、错位、缺位"问题，减少了政府对微观经济活动的直接干预，把政府经济职能转到主要为市场主体服务和创造良好的发展环

---

① 资料来源：选自《工人日报》，在"纪念改革开放 40 年"特别报道中，专版刊发长篇通讯《首钢记忆》。

境上来。在此阶段，企业的社会资本通常来自企业与企业间的横向联系、企业与政府间的纵向联系。企业间的横向联系通常是指企业间的业务关系、协作关系、借贷关系、控股关系等，作为企业之间互通有无、解决资源短缺和突发事件的最后保障。企业间的纵向联系通常是指企业与上级领导机关、政府部门、下属企业、部门之间的联系，在我国经济恢复重建阶段，国有和集体企业的资产所有权实际上属于某级政府，资产转移权并不在企业的手中，资产收益权尚有诸多限制和不便，在该产权结构的约束下，虽然政府部门对所属企业控制能力有所削弱，但正式和非正式的影响力尚在，缺乏积累自身社会资本的充分条件和动机（边燕杰和丘海雄，2000）。

3. 经济发展阶段（1991~2012 年）

1992 年初，邓小平同志视察了我国南方，提出坚定不移地贯彻执行党的基本路线，坚持走具有中国特色的社会主义道路，抓住有利时机，加快改革开放步伐，集中精力把经济建设搞上去等。党的十四大将我国的改革开放和社会主义现代化建设推进到一个新的发展阶段，明确我国经济体制改革的目标是建立社会主义市场经济体制，扩大开放，积极融入经济全球化潮流，通过市场交换这一和平的互利共赢的方式获取了崛起所需的大量资源，跨国公司开始真正大规模进入中国，并将中国逐步纳入价值链与经营网络中。国务院有关部门研究制定了《全民所有制工业企业转换经营机制条例》，以作为企业法规的实施细则，并于 1992 年 7 月正式发布实施。该条例扩大了生产经营决策、产品劳务定价、产品销售、物资采购、进出口、投资决策等 14 项经营自主权，同时，强调了企业的自负盈亏责任，原则上界定了政府与企业的关系。1996 年，中国在所有发展中国家中吸引外资居首位，实际引资 417.25 亿美元，占流入东亚地区直接投资金额的 69%，显示出中国对全球投资者的巨大吸引力。1996~2000 年，越来越多的大型跨国公司进入中国，外商投资企业的资金来源结构和技术结构有了进一步的改善，资金和技术密集的大型项目和基础设施项目增加，外商投资的平均项目规模不断扩大，外商投资的领域也进一步拓宽（沈志渔，2007）。2001 年 11 月 10 日，在卡塔尔多哈举行的世界贸易组织（WTO）第四届部长级会议通过了中国加入世界贸易组织法律文件，标志着我国终于成为世界贸易组织新成员，我国对外开放事业进入一个新的阶段。2000 年 5 月 19 日，中国与欧盟就中国加入世界贸易组织问题达成双边协议。必然使得企业竞争加剧，如何建立有利于自身的社会网络成为企业面临的新问题，除了建立企业之间横向联系，与审计师、分析师同样需要保持密切的联系。在银广夏事件中，深圳中天勤会计师事务所内的签字注册会计师并没有履行必要的审计程序，且签字注册会计师刘加荣担任审计对象的财务顾问，严重违反了独立审计执业准则（韩振军，2001）。可以说，这次事件既体现出审计人员专业能力的不足，又体现出审计人员职业道德的缺失，甚至参与企业的财务造假，帮助其包装与美化财务报表，深圳中天勤会计师事务所在此次事件中想要独善其身恐怕很难，该事件也反映出客户与事务所社会资本不匹配所导致的恶果。

4. 规范发展阶段（2012 年至今）

2009 年，中国共产党第十七届中央委员会第四次全体会议提出，"在坚决惩治腐败的同时加大教育、监督、改革、制度创新力度，更有效地预防腐败，不断取得反腐败斗争新成效"。在经济转轨的早期阶段，华人圈子注重建立"关系"，例如，联结宗族关系、老乡关系、校友关系等。就审计领域而言，我国审计市场是以客户为主导的买方市场，审计师之间的客户竞争资源激烈，此时，企业借助审计师的社会网络更容易获得益处（陈艳萍，2011）。相关研究发现，当高管与签字注册会计师存在校友关系时，上市公司很可能获得标准审计意见。当会计师事务所发生变更，高管与签字注册会计师由非校友关系变更为校友关系时，公司成功实现审计意见购买的概率更大；高管与签字注册会计师校友关系的存在，使上市公司支付了更高的审计费用（张俊民等，2013；谢盛纹和李远艳，2017；吴伟荣和李晶晶，2018），客户公司财务报告更可能发生财务重述（杨钦皓和张超翔，2019）。吴益兵等（2018）依据客户与主审审计师的社会网络关系强弱程度，将客户与审计师的组合分为以下四种：高管强/审计师弱、高管弱/审计师强、高管强/审计师强、高管弱/审计师弱，上述四种组合对审计行为存在着不同程度的影响。

近年来，由于一系列公司丑闻的曝光，监管机构的监管更为严格，无论是企业所有者、管理层还是审计师第三方中介机构都对自己的职责有了更为清楚的认识，这三方的博弈开始向较为正常的状态发展（张连起，2016）。随着社会经济发展水平不断提高，如上述行为的私交关系虽然可能为个人企业带来特殊利好，但从中获取的社会资本的确消耗了人们大量的时间、金钱和精力等。因而，人格化交换将会逐渐被非人格化交换所取代。在非人格化交换中，由于超越了个人企业之间的特殊纽带，交易对象有着广泛的选择范围。从亲疏程度来看，交易对象可以是彼此信任的长期合作伙伴，也可以是缺乏了解的陌生人。从交易地区来看，可以是同城交易，也可以是远距离交易。因此，以严格的制度约束作为实现条件，自主交易充分竞争、自由流动和机会均等是非人格化交换的基本特征。以獐子岛事件为例，2014 年獐子岛企业突发公告，声称 2011 年与 2012 年的底播海域虾夷扇贝，因冷水团异动导致近乎绝收，因此巨亏 8.12 亿元，公司上演"扇贝跑路"。2018 年獐子岛再次突发公告，声称 2017 年降水减少，导致饵料短缺，再加上海水温度异常，大量扇贝饿死。2017 年业绩变脸，巨亏了 7.23 亿元，之后獐子岛年度报告已经被证监会认定涉嫌财务造假、虚假记载以及未及时披露其他信息等问题。2019 年，獐子岛再次曝出扇贝存货异常、大面积自然死亡的消息。同年 11 月，獐子岛因扇贝"突然死了"再次收到深交所的关注函，这已是獐子岛在 2019 年第 7 次被深交所点名。自 2011 年起，大华会计师事务所作为獐子岛的审计机构，持续合作了 8 年，在 2017 年、2018 年由于獐子岛对于成本核算仍采用一贯方式进行，年审会计师不能获取充分、适当的审计证据判断该成本核算是否合理，无法确定是否需要对成本结转作出调整，对獐子岛的年度财务报表出具了保留意见的审计报告。导致保留意见的事项，很大一部分原因在于要想获得充分证据，只有投入大量金钱、时间甚至科技进行取证。在当今审计大环境市场下，审计师降低审计质量以招揽客户、低收费竞争现象屡见不鲜，因此，深交所向獐子岛下发年报问询函，质疑年审会计师是否存在以保留意见为由，逃避审计责任，协助獐子岛规避被实施退市风险警示的情形，并对獐子岛业绩变化、关联关系、负债现状、可持续经营能力等作出问询。由此可见，在该阶段，企业的社会资本不仅仅来自"校友""老乡""宗族"关系，非人格化的社会资本匹配逐渐成为企业竞相关注的焦点。

# 第二节  概念释义

Hanifan（1916）提出 Social Capital 这一概念，之后该概念被众多学者关注。Coleman（1988）发表 *Social Capital in the Creation of Human Capital*，重点强调了社会资本在人力资本创造中的作用。Putnam 等（1993）在 *Making Democracy Work：Civic Traditions in Modern Italy* 中从社会资本的角度对意大利南北方之间存在的巨大差异做出了阐述解释，认为通过如信任、规范以及网络等要素促进自发的合作，进而能够提高社会的效率。作者认为建立社会资本是使民主得以运转的关键因素，尽管它是一条如此漫长的道路，但是也要坚持走下去。自此，社会资本的概念流行了起来。

Coleman（1980）提出了社会资本的理论。他认为，人一出生就拥有三种资本：一是由遗传形成的人力资本；二是由物质性先天条件，如土地、货币、黄金等资产；三是自然人所处的社会环境构成的社会资本。社会资本就是个人拥有的，表现为社会结构资源的资本财产。它们由一些社会要素组成，主要存在于人际关系和结构之中。表现为以下几种：一是义务与期望，付出会期望他人回报。事务所如果为客户提出更多有价值的建议，就会期望客户未来更多聘请事务所日后从事年报审计，可以要求客户在特定时间予以偿还的"义务赊欠单"。二是信息网络。事务所可以通过与客户高管是某种校友、老乡等关系，获得客户愿意继续聘请事务所从事特定审计业务，这种关系也就是社会资本。当然，客户也因为与事务所某高管有同质的关系，期望获得更友好的审计意见。三是规范与有效惩罚。事务所或客户未能遵守某种约定俗成的规矩，如持续聘请，事务所管理层可能会在某种社会网络中将其不作为说出来，使得客户的管理层在某种网络中名声受损。四是权威关系。事务所与客户高管同时认可某种网络的权威性，可能解决共同性问题。五是多功能社会有意创建的社会组织。如果是有意识地为建立腐败关系的投入，则不能说是社会资本。Coleman（1988）首次将社会资本概念从个人层次提升至集体层面，并指出社会资本是由社会结构的某些方面构成的，它们均有利于行为主体的特定目标。Burt（1992）所提出的"结构洞"理论也停留在企业层面，后受到网络组织理论和相关管理理论的推动。Gabby 等（1999）明确提出企业社会资本概念并将企业社会资本定义为：一组有形或无形的资源，且这些资源来自企业及其成员的社会关系，能够帮助企业达到目标。国内学者边燕杰和丘海雄（2000）首次将企业社会资本定义为"行动主体与社会的联系以及通过这种联系摄取资源的能力"。同时补充"企业并非孤立的个体，它们是在各种各样的联系中运行的，获取资源的能力便是它们的资本"。

法国社会学家 Piere Bourdieu（1984）最早将社会资本这一概念引入社会学研究领域。他认为，资本是一种积累的劳动，个人或团队通过占有资本，能够获得更多的社会资源。社会资本是资本三种基本形态之一（另外两种是经济资本和文化资本），它是一种通过体制化关系网络而获取的实际的或潜在的资源的集合体。占有社会资本的多少，一是取决于行动者可以有效加以运用的联系网络的规模，二是取决于网络中每个成员所占有的各种形式的资本数量。事务所与客户管理层的个人人脉应当相互匹配。

社会资本的特征通常被总结为建立在个人关系和社会网络的支持之上，社会资本由公民、信任和合作规范三方面组成（Serageldin and Grootaert, 1998；Woolcock and Narayan，2000；Adler and Kwon，2002；Scrivens and Smith，2013）。学者在界定社会资本的定义时，就其本质是否是一种社会资源做出了相应的探讨。根据社会交往理论，人与人之间只有在各方面具有较强的"同质性"，如拥有相似的世界观与价值观，相互之间信息资源发生重叠，那么在现实世界中才有可能与其发生较为紧密的联系，而当人与人之间存在较大的异质性时，社会资源能够为个体提供更多的帮助与信息。根据社会资源理论，Line 等（1982）将社会资本定义为社会资源，他们认为决定一个人的社会资源的因素主要有个体社会网络的异质性、网络社会地位及个体与网络社会关系强度。一个人的个体社会网络的异质性越大，网络社会地位越高，个体与网络社会关系强度越弱，那么其拥有的社会资源（社会资本）就越丰富。

社会资本是指社会组织的特征，如信任、规范和网络，它们能够通过协调和行动来提高社会效率。社会资本提高了投资于物质和人力资本的收益。社会资本使休谟笔下的农夫克服了集体行动的困境，像信任、惯例以及网络这样的社会资本存量有自我强化和积累的倾向。社会资本是一种公共品，即它不是从中获益的那些人的私有财产。和清洁的空气、安全的街道这样的公共品一样，社会资本不能由私人部门提供。这意味着社会资本一定是其他社会活动的副产品。社会资本一般包括联系、惯例和信任，它可以在不同的社会背景下转移。

可见，社会资本不同于社会网络、社会资源、社会信任，它们之间有一些相互重叠之处，又有不同之处。归根结底，社会资本的本质是研究行动主体之间的关系网络，企业社会资本研究通常定位在组织层面上，又需要兼顾员工层面，本书重点关注探讨客户的外部社会资本。

1. 事务所社会资本

本书所定义的社会资本包括如下内容：一是社会资本内嵌于社会关系网络中，事务所与客户共同处于资本市场中，客户或事务所单独拥有社会资本，或双方相互通过审计业绩建立联系。二是社会资本的产生和维护需要投放一定时间、精力和物质资本。客户与事务所双方之间会为维护关系而付出一定人力与物力，双方有意为之或无意为之。三是与公用品一样，它具有非竞争性的特点，人们对它的使用不会从数量和质量上降低网络中的其他人所能享有的社会资本。客户与事务所之间的社会资本不会因为使用而消耗。四是与物质资本不同，社会资本会随着人们对它的使用而增加，类似于网络具有外部性。事务所与客户或双方之间的社会资本不会因使用而减少，反而可能增加。

研究的内容包括，事务所或 CPA 参与不同的社团组织的社会资本存量存在着什么样的不同，如何计量？什么样的社会资本更有可能推动审计质量的提升呢？社会资本可以匹配不同的公共问题，如 CPA 社会资本为什么可以提升审计质量？事务所的社会资本是如何被创造出来和被破坏的呢？哪种 CPA 社会资本更有效果呢？我们如何来平衡 CPA 或事务所既有的社会资本和更新社会资本这两个战略的关系？社会资本的消极影响是什么？与人力资本和物质资本一样，社会资本也可以被用于坏的目的。社会不平等可能也存在于社会资本之中。

2. 客户社会资本

由于本书以研究事务所为主体，因而客户也就是指企业，大部分情况下使用客户，个别情况使用企业，尽量减少交替使用情况。

Leenders 和 Gabbay（1999）最早正式提出企业社会资本的概念，指客户通过其社会网络关系获得的有形或无形的资源，这些资源有利于更好地实现企业的目标。刘松博（2008）认为企业社会资本的本质就是企业主体通过自身所处的社会网络获得的可以使自身具有竞争优势的社会资源。

本书的客户社会资本是指客户在发展业务、对内外交往过程中所获得的，可为客户带来资源的资本，也可以指社会关系网络中的客户获取资源的能力。

综上所述，社会资本是指组织在内外部建立起来的多层次社会关联（Putnam，1993；Knoke，1999）。在关系型人情社会的中国（Hwang et al.，1987；Ho，1993），作为社会成员的经济主体，其行为无不镶嵌在多重密集的社会关系网络之中，社会资本是理解中国经济发展和企业成长驱动力的重要观察维度，但又有人情交换和寻租之殇。审计行为也不例外，事务所与客户的互动行为同样受社会资本力量的支配。每个审计人员与客户之间不可避免地处于亲属、朋友与同事和同乡等多种复杂的社会资本维度关系中；从组织层面来看，事务所与被审客户因经济纽带建立起来的商业关系，若长期保持，便会产生一条较为"隐蔽"的社会关系链。研究社会资本具有重要的现实意义与理论意义。

# 第三节　测度方法

社会资本的测度有多种方法，而本书中涉及事务所与客户社会资本，还有个人的社会资本，包括个人社会资本、审计师的社会资本与客户管理层的社会资本。

## 一、个人社会资本测度

（1）社交平台和媒体的数量/使用社交平台的时间。随着移动互联网的普及，社交媒体取得了空前的发展已成为人类社交的重要方式。人们每天在社交平台上花费的时间在一定程度上体现社会关系的发展。社会关系的发展就是社会资本的重要组成部分。Durlauf 和 Fafchamps（2003）指出，社会资本就是基于网络过程所形成的行为规范和人们之间的信任。因而，社会平台使用越多，社会资本越高。社交网络在商业领域的重要性早已被人们所认识。Granovetter（1985）指出，最基本的经济活动是交换，必须有足够高水平的相互信任，才能进行交换——无论是有形商品、服务还是信息。缺乏信任，就需要加强监控和增强保证，从而增加交易成本。在亲属、同事、同学以及因地理位置或分享经验而团结在一起的人之间建立的社会网络，有助于产生信任。当法律薄弱时，社会网络产生的信任可以替代正式的法律制度，促进原本不会发生的经济交易。然而，在这些环境中，社会网络也可以被用来获得获取稀缺资源的特权，或者串通起来对抗公共利益。最近有几项研究探讨了社会网络在影响资本市场信息传递方面的作用。Hochberg 等（2007）发现，在投资组合中，拥有更好网络地位的风险投资公司的绩效得到了改善，作者将其归因于这些公司在网络中的信息优势。Cohen 等（2008）发现，当基金经理和上市公司的高级管理人员拥有共同的教育背景时，他们的基金更有可能投资于该公司的股票，并从该股票中获得显著高于其他股票的回报。

嵌入在社交网络中的信任对这种利益交换至关重要。社交网络的成员实际上有强烈的动机来帮助其他成员，通过提供信息，提高他们的技能，并促进他们的晋升。由此产生的更强、更丰富的关系有助于有联系的成员积累更大的社会资本（Coleman，1988；Granovetter，2005）。

（2）个人薪酬。CPA 或管理层薪酬越高，社会资本投入越少。高薪会影响社会资本投资，高工资对社会资本投资会有挤出效应。生活节奏的加快、生活条件的改善，改变了人与人相互依赖的密切程度，影响了人们对共同生活的组织或社区的投入。

（3）个人信用评级。王冬一等（2020）认为，对于经济个体而言，大数据背景下个人信用状态的完善也要注重对社会资本的运用。在完善个人信用动态评估体系方面，建议加入社会关系等能够评价社会资本的指标以真正实现指标的动态性。

（4）个人宗教信仰。近年来，越来越多的人倾向于用宗教信仰衡量个人社会资本大小。

（5）个人加入各种社团数量的多少。如参加各种企业家协会，担任一定职务。

### 二、事务所或客户社会资本

事务所与客户社会资本在许多方面类同，如政治关联、政治身份，都会产生类似的影响或作用。

（1）企业投标招标数量。这体现了企业与外界的联系程度，招标投标数量越多，企业对外联系越密切，社会资本越丰富。

（2）企业信用评级：关于企业所在省份的信任指数。不同的信用等级，对企业在市场上筹资和贷款的难易程度和条件会有极大差别，也体现了企业的社会资本强弱。段星吉、鲁逸楠、胡家旻（2019）认为信任能帮助关系网络更快地拓展，提高获取稀缺资源加快效率的可能性。赵延东（2006）利用信任与公共参与这两个维度的相关指标对中国西部城乡居民的宏观社会资本进行了测量。Paldam（2000）以及 Durlauf 和 Fafchamps（2003）等也在社会资本概念的核心中强调了相互信任的重要性。

（3）地方政府出台企业发展优惠政策的数量、积极程度和办事效率，体现了当地企业与地方政府联系的紧密程度。企业与政府的联系越紧密，越能推动政府为企业出台优惠政策，这反映出企业社会资本的多少。段星吉、鲁逸楠、胡家旻（2019）认为政府补助额度越大，企业获得政治资源越多。刘啸尘（2019）也表示财政补贴和税收优惠政策是激励企业加大研发投入的重要措施。

（4）企业的慈善、公益活动数量或者社会捐赠额度。段星吉、鲁逸楠、胡家旻（2019）认为社会捐赠额度表明企业对社会责任承担的多少，社会捐赠额度越高，企业具有的社会名气及文化资源越丰富。此外，社会资本的认知维度包括志愿主义。罗家德、方震平（2014）认为这些变量高的人都是和社群内成员关系多、信任强、密度高又对社群认同感高的人，所以在社群公益事务上会贡献较多力量，是个人和企业拥有更多社会资本的体现。

（5）经理和董事建立的社会网络。通过领英（LinkedIn）和其他数据提供商，在 13 家美国和其他地方上市公司的许多电子版董事会成员身上可以获得更精确的数据，这使得研究人员可以准备董事和高管网络的详细地图。例如，可以确定不同公司的董事和高管是否通过教育或社交网络相互了解。许多情况下被利用这一信息。例如，它已被用来跟踪公司和基金经理之间的信息流（Cohen et al.，2008）和衡量权力，如首席执行官和部门经理之间的权力（Glaser et al.，2013）。关于这些网络的信息也可以用来研究公司的社会资本，尽管捕获的维度不可避免地更关心由高层管理人员和董事建立的网络，而不是由整个公司建立的网络。这种网络更容易发展。例如，通过在董事会中增加关系良好的董事，或者通过寻找关系良好的高管。特别是，随着企业越来越全球化，增加来自不同国际背景的人才可能会提高顶级社会资本。

（6）地方财政在企业发展方面的支出状况。地方财政在企业发展方面支出越多，说明企业发展需求越大，也能体现出企业与政府的关系越密切，因此可以说明企业的社会资本丰富。

（7）行业协会的数量。行业协会为本行业企业进行联络、指导、服务、咨询。它在政府和企业之间起桥梁纽带作用；组织行业内部的生产协作和经验交流（《社会科学大词典》）。行业协会的数量、组织活动的频率、制定制度的频率能够代表企业之间交流的活跃度。企业之间往来越频繁，社会资本越雄厚。

（8）博览会举行次数。博览会是在社会范围内的组织活动平台，为企业寻找信息提供活动场所，增加企业交流的机会，带动相关产业的发展，增强企业之间的社会关系，对社会资本的繁荣有促进作用。

（9）出口贸易体现了地区与海外的交流，出口贸易越多，对外交流越多，社会资本越丰富。

### 三、地区社会资本度量指标

（1）咖啡馆、茶馆、茶楼、棋牌室等公共场所的数量。咖啡馆作为一个新兴商业实体，它既参与了经济生活，又为商人们提供了一个较好的商业洽谈环境，同时咖啡馆也是民间的知识生产与舆论交换集散地（王浩宇，2016），朋友聚会、商务交谈都会在咖啡馆内进行，是一个更现代的交流环境。咖啡馆数量能够体现社会交往的频繁程度，进一步表现为社会资本的多少。与咖啡馆相比，茶馆、茶楼等更为传统，且有地方性。

（2）犯罪率。从社会资本对犯罪的影响分析结果来看，人们普遍发现社会资本与犯罪率显著负相关（Cote and Healy，2001；Halpern，2001）。犯罪率越高，社会资本越少。

（3）家乡偏爱。更多家乡汇款数，可以衡量当地社会资本的高低。

（4）餐厅饭店数量或者是餐饮行业营业额，体现了餐饮业的繁荣程度和国人的饮食观念。通过宴请可以交流信息，以期增进文化间的交流与互动（孙金丹，2020）。项军（2011）设计了一个"社区社会资本"量表，里面包括人际交往频度，这一点在餐桌交流中有所体现。

## 第四节　理论框架

毕达哥拉斯和以前东方学者的区别在于，他坚持数学论证必须从假设出发，通过演绎推导出结论，而不是通过度量和实验得到结论，通过穷举找到规律。构建事务所与客户社会资本匹配理论目的是建设更大的审计理论大厦，而不一定要解决实际问题。遵从这一研究范式，理应从假设出发，由于本书并不期望重新构建一个审计理论，因而我们的理论基础或假设也仍然可以借鉴夏拉夫和莫茨的《审计理论结构》中的八条假设。在牛顿之后，很多发明是先通过理论的推导，预测可能观察到的结果，再通过实验证实。我们的社会资本理论是否也可以如此呢？

从历史沿革出发，探讨要匹配机理、经济后果，再结合大数据对匹配理论的影响这四大块出发。第一部分必须弄清楚历史沿革，需要不忘初心，深入了解审计主要是做什么，从影响公司治理的包括公司、市场与制度等因素层面出发，探讨社会资本产生原因，包括关系文化、市场进展与资源分配。第二部分匹配机理，从审计供给与审计需要双方供需平衡出发，展开分析。第三部分是经济后果，可以从事务所、客户与资本市场三方面展开分析。第四部分是大数据审计对事务所—客户社会资本的影响。新技术革命条件下，大数据审计对事务所—客户社会资本的影响应当是全方位的。有必要对此进行充分关注。本书后面章节将围绕着这一条主线展开研究。限于篇幅，不一定面面俱到。理论框架如图 2-1所示。

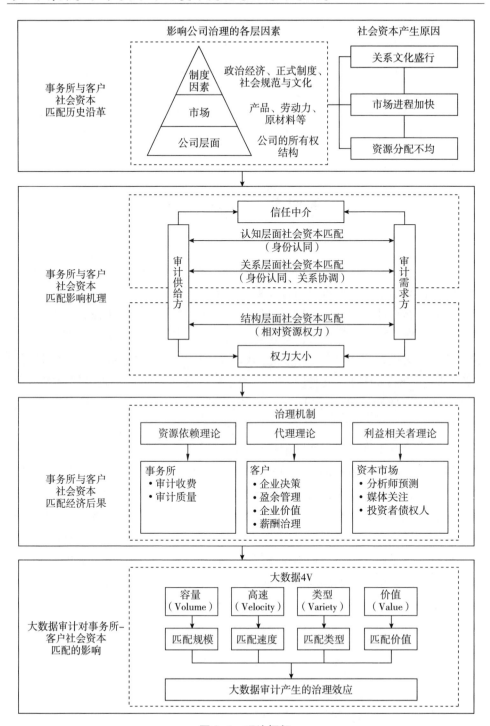

图 2-1 理论框架

# 第三章　事务所与客户社会资本匹配对审计行为影响的机理分析[①]

审计价值的发挥依赖于审计方与被审计方三类资本的互动和协同。已有研究多从双方经济资本、人力和结构两类资本考察其对审计价值的影响；而对表征组织社会属性的第三类资本即社会资本的审计效应研究仍局限于单方或单维社会关系探讨，对审计双方社会资本互动机理缺少系统性认知。基于经济社会人假说，本章将社会资本匹配引入现有审计理论范式，系统探讨审计双方社会资本互动的基本假设、理论根基、互动功能和各功能的作用机理，形成一个完整的嵌入社会资本的新审计理论框架。具体地，从社会资本具有认知、关系、结构三层构面的内涵出发，区分有社会关联和无社会关联的社会资本互动功能，推演出审计双方社会资本互动功能——认同与协调功能、相对资源权力功能及其对审计行为的作用机理。社会资本匹配对审计行为影响研究的分析范式为解释审计双方资本互动过程、提高审计市场资源匹配效率提供了新的思路。

## 第一节　引　言

我国上市公司普遍有不更换事务所、审计费用黏性现象（宋衍蘅和付皓，2012；王立彦等，2014）及"客随签字师走"行为（薛爽等，2013），这表明审计供需双方的社会关系和经济关系是较为稳定的，为双方社会关联的加强提供了

---

[①]　本章改编自陈宋生与上海立信会计金融学院李文颖博士合作论文《事务所与客户社会资本匹配的审计效应研究：理论框架和影响机制》，《会计研究》2018 年第 7 期，有删减，文责自负。感谢李文颖博士同意分享本部分内容。

天然温床。银鸽投资（1998）、绿大地（2011）、万福生科事件（2013）、方正科技（2014）[①]、证监会发审委委员被调查与财务造假有关等一系列非预期财务案件中[②]，均已显现出因商业和社会活动形成的社会关系资本对审计经济活动的重大影响。若忽视这些社会情境，仅使用现有纯理性经济人假说下的审计理论框架，易引起对审计质量、定价、事务所聘任效果等审计行为的预估偏差和筛查遗漏。

决定企业审计需求动机的是企业三类组织资本的结构形态，即组织经济资本、人力与结构资本和社会资本的大小与特征。不同的资本配置引发企业对审计需求的异质性动机（见图3-1左侧）。现有研究即基于观察企业不同的经济资本、人力与结构资本推论其审计质量需求动机，解释其包括审计师选择等审计行为（见图3-1中侧箭头指示）。总之，客户拥有的资本禀赋如经济资本、人力与结构资本等并不尽相同，使得客户对外部审计需求的动机也呈现差异性。已有研究即从客户的经济资本、人力与结构资本划分解释其审计需求动机，形成了与不同资本匹配情况相对应的多种审计质量需求假说，如信号传递、代理成本、保险价值假说（见图3-1）（Jensen and Meckling, 1976; Kausar et al., 2016; Hsu et al., 2015; Asthana et al., 2015; 方红星和张勇, 2016; Fang et al., 2015; Asthana et al., 2015; Fang et al., 2017; 王春飞和陆正飞, 2014; 吴锡皓等, 2016; Liao and Radhakrishnam, 2016）。

上述假说刻画了客户与事务所的经济关联，不足之处在于忽视审计行为中的经济人同时具有社会属性，无法捕获客户拥有不同社会资本时其审计需求动机和审计行为（见图3-1末行链条"企业社会资本——社会资本匹配"）。国内外审计领域社会资本的研究仍处于初级阶段。社会资本包含微观个体、中观组织与宏观区域（即社会信任）三个层面，根据审计关系人单方或双方以及社会资本的不同层面分为三个层次。

---

① 银鸽投资与1998年、1999年审计方河南亚太会计师事务所存在私人关系，发生财务造假；绿大地（2011）和万福生科事件（2013）后，大部分客户跟随审计团队分流，审计关系不变。2014年媒体披露方正科技曾经与上海上会事务所曾连续沟通交流，以新业务和长期聘任承诺最终改变其披露立场，以隐匿巨额表外资金。

② 本次被调查的三位委员包括立信会计师事务所（特殊普通合伙）合伙人谢忠平、北京天圆全会计师事务所董事孙小波，还包括大华会计师事务所董事、执行合伙人韩建昱，或涉乐视网IPO。

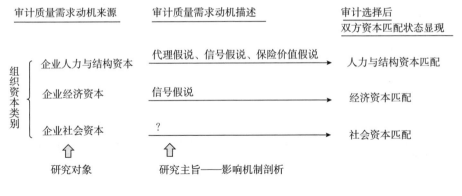

图 3-1　文献综述与研究框架

然而，学者多从客户的规模、资本结构等实体资本或公司结构资本（如公司治理、代理问题等）方面探讨审计行为，包括对审计方规模等实体资本或人力资本的选择等。此低度社会化（Under-socializied Approach）的假设忽视了行为人的社会人属性，以及双方社会资本及社会资本匹配度在审计过程中的效用。研究亟须从社会资本的源头出发，系统性厘清与社会资本相关的问题：如何发挥第三类资源配置力量——社会资本进而优化审计行为，防止触发人情机制？社会资本匹配情况对审计行为的影响逻辑是什么？社会资本研究已成为国际审计领域的前沿和重大命题，且在中国弱法制监管环境下的关系型社会显得尤为必要。

贡献在于以下两点：①将社会资本匹配概念引入现有审计理论范式，首次系统性探讨审计双方社会资本互动机制①的基本假设、理论根基、主要内容和发挥过程及机制内在关联，形成嵌入社会资本的审计研究框架。②基于网络镶嵌理论、网络结构洞理论和结构资源理论，推演出审计双方社会资本互动功能——认同与协调功能、相对资源权力功能及其对审计行为的作用机理。本章对审计领域的社会资本研究有一定理论启示和现实意义。

基于此，后文运用与社会资本匹配相关的社会认同理论、组织制度论和资源观，归纳事务所与客户社会资本互动的两大类功能：认同与协调功能、相对资源权力功能（见图 3-2）。

---

① 研究事务所与客户的社会资本匹配情况对审计行为的影响机理，故而社会资本匹配对审计行为的影响过程即是双方社会资本互动过程，后文使用"社会资本的互动机制"来替代意同的"社会资本匹配的审计效应"。

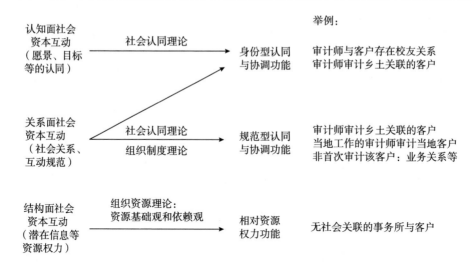

**图3-2　社会资本互动所发挥功能分类：理论来源与示例**

# 第二节　嵌入社会资本的新审计理论框架

"资本"的初始含义指能产生新的价值的物质统称，包括土地、货币等物质资本。20世纪60年代开始人力资源的经济价值受到重视，故在原有经济生产函数中劳动这一人力资本被加入，资本的内涵从实体性物质范畴拓展到更为抽象和广义的领域。Bourdieu（1977）将社会资本界定为个人或团体社会。此后，Loury认为其是一个组织重要的生产要素，能为企业带来经济增值。故除经济资本、人力资本与结构资本外，组织还有第三类不同属性的资本——人际交往中产生的一种社会资本（Putnam，1993；Knoke，1999），表现为社会交往时相互信任、互动规范和关系网络等形式。因此，资本被划分为非社会资本与社会资本两类，前者可被进一步划分为实体属性的经济资本（物质资源）以及抽象属性的人力与结构资本（人力资源与规章制度）。现实商业活动中价值（或称新的资本）产生于资本间的连接与协同（Hicks，1975），而审计活动的价值创造过程即这三类资本间协同的过程（见图3-3）。

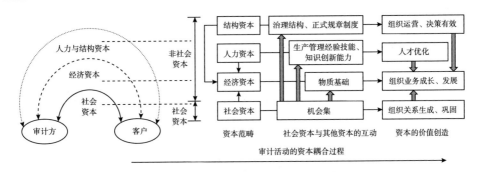

**图 3-3　审计活动的资本分类与互动**

社会资本内涵的兴起与发展脉络是从个体社会资本向集体社会资本，从宏观、微观向中观社会资本的研究进程（分别以局部或整体社会、组织、个体为研究对象）（见表 3-1）。随着对社会资本要素之一——信任概念的不断挖掘，对社会资本内涵的认识不断成熟与发展，为研究社会资本从侧面对审计行为的影响提供了理论基础。嵌入社会资本概念后新框架增加的四部分：基本假说（Ⅰ）、理论根基（Ⅱ）、互动功能（Ⅲ）、各功能对审计行为的影响机理（Ⅳ）。

其一，基本假说。不同于低度社会化的纯理性经济人假说，嵌入社会资本的新审计理论框架基于经济社会学人假说（图 3-4 右侧 Ⅰ 部分）[①]，即行为人的经济行为互动置于社会结构中，其效用函数不仅包含理性经济人假说中的经济利益动因，还包含如人际关系、信赖和情感等非理性社会属性因子（Granovetter，1985）。社会资本的概念即根源于此假说。Nahapiet 和 Ghoshal（1998）基于网络镶嵌观点，认为社会资本是群体中的社会关系网络发展出的信任、合作进而为行动者带来经济效益，同时包含了社会与人之间的心理态度、关系和社会网络结构表达（如网络规模、网络密度等），依此将社会资本划分为认知、关系和结构三层面，以便于分析与计量。认知面和关系面交代了一个组织的社会资本有心理认同、信任、关系与人际互动规范等情感性功能，表现为经济社会人假说下的社会属性；结构面又拥有网络结构这类工具性功能，表现为经济社会人假说下的经济属性。

其二，理论根基。Knack（2002）提出，不同层次社会资本对投资效率、政府绩效的影响不尽相同，有必要从社会资本的不同属性出发，寻找各层次的内涵所

---

[①]　新审计理论框架不是对原审计理论的否定，而是依据经济行为人置于社会网络结构中的现实商业场景，将社会资本引入原有框架，这也正是"嵌入"一词的真正含义。

依据的理论（图3-4右侧Ⅱ部分），推演出各层次社会资本在互动过程中会发挥哪些功能（图3-4右侧Ⅲ部分），其对审计行为的影响路径（图3-4右侧Ⅳ部分）。

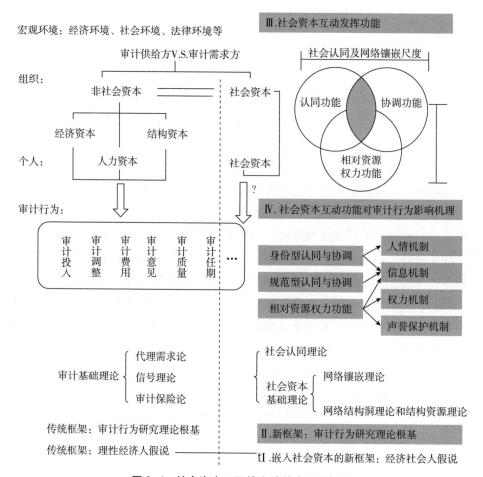

**图3-4　社会资本匹配的审计效应研究框架**

注：a. "？"表示现有传统框架无法解释社会资本匹配如何影响审计行为；b. 灰色标注的箭头 "⇩" 所指向内容表示新框架下社会资本匹配对审计行为的影响研究；c. 虚线 "：" 左侧表示传统审计理论框架，右侧为嵌入审计供求双方社会资本的新审计理论框架；d. 虚线 "：" 右侧从下至上分别为新框架的基本假设（Ⅰ）、理论根基（Ⅱ）、审计双方社会资本互动所发挥的功能（Ⅲ）、各功能对审计行为的影响机理（Ⅳ）；e. 新框架下社会资本互动过程中，所发挥的功能分别为认同与协调功能、相对资源权力功能，虚线标尺表示各互动功能的社会学理论依据，包括社会认同论和社会资本基础理论，社会资本基础理论又包含网络镶嵌理论、网络结构洞理论和结构资源理论，理论的详细介绍见后文社会资本两大类互动功能剖析部分。

从组织的第三类资本——社会资本的三层面定义可见，嵌入社会资本的审计行为研究理论根基既包含社会学中与认知、关系和社会资源研究相关的理论，又包含组织学中与组织规范、组织资源相关的理论①。其中，认知面和关系面社会资本影响机理需从社会认同论中探寻（表3-1右半部分）；结构面社会资本影响机理离不开资源依赖论和资源基础论；关系面社会资本除了社会认同论外，还包括"规范"这一社会资本要素，规范要素涉及组织的制度环境论。

其三，互动功能。社会资本的三层面内涵交代了一个组织的社会资本既有心理认同、信任、关系与人际互动规范等情感性功能，表现为社会属性；又拥有网络结构这类工具性功能，表现为经济属性（表3-1左半部分）。不同属性下社会资本的互动所发挥功能并不相同。其中情感性功能逻辑下的互动模式为基于信任的认同与协调功能，关注双方互动时非理性情感因子的审计经济效应，这是非社会资本（经济资本、人力与结构资本）所不具有的互动机理；工具性功能逻辑下的互动模式为基于网络结构的相对资源权力功能，侧重于剖析双方社会资本的权力配置对审计行为的影响，社会资本与非社会资本的相对资源权力功能分析过程同时进行（图3-4右侧Ⅲ部分）。

其四，各功能对审计行为的影响机理。依据审计质量＝业务胜任力×独立性（DeAngelo，1981），考察审计双方社会资本的各类互动功能将对公式右侧的哪部分因子产生影响以及作用路径。审计双方的认知面和关系面社会资本通过基于认同与协调功能的信息机制、人情机制对审计行为发挥作用，认同与协调功能包括身份型和规范型两类；双方结构面社会资本互动对审计行为的影响则基于相对资源权力功能发挥权力机制、声誉保护机制和信息机制的作用（图3-4右侧Ⅳ部分）。

**表3-1　社会资本内涵、互动功能与理论基础**

| 社会资本层面 | 基本属性 | 表现形式 | 双方社会资本的互动功能 | 各层面社会资本的理论基础 | 各层面社会资本互动的理论基础 |
|---|---|---|---|---|---|
| 认知面 | 情感性 社会属性 心理态度变量 | 愿景、目标等的认同 | 认同与协调功能 | 网络镶嵌理论 | 社会认同论 |
| 关系面 | | 社会关系 | | | 社会认同论 |
| | | 互动规范 | | | 制度环境论 |

① 由于社会资本是组织的第三类资本，审计双方的社会资本匹配及互动机理相应属于两组织间资源行为方式互动范畴，故剖析审计双方互动情况也要依托于组织学理论，以便于更好解释。

| 社会资本层面 | 基本属性 | 表现形式 | 双方社会资本的互动功能 | 各层面社会资本的理论基础 | 各层面社会资本互动的理论基础 |
|---|---|---|---|---|---|
| 结构面 | 工具性经济属性 | 潜在资源权力（信息等资源） | 相对资源权力功能 | 网络镶嵌理论、结构资源理论和结构洞理论 | 资源基础/依赖理论 |

## 第三节　认知及关系面社会资本互动：认同与协调功能

社会资本情感性功能体现在交往时长、互动频繁度、互惠程度以及亲密程度等方面（Granovetter，1973），可统括为信任度。由于信任是社会网络连带到经济行动中的中介变量（Granovetter，1985），进一步划分社会资本的情感性功能，将审计双方社会关联时，双方社会资本互动功能解读为，身份型认同与关系型协调功能[①]、规范型认同与协调功能。

### 一、特殊信任中介：身份型认同与关系型协调功能

根据三层面社会资本定义，事务所与客户的认知层面社会资本互动意为对对方审计行为的目标和愿景予以理解和互享，促成"为共同审计目标"的"一致性"群体身份认知；而关系层面的社会资本即网络成员间关系类别亦可帮助审计方与被审计进行社会身份地位的识别和认可。依据社会认同论（见图3-5），组织群体内行为人若拥有共同身份认知，则这两类身份认知可促成类属性的心理认同进而产生特殊的信任感，对对方行动方案集的认知会变得稳定、可信赖；同时，这种社会身份认同作为一种无形纽带，将联结协调彼此的经济关系，在经济活动中充当润滑剂，影响审计产出，此为情感性社会资本的互动功能——基于身份识别的认同和基于关系纽带的协调功能。例如，审计师团队与客户高管团队若

---

① 本节将社会资本互动功能称作认同与协调功能而非信任机制的原因在于，认同与协调同时概括了事务所与客户社会资本互动时的心理过程和由此产生的行为特征，同时本节将认同与协调功能进行属性分类更便于直观显示认知和关系层面社会资本不同的表现形式对审计行为的影响机理，而将社会资本的情感性互动直接归纳为信任机制则显得较为笼统和抽象。

拥有共同属性社会身份如成长经历、教育背景（Guan et al.，2017），或工作经历（Naiker and Sharma，2009；Naiker et al.，2013），或具有相当社会地位、隶属关系（龚启辉等，2012）等，这些"一致性"群体身份认知和目标一致性认同容易形成对特定类别对象的特殊信任，具体审计沟通时在互惠度、亲密度、互动时长以及交往频率方面有所差异，基于社会身份和关系的认同与协调功能便会得以发挥和强化。功能链条归纳为"认知层面和关系层面社会资本—基于身份属性的特殊信任—关系稳定、不确定降低—经济合作"。国有企业倾向于选择有政府背景的会计师事务所进行审计（龚启辉等，2012）。社会资本的身份认同与行为协调功能在发挥主导作用。

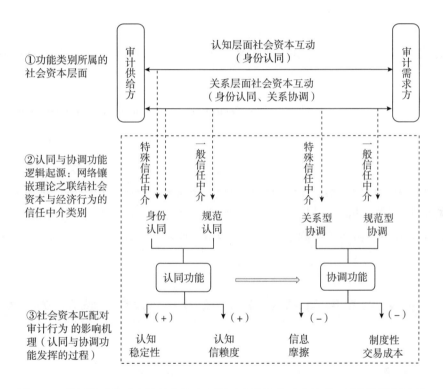

图3-5　基于情感性功能的社会资本匹配对审计行为影响机理：认同与协调功能

## 二、一般信任中介：规范型认同与协调功能

组织的关系面社会资本还体现在组织成员基于社会关系互动，在社会网络中发展出来的非正式互动规范和准则。组织制度观认为，受相似规范约束的交易双

方会对对方的行为进行预期，交易的一方受行为准则指导，发生可预期行动；另一方基于对方表现出来符合自己预期的行为倾向，产生一般信任。若事务所和客户拥有相似互动规范和准则，双方在互动规范上的认同度会较高（Zucker，1986）。这种一般信任映射到行为层面，使经济行为人在博弈中采取稳定可预期的行动策略，在讨价还价谈判等方面节省了时间成本，从而激活审计"交易"过程。功能链条归纳为"关系层面社会资本—非正式制度（规范）的一般信任—交易成本—经济合作"（见图3-5）。典型的有地域关联，审计师在成长或受教育过程中，形成地域上的规范和互动准则熟知度；在对对方行为可预期性增强的同时，一般信任得以建立，易形成规范型的认同与协调行为。审计师工作所在事务所地理位置距离客户越近，越易基于高规范熟知度和沟通便利性对对方行为期待的偏差降低（Choi et al.，2012；刘文军，2014）。双方社会资本这种基于互动规范的相似性或熟知度进而影响审计行为取向的机理称为规范认同与协调功能。

### 三、认同与协调功能的审计效应导向分析

若审计双方基于信任关系组成"小团体"，则易产生负外部性，这时认同与协调功能会带来机会主义，引向审计合谋。这可能由特定的宏观文化环境或制度环境中介调节作用引起。在政府干预度小、法制环境较好的情境中，政治关联企业对低审计质量的需求动机会得以有效抑制（雷光勇等，2009）。可见，组织间的决策互动行为由组织与制度环境间的权变关系决定（Zucher，1977）。

## 第四节  结构面社会资本互动：相对资源权力功能

以整体网为研究对象的结构洞理论与以个人网为研究对象的社会资源论，认为产品市场外还有社会市场（Social Market and Burt，1992），社会资本即在社会网络中可达到（Accessible）的资源（Lin，1998），侧重探讨组织或单体在社会网络中所处的结构位置在社会资源交换过程中为其带来的经济交换效益，表现为社会资本的工具性价值。从资源属性来探讨的社会资本，其功能与非社会资本的功能相当，均发挥资本本质作用。依据资源基础和依赖理论，事务所与客户在由审计市场构筑的社会网络中，自身社会资本大小决定其所处网络位置，其处在网

络中心地位时便拥有一种非正式资源权力（Resource Power）（Krackhardt，1992），权力大小指其能影响其他节点行为的能力、能从其他节点调用资源的能力。若审计某一方为网络结构洞"桥"的位置，即说明其拥有丰富的资源优势以及控制优势。我国民营企业倾向于选择拥有发审委社会资源的事务所进行审计，且拥有此项社会资源权力的事务所可从中获得较高的收费溢价（李敏才，2013）。审计双方无社会关联时，资源观建构下的社会资本互动是如何发挥相对资源权力功能的？

这里用表征审计总产出的审计质量来明示双方社会资本匹配如何影响审计行为。现有审计质量（DeAngelo，1981）将审计质量视作发现重大错报并成功纠正重大错报的联合概率。将审计过程中双方互动的资本匹配划分为两类权力匹配——非社会资本匹配和社会资本匹配，$i$、$j$ 分别表示审计双方，用 1M、2M 分别表示非社会资本和社会资本的相对权力匹配情况，总匹配度 MATCH＝1M＋2M，1M 为 $i$ 和 $j$ 非社会资本权力之差，社会资本匹配度亦称社会资本相对资源权力 $2M = SC_i - SC_j$，$SC_i$、$SC_j$ 分别表示 $i$ 和 $j$ 的社会资本权力大小（公式统一采用线性表达）。

首先，非社会资本相对资源权力功能 1M 的发挥分析。①$i$ 对 $j$ 的非社会资本权力表现为客户 $j$ 对事务所 $i$ 的非社会资本依赖，即 $NSC_{ij} = D_{ji}$，作为鉴证性服务，客户 $j$ 主要依赖事务所的业务胜任力帮助企业避免重大错报，能力来自事务所 $i$ 的审计团队的知识和经验等，体现在事务所 $i$ 的经济资本、结构与人力资本大小上（Gul et al.，2013），故 $NSC_{ij} = D_{ji}$；②同样地，客户 $j$ 对事务所 $i$ 的非社会资本权力表现为事务所 $i$ 对客户 $j$ 的非社会资本依赖，即 $NSC_{ji} = D_{ij}$，事务所对客户的非社会资本依赖表现为客户重要性，以客户 $j$ 的经济资本占事务所 $i$ 所有客户经济资本总和的比重来表示（Chen et al.，2011），因此 $D_{ij} \neq D_{ji}$，双方非社会资本互动的相对资源权力功能是分别作用于审计质量的业务胜任力部分（$NSC_{ij}$）和独立性部分（$NSC_{ji}$）的，此时 $1M = NSC_{ij} - NSC_{ji} = D_{ji} - D_{ij}$（$D_{ij} \neq D_{ji}$）。

其次，社会资本相对资源权力功能 2M 的发挥分析。一方面，客户 $j$ 可运用相对社会资本权力在审计过程中对对方施加主观性影响，重新分配话语权力和沟通方向，对审计的无偏客观性决策产生扰动，独立性风险也会随之改变，独立性准则委员会 ISB 提出的独立性概念框架（2000）中列举了独立性可能的威胁情况，如胁迫威胁等，包含了客户在审计调整过程中对事务所的主观性影响。事务所 $i$ 的社会资本相对权力作用过程与客户的相对权力作用过程类似，审计沟通时主要作用于审计质量的独立性部分，但方向与客户 $j$ 相对社会资本权力施加的影响方向相反。另一方面，事务所 i 的社会资本还可帮助其从其他渠道获得客户的更多信息，提升业务胜任力，此时事务所 i 的社会资本相对客户 j 的资源权力功能则作用于审计质量的业务胜任力部分。可见，双方的总权力大小取决于两者社会资本、非社会资本的匹配程度，之前仅关注非社会资本匹配（即 1M）的研究，事实上非社会资本和社会资本会有不同的权力配置组合，若忽略社会资本匹配（即 2M）对审计行为独立性的影响，便会缺乏系统了解组织整体上的资本匹配对审计产出如审计质量等的真实作用（见图 3-6）。

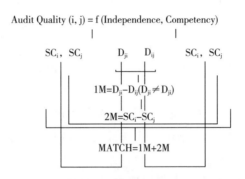

Audit Quality (i, j) = f (Independence, Competency)

$SC_i$, $SC_j$　　　$D_{ji}$　　$D_{ij}$　　　$SC_i$, $SC_j$

$1M = D_{ji} - D_{ij}(D_{ij} \neq D_{ji})$

$2M = SC_i - SC_j$

$MATCH = 1M + 2M$

**图 3-6　资源观下的资本匹配与审计质量关系**

注：a. $D_{ij}$ 和 $D_{ji}$ 分别表示事务所 i 与客户 j 的经济依赖度；b. 非社会资本匹配 $1M = NSC_{ij} - NSC_{ji} = D_{ji} - D_{ij}$（$D_{ij} \neq D_{ji}$）；c. 社会资本匹配 $2M = SC_i - SC_j$，$SC_i$、$SC_j$ 分别表示 i 和 j 的社会资本权力大小；d. 整体资本匹配示意变量 $MATCH = 1M + 2M$。

总之，两功能解释社会资本匹配对审计行为影响的着眼点不同，审计双方社会资本互动时"一体两翼"，既有基于信任的合作，也可能有基于权力的威服[①]，功能发挥的审计效应程度是特定文化和制度场景条件下，双方的审计目标等的多元函数。若双方拥有多重共同的社会身份，基于社会资本情感性功能的认同与协调功能便得以触发；若上述情况较少，则双方的社会资本将更多发挥工具属性——相对资源权力功能占优。

---

① 审计双方社会资本的两种互动机理：一是以信任为中介变量的认同与协调功能；二是相对资源权力功能。

# 第五节　社会资本互动各功能对审计行为的影响机理

### 一、基于认同与协调功能的信息机制和人情机制

签字 CPA 团队是为了实现签发审计报告的特定目标而相互协作的 CPA 组成的工作群体（Mcgrath et al.，1993）。成员性别、年龄等人口统计特征、工作任职、职业背景及价值观等深层次特征（Finkelstein and Hambrick，1990）相互匹配，作为一种持久的网络资源形成团队人力资本和社会资本两类。

其中，人力资本方面，根据高阶理论（Hambrick and Mason，1984），如教育背景、职业经验等表现为行动者的认知基础和价值观，影响其判断和决策过程。学者从通用性和专用性人力资本考察审计师学历、执业经验对审计质量的提高作用（Reichelt and Wang，2010；王晓珂、王艳艳、于李胜等，2016）。教育和工作经验作为个人知识经验集的子集，可为审计师带来直接性的专业化信息优势，提升其业务胜任力（见图 3-7 路径①）。

社会资本互动时的认同与协调功能体现在双方的社会关联方面。审计师在受教育和工作执业阶段，除形成专业化信息集构筑人力资本外，还会因教育和工作属性与客户形成一定的人际社会关联。一方面，校友型或同事型的人际关系加强了双方某种社会身份的认同感，成为审计师获取基于认同的信息渠道（Geiger，Lennox and North，2008；Kwon and Yi，2018），此为社会关联基于"身份型认同与协调功能"的信息机制（见图 3-7 路径④）；另一方面，校友型或同事型的人际关系还可能带来人情交换（Hardin，2001），损害独立性，此为社会关联基于"身份型认同与协调功能"的人情机制（见图 3-7 路径③）。如陈旭霞等（2015）验证了跳槽审计师在旋转门现象之前即对未来跳槽客户实施了低质量的审计。Cohen 等（2017）发现社会连带对管理层投资决策的负面影响。基于身份型认同与协调功能的信息机制和人情机制会在不同情境下得以触发，上述两种影响路径均存在（见图 3-7 路径④和路径③）。

最后，审计师在受教育和工作执业阶段，除形成专业化信息集、可能的人际关系外，还因工作地等与客户同处一个空间而形成社会关联，若审计师曾在客户所在地受教育或工作（Choi et al.，2012），其会更为熟悉当地互动规范，提升业

务质量，此为基于"规范型认同与协调功能"的信息机制（见图 3-7 路径⑤）。

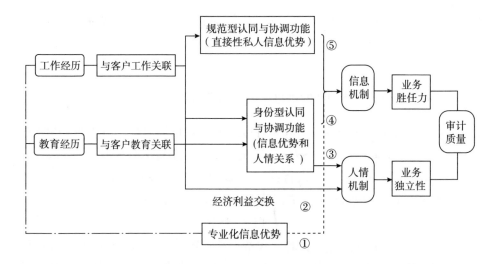

**图 3-7　社会资本互动时认同与协调功能对审计质量的影响机理**

审计师可能会因与该客户的熟悉度增加，丧失独立性，损害审计质量，此为工作关联的另一种非身份型人情交换机制（见图 3-7 路径②）。

教育与工作经历对审计质量的影响机理既有专业化信息机制（见图 3-7 路径①），又有双方社会资本匹配的影响机制，包括基于规范型认同与协调功能的信息机制（见图 3-7 路径⑤）、基于身份型认同与协调功能的信息机制（见图 3-7 路径④），还有人情交换机制（见图 3-7 路径③和路径②），即信息机制和人情机制。

### 二、基于相对资源权力功能的权力机制、信息机制和声誉保护机制

基本假设有：①事务所和客户无直接社会关联，忽略社会关联带来的认同与协调功能影响，以便于计算和直观显示双方各自社会资本互动带来的匹配效应。②双方存在两个阶段的匹配，第一次匹配发生在事务所选择，主要是非社会资本的匹配策略。客户可能有相应的审计团队人员要求，但事务所仍可自由选择派遣哪位审计师负责审计；暂不考虑审计师和客户的合谋操纵事务所选择，讨论社会资本及匹配度对审计质量的影响。③第二次匹配为审计过程，主要为人力资本和社会资本的匹配。缔约后，事务所指派特定团队进驻，与客户高管建立联结，作为研究起点。讨论第二阶段的资本匹配，静态博弈过程双方行为模式如下：

依据审计定价理论，审计师 i 定价中除需要覆盖审计投入（$C_i×Q_i$ 表示审计资源单价与服务资源数量的乘积）外，还需要对风险溢价补贴，包括：①财务重大错报引起的损失变现，$E（D_i）×P（AR）$，其中审计风险为固有风险 IR、检查风险 CR、重大错报风险 MR 乘积即 $P（AR）=P（IR×MR×CR）$；②诉讼风险引起的未来收益损失现值（审计的保险价值），设诉讼风险概率为 $r_L$，$E（L_i）×r_L$；③可能的声誉损失现值 $E（R_i）×r_R$，$r_R$ 指声誉损失概率。对管理层来说，若是审计师 i 提供虚假审计报告，其报酬至少应大于收益，即 $MinGain_i=E（D_i）×P（AR）+E（L_i）×r_L+E（R_i）×r_R$。

管理层 j 因财务造假获取的收益为获得的额外收入 $E（I_j）$；若虚构行为被发现，不仅没收额外侵占所得，还承担来自法律处罚 $E（T_j）$ 和信誉损失 $E（M_j）$ 的风险，总成本为 $［E（I_j）+E（T_j）+E（M_j）］×P（AR）$，则管理层 j 与审计师成功合谋购买审计意见所愿意承担的最大支付额度为其净收益值，即 $MaxPay_j=E（I_j）×［1-P（AR）］-［E（T_j）+E（M_j）］×P（AR）$。

若单独考虑非社会资本净收益（即忽略社会资本）时，$MaxPay_j>MinGain_i$，则审计合谋发生，博弈均衡是（管理层造假，审计师提供虚假报告），审计质量受到损害。此时重大错报发生 $P（MR）=1$，$P（AR）=P（IR×MR×CR）=P（CR）$，将以上各公式代入 $MaxPay_j>MinGain_i$ 求解得，检查风险概率 $P（CR）<\dfrac{EI_j-EL_i×rL-ER_i×rR}{ED_i+EI_j+ET_j+EM_j}$，检查风险低于此值时即发生审计合谋，损害审计质量。

若考虑社会资本，将社会资本视作当下社会地位变现的收益 QF，则双方的期望效用函数中均包含自身 QF 的折现值 $QF×r$；社会资本发挥的正常经济效益内含于审计正常收费和审计意见报告中。但在发生审计合谋时，管理层还会利用社会资本对对方施加影响，攫取额外不当收益，其净收益取决于对方审计师 j 的社会资本强弱，即 $（QF_i-QF_j）×r×f（QF_i>QF_j）$；若合谋被发现，双方均可以利用自身社会关系网如监管方、媒体等降低合谋成本，此时惩罚成本、声誉损失或诉讼成本均有一定变化；同样地，成本为自身社会资本的部分丧失，设流失率分别为 $g_i$、$g_j$，则管理层运用社会资本所获净收益为 $（QF_i-QF_j）×r×f-QF_i×r×g_i×P（AR）$，重复上述计算，得到考虑社会资本时检查风险概率 $P（CR）'<\dfrac{QF_i-QF_j×r×f+E'I_j-E'L_i×rL-E'R_i×rR}{（QF_i×g_i+QF_j×g_j）×r+E'D_i+E'I_j+E'T_j+E'M_j}$。

对比 $P（CR）$ 和 $P（CR）'$ 可知，社会资本匹配度通过改变审计合谋发生概率的阈值，与经济能力同时影响双方交易策略和共生行为；合谋动机强度既取决于双方资本情况也会受特定制度和文化软约束制约。

两者大小取决于社会资本的折现率、流失率和双方相对社会资本资源权力大小。若检查风险 CR 低于审计师与管理层利益分配所得，双方就会结盟，获取差额收益 M，分配则由双方谈判力量决定。

（1）如果客户的社会资本大于审计师，即被审计方的相对资源权力较大，$QF_i<QF_j$，则成功合谋阈值 P（CR）′的不等式右侧分子变小，分母增大，双方合谋的阈值 P（CR）′将低于 P（CR），合谋的概率处于高水准，客户社会资本相对资源权力较大，发挥了权力的威胁机制，会降低审计质量。更少社会经验的人在交往与行为中会受到压抑，产生"阻吓"（intimidating）（Arkin and Shepperd，1989）、不自觉的情感焦虑（Frijda，1987）和功能性紊乱（Brief，1998），弱势地位限制了他们对结果的管控（Friedman and Forster，2010；Keltner et al.，2003）。Bennett 和 Hatfield（2013）发现初级审计员在面对更富有经验的客户时，如果知识与经验不如客户（不匹配），易认识到这种差异，会收集更少的审计证据，对审计质量不利。

（2）如果审计师的社会资本大于客户，相对资源权力相差一定数值，即若 $QF_i>QF_j$ 且 $QF_i>QF_j×（1+g_j）/（1-g_i）$，则 $QF_i-QF_j×r<（QF_i×g_i+QF_j×g_j）×r$，故此时成功合谋的阈值 P（CR）′将高于 P（CR），合谋的概率处于低水准。审计方相对较高的社会资本帮助其从其他渠道获得客户更多信息，并在审计谈判沟通中占据权力优势地位，发挥信息机制和权力机制的作用；同时，从声誉理论上来分析，社会资本较高的组织，声誉损失风险加大，流失率 $g_i$ 值会远大于审计师社会资本低时的流失率，合谋概率降低，审计师独立性较高。故在一个相对有效的审计供给方市场，尤其是供给方竞争激烈的我国审计市场，换取短期经济利益的成本加大。声望捍卫式的自我保护机制也会发挥作用。

# 第六节　结论与启示

基于经济社会人假设，本章尝试构建如下嵌入社会资本的新审计理论框架：基本假说、理论根基、互动功能、各功能对审计行为的影响机理四部分。首先，梳理社会资本的内涵发展进程，将社会资本依次嵌入审计理论框架中。其次，分别剖析事务所与客户不同构面社会资本互动时所发挥的功能，即依据事务所和客户有无社会关联，区分出认知/关系构面、结构面社会资本互动时所发挥的两大类功能。最后，逐个论证各功能对审计行为的具体作用路径。结论有如下几点：

（1）事务所与客户各层面社会资本互动时发挥的功能各异。审计双方的社会资本发挥认同与协调功能、相对资源权力功能。其中，双方特殊信任和一般信任分别衍生出身份型认同与关系型协调功能、规范型认同与协调功能，增加认知稳定性和信赖度，减少信息摩擦和交易成本；相对社会资本的资源权力即表现为社会资本的匹配大小。双方利益分配策略发生了变化，即社会资本匹配度通过改变审计合谋发生概率的阈值大小，与其他资本一同影响双方交易策略和审计产出。

（2）审计双方的社会资本互动时，无论是基于信任的合作还是基于权力的威服，均会改变原来仅依赖合约和正式审计准则进行决策的行为偏好，而其真实审计效应的结果导向同时取决于审计目标一致性、关系连带、相对资源权力大小和社会关系所处特定的宏观文化与制度背景制约，这为理解嵌入事务所与客户各自社会网络中的风险评估、沟通互动和经济后果提供新的视角。

（3）审计双方有社会关联时，两者认知面和关系面社会资本通过基于认同与协调功能的信息机制、人情机制对审计行为发挥作用，认同与协调功能包括身份型和规范型两类；无社会关联时，双方结构面社会资本互动对审计行为的影响则基于相对资源权力功能发挥权力机制、声誉保护机制和信息机制。

阅读本书有助于读者加深对社会资本审计效应的了解，对审计团队人员结构优化、客户对各类社会资本比重的管理或者社会资本匹配考虑在内的审计政策的修订和完善有一定现实意义。因学科交叉性、计量复杂性，对社会资本及匹配度在审计活动过程中的作用研究仍处于探索阶段，本书仅提供了一个嵌入社会资本的新审计理论框架和影响机制分析范式，而对审计领域在社会资本计量方法扩展、社会资本互动双功能的作用机制实证检验、其他类型社会关联和社会关系子网络的审计效应研究、审计双方社会资本互动的理论仍有待深入探讨。

# 第四章　事务所与客户社会资本匹配后果：事务所的治理效应

本章观察事务所与客户社会资本匹配程度对事务所内部治理的影响。双方匹配程度的大小将决定是有利于事务所还是有利于客户，当事务所社会资本大于客户时，将有利于其与客户的博弈。在本章，第一，将确定事务所在洽谈审计收费时，是否能获得更公平的审计收费，且不易被客户收买，需要探讨双方匹配程度对审计收费的影响。第二，确定接受客户与审计收费后，则需要进入现场审计，而评估审计实施的最终结果是审计质量，有必要探讨双方匹配程度对审计质量的影响。第三，将进一步阐述无社会关联时的相对资源权力观下，审计双方社会资本匹配对审计行为的影响机制并尝试设计审计双方社会资本计量方法。第四，选取来自监管部门的审计调整数据，作为审计质量的替代变量，观察审计师与客户之间的经济联系是否会影响合伙人层面的审计质量。第五，选取签字 CPA 在外共同投资入股公司划分派系，研究派系之间如何分配事务所高收费客户的审计权，检验派系对事务所的内部治理的影响。当然，匹配程序还会对事务所其他治理机制产生影响，如审计团队的组成、签字 CPA 性别、年龄、事务所的内部治理机制等，限于篇幅，本章选取审计收费、审计质量与审计调整三个最为关键的因素展开分析，对事务所其他治理机制的影响可以在此基础上进一步展开。

## 第一节　事务所与客户社会资本匹配对审计收费的影响

审计费用的高低取决于审计师的努力程度与审计风险两个重要因素（Simunic，1980；王雄元等，2014）。较高的审计费用代表较高的审计投入（Ba et al.，2012），当审计风险较低、工作量较小时，审计费用较低。相关研究表明，公司规模、业务复杂度、公司治理、诉讼风险等企业特征，事务所规模、声誉、行业专长等事务所特征及其宏观环境均显著影响审计费用（朱红军和章立军，2003；刘明辉和胡波，2006；李爽和吴溪，2004）。事务所与客户的社会资本匹配是否也可能影响审计收费是本章关注的重点问题。

### 一、事务所与客户匹配对审计收费的影响

1. 事务所与客户匹配

事务所与客户相匹配是一种将企业特征与事务所特征相结合以达到最优效率的均衡状态，能给双方带来较高的成本优势（Brown et al.，2016）。双方匹配程度大小可能提升或降低客户审计收费。

一种观点认为，双方匹配程度越高，审计收费越高。审计师—客户的兼容性越高，审计师更容易获得审计收费溢价。蒋尧明和张雷云（2019）认为，审计师为了赢得市场，得到更多的审计客户，必须提供差异化的审计服务，以满足不同客户的需求。在美国等发达国家寡头垄断格局的审计市场，审计师需要利用行业专长为客户提供差异化的审计服务，事务所往往能在不损失市场份额的前提下收到高于边际成本的审计费用，即审计收费溢价。

另一种观点认为，审计师与客户匹配程度提高，会降低双方信息不对称、提高信息沟通效率、节约审计师信息获取与分析成本，进而降低审计师的工作量、审计成本与审计费用。酒莉莉和刘媛媛（2018）发现，审计师—客户匹配度越高，审计师所收取的审计费用越低，且非正常审计费用也越低。

可见，已有研究并未就双方匹配程度是提升或降低审计费用并未达成一致，这关键在于未确认这里隐含的假设是，双方匹配的是哪一种类型，是规模、声誉、品牌，还是社会资本，有必要区分更详细的内容，才有可能进一步分析。

2. 事务所与客户双方不匹配

当审计师与客户不匹配时，双方信息不对称程度进一步增加，相关信息的沟通与获取相对困难。此时会增加审计师信息获取难度与分析成本，增强审计师的风险敏感性，提高审计师实质性审计程序等审计投入（Low，2004；DeFond et al.，2014），进而提高审计费用。Johnson 和 Iys（1990）认为，审计师与客户间匹配程度较差时，会导致审计成本的上升。

审计师与客户之间的匹配可分为审计师向上或向下匹配。审计师向上匹配是

指原本应由小型事务所服务的客户公司选择了大型事务所，审计师向下匹配则是原本应由大型事务所服务的客户公司选择了小型事务所（王文姣，2020）。

第一，当客户向上匹配事务所时，审计师的专业胜任能力更强。审计师丰富的经验特征（如业务水平、信息资源获取能力、审计资源等）能够帮助其审计小客户，准确评估客户的经营状况潜在风险，从而帮助客户提升会计信息质量。同时，在日益激烈的市场竞争环境下，审计师往往会更加爱惜自己的"羽毛"。面对企业管理层的机会主义行为，审计师也会采取较为严格的审计方法去辨识企业可能存在的违规问题，以确保审计师的独立性。

第二，当客户向下匹配事务所时，审计监督治理的作用可能被弱化。由于大型企业的业务复杂程度较高，小型事务所可能无法在一定程度上提供更多的审计人力资源和物力资源。因此，审计师可能无法相对客观、真实地评估企业的经营全貌和财务风险。同时，缺乏审计经验和行业资源的审计师，使得会计信息的真实性和可靠性有待进一步提高。此外，日益激烈的审计市场环境加剧了事务所内卷现象。为了保持审计师与客户之间的关系，审计师可能会出具令客户满意的审计报告，而非客观真实的审计报告，这在一定程度上大大降低了审计师的独立性，审计质量令人堪忧。因此，当客户出现向下匹配事务所时，审计师揭示问题的能力与意愿均被削弱，并采取较为宽松的审计策略，难以及时纠正与披露客户公司财务报告的错报，因而无法客观、真实地保障审计质量。

**案例分析：**

2021 年 1 月 19 日，*ST 赫美披露《关于拟变更会计师事务所的公告》称，综合考虑公司业务发展和未来审计的需要，不再续聘永拓会计师事务所，拟改聘仅拥有 7 名从事过证券服务业务的注册会计师的深圳堂堂会计师事务所，担任公司 2020 年度审计机构，审计报酬 200 万元。深交所对拟改聘深圳堂堂的*ST 赫美发出关注函。深圳堂堂最终放弃了*ST 赫美。*ST 赫美表示，深圳堂堂对公司业务与待审计事项进一步了解，公司相关审计事项程序较为复杂，而堂堂所承接的各项审计项目时间都相对紧张。公司基于谨慎性考虑，从维护中小股东的利益出发，决定改聘众华所为公司提供 2020 年度财务审计及内部控制审计服务。这是典型的小事务所向上匹配的案例，最终以事务所变更终结。

2020 年下半年，证监会针对深圳堂堂执行的*ST 新亿 2019 年年报审计业务开展了现场检查，发现其在执业过程中存在诸多问题，已对*ST 新亿及深圳堂堂涉嫌违法违规行为立案调查。2021 年该事务所承接了*ST 新亿、*ST 斯太、*ST 金洲 3 家上市公司 2020 年年报审计业务的会计师事务所，在 2021 年年初吸引了包括证监会在内的市场参与各方的关注。2021 年 1 月 27 日上交所对 *ST 新亿发出的年报相关事项问询函中，深圳堂堂就已经对外证实了被立案调查的情况。上交所要求 *ST 新亿核实深圳堂堂是否被立案调查，是否与公司 2019 年审计业务有关，是否影响公司 2019 年的审计意见。深圳堂堂在回函中表示，深圳堂堂于 2021 年 1 月 18 日收到证监会调查通知书，调查与 *ST 新亿 2019 年审计业务有关，暂未出具调查结论，暂不影响 *ST 新亿的 2019 年审计意见。从这一案例事后观察，深圳堂堂事务所在执业过程中，存在着诸多的不匹配情况。

### 二、事务所与客户社会关系对审计收费的影响

1. 社会网络关系

拥有更多社会网络关系的事务所或审计师更容易获得客户的信赖，审计收费也更高，或愿意支付更高的收费溢价。

第一，在小型审计市场中，客户认为具有较高社会资本和人力资本的审计师是有价值的，因此，客户愿意为这些特定的审计师属性支付溢价（Bianchi et al.，2020）。

审计师社会网络有利于提高其声誉，增加审计收费。Horton 等（2014）利用法国上市公司的样本，构建了一个由相互关联的董事和审计合伙人组成的网络，并发现审计合伙人在网络中的中心地位（社会资本）与较高水平的审计质量相关。这归因于合作伙伴的中心地位对其通过与同事和客户共享信息获得的隐性知识的影响，以及对其声誉资本的影响，因为拥有更大网络的合作伙伴在审计失败时可能会面临更为严厉的声誉惩罚。

审计师不仅与客户互动，还会与其他审计师进行互动，可以产生知识溢出，从而丰富其自身专业知识，并为其客户带来竞争优势。Bianchi（2018）以意大利为例研究发现，由在其专业网络中更为核心的审计师审计的中小型私人公司修改的审计意见、异常应计项目与税务相关重述更少，这说明审计师通过在多个联合项目中与同行合作来发展专业知识。Bills 等（2016）发现，属于网络成员的事务所比非成员事务所提供更高质量的审计，并且收取更高的费用。

第二，审计师社会资本可提高客户对增值审计服务质量的感知，客户更愿意支付审计收费溢价。与社会资本较低的审计师相比，社会资本较高的审计师可以调动更多有价值资源的替代提供者，包括其他审计师（Stam and Elfring，2008）。这些互动对于缺乏"四大"公司通常拥有的内部网络/咨询机会的小型事务所来说非常重要（Fontaine et al.，2013；Francis and Yu，2009）。

Döving 和 Gooderham（2008）表明，审计师之间的合作和联盟提高了业务服务的范围和质量。Collin 等（2017）指出，审计师作为顾问的任务是"利用他们的网络向参与者提供建议，并寻求帮助和支持"。此外，与社会资本较低的人相比，社会资本较高的人更容易被视为有远见和值得信赖的人（Stam and Elfring，2008）。可见，合理地假定，客户能够认可拥有较高社会资本的审计师，并愿意对其进行补偿，因为他们期望得到更高质量的审计和更多更好的增值服务。

但是，这些研究未考虑事务所与客户的匹配带来的影响，更多的是事务所单方面的影响研究。

2. 校友关系

社会关系可以有多种形式，共同的教育背景所产生的联系可能也是一种影响决策过程的形式。相关学者关注校友关系来分析客户与事务所之间的社会关系对审计行为的影响。校友关系能够在未来社会活动中发挥较大价值，理由如下：

第一，如果两个人在同一时间同一所学校上学，可能会通过校园互动建立个人关系。第二，如果这些人在不同时期上过同一所大学/校园，那么他们可能会有共同的兴趣或背景，这有助于他们日后通过校友会或捐赠项目建立联系，以校友圈带动产学研生态圈。第三，根据烙印理论。烙印实际上可以认为是视觉行动的"模板"，"模板"发育、完善、固定以后，进入潜意识层，导致日后行为或对日后行为产生改造作用。越是早期形成的"模板"越稳定，对日后的行为影响越大。由于教育的类型和质量，共同的校园经历为其提供了独特的印记，并将校友紧密联系在一起，分享并传递学校的价值观念（Massa and Simonov，2011）。因此，通过识别在同一所大学就读本科或研究生学位的个人，作为有校友关系的人视同校友，而不要求他们在相同的时间、相同的校园或相同的专业就读。

Guan 等（2016）研究表明，若关联审计师是与客户高管在同一所大学就读的人，关联审计师更有可能发表对客户有利的审计意见，特别是财务出现困境的客户。此外，由关联审计师审计的公司报告可自由裁量权应计额要高得多，随后更有可能向下调整盈余管理，盈余反应系数较低。最后，关联审计师获得更高的审计费用。综上所述，当审计师和客户高管存在校友关系时，审计质量降低，并享有更高的审计费用，但并不代表审计师付出了更多的审计投入。相反，它代表了审计师与高管之间的互惠关系。Piotroski 和 Wong（2012）发现中国对高质量财务报告的需求通常很低，鉴于保留和吸引客户的压力和相对较低的诉讼风险环境，中国审计师可能会受到诱惑而牺牲独立性和讨好管理层。

由于关联审计人员可以获得更多关于事务所业务运作、具体交易和账户、内部控制系统以及管理能力和质量的信息，学校关系能够使关联审计人员更好地评估审计风险，减少审计工作，从而降低审计费用。

3. 地缘关系

事务所与客户之间地理位置越邻近，越容易相互了解情况，有助于事务所与客户建立信任。相关学者将地区信任水平作为社会资本的一种衡量方式。

Jha 等（2014）的研究表明，总部设在美国社会资本较高县的事务所支付的审计费用较低。审计师根据公司的总部所在地来判断客户的可信度，当他们对公司的信任程度较低时，会收取额外费用。刘文军（2014）在此基础上探索审计师地理邻近性对审计定价可能产生的影响，发现由于缺乏地缘优势，审计师对偏远客户的审计收费显著低于邻近客户；具有行业专长的审计师有更大的定价空间，对偏远客户降低审计收费的幅度更大；由于向外地拓展市场的动机强烈，审计师对偏远客户降低审计收费主要存在于审计竞争程度较高的市场中。这些结果说明审计师的地理位置影响了其议价能力和定价策略，而审计师定价空间和审计市场竞争则加剧了地理位置对审计定价的影响。

这里涉及事务所与客户双方的地理距离，双方距离越近，交往越多，就有更多可能拥有更多的社会资本，信息不对称程度下降，这样审计收费可能越低。

4. 商业合作关系

企业与其他组织之间的商业合作的紧密程度、高管的审计背景以及企业所在社会地位均有可能影响事务所审计定价。若企业与事务所在商业上相互依赖，则可形成依赖优势均衡。若企业与事务所在商业上依赖程度差异明显，则构成不对称依赖关系。

从企业与其他组织之间的商业合作的紧密程度来看，刘圻和罗忠莲（2018）的研究表明，客户关系投资有可能促使企业与客户之间形成联合依赖或企业"单边"垄断关系，使得供应链协同企业风险和审计风险降低，审计师更有可能采取低价的定价策略。

从高管的审计背景视角出发，蔡春等（2015）发现具有审计经历的高管，同时拥有公司管理与事务所审计两方面的私有信息，在审计定价博弈过程中居于优势地位，可能以较低的费用便获得审计服务。赵彦锋和原盼盼（2021）也发现了同样的结果，客户较高的社会地位能够显著降低审计费用。客户社会地位较高，会降低经营风险、提高盈余质量、减少审计师审计投入，降低审计费用。

5. 信任水平

信任是"有规律、诚信、相互合作的共同体内部成员基于共同认可的准则对其他成员的期望"。这种社会范式的示范作用，将引导包括企业管理层在内的所有社会成员更加注重诚信、减少信息欺诈等行为（Fukuyama，2016）。

文化可能影响企业的财务行为。依据社会规范理论，McGuire 等（2012）认为，当地社会文化规范可能会影响总部位于特定地区的企业的文化和态度。这一理论背后的基本思想是，社会影响很重要，因为个人更愿意服从同龄人群体，而非对立，以减少或避免拒绝群体持有标准的惩罚。管理者容易受到公司总部周围社会同龄人的影响，如邻居、社会俱乐部成员和教区居民。因此，企业行为通常会受到公司总部所在地社会特征的影响（McGuire et al.，2012）。

高社会资本地区的社会规范促使管理者的行为更加诚实。一系列文献发现，社会规范能够影响个人决策（Milgram et al.，1969；Cialdini et al.，1991）。社会规范通过自我执行，从而达到遵从群体期望的意愿。当有人违背了最初共同创建的社会行为体系时，就会有一种罪恶感，并为此付出代价。管理者在做决策时可能会考虑到这一成本（Akerlof，2007）。高社会资本地区的利益相关者（如机构投资者、银行家和经理）更可能相互定期互动，进而促进信息交流，缓解了股东和管理层代理问题，有利于企业形成更加真实和可靠的财务报告。

相关研究发现，事务所对高社会资本地区的客户收取更低的审计费用（Berglund et al.，2014）。这是由于当社会资本更强时，审计师会感知到更少的风险，因此收取更低的费用。低社会资本地区的客户支付更高的审计费用（Jha and Chen，2015）。在社会资本较低的国家，审计人员会加大努力程度，诉讼风险也较高。中国地区社会信任水平会影响审计师的努力程度、审计取证效率及相应的审计成本，并会影响到审计师的法律与监管风险，这两方面都会导致审计师对低社会信任水平地区的客户收取更高审计费用（刘笑霞和李明辉，2019，2021）。可见，社会环境会影响企业与审计师的关系，而不仅仅是企业决策。信任是审计客户关系的重要组成部分，地方社会资本在一定程度上代理了审计信任，且其对审计收费的影响是有意义的。客户宗教信仰也与较低的审计费用相关（Ferdinand et al.，2016）。审计人员宗教信仰对审计收费的影响是一个区域效应，可能会影响审计收费与被审计单位内在宗教信仰之间的关系。

综上分析，社会信任水平分别从审计成本、审计风险两条路径传导至审计定价（刘笑霞和李明辉，2019）。①社会信任水平—审计成本—审计定价。审计成本可以从审计努力程度和审计证据的可获性和质量两个方面考虑。高社会信任地区，企业会计信息质量更高，审计师因而只需要付出较少努力程度、实施较少审计程序就可以将审计风险控制在可接受的水平以内，更多地信赖客户的内部控制、实施更少的实质性程序。同时，高社会信任地区紧密的社会网络帮助审计师能够更便捷地获取高质量审计证据，提高审计效率。因此，对于社会信任水平高地区的客户，审计师将更加信任并减少审计努力程度，降低审计成本和审计费用。②社会信任水平—审计风险—审计定价。在高社会信任地区，事务所与企业较为容易地达成高效率的合作，发生诉讼风险的概率较低。而在低社会信任水平地区，企业财务发生财务错报和重述的可能性都较高，审计风险较高。因此，需要通过收取风险溢价，弥补未来可能来自证监会的约谈、罚款等损失。

地区社会信任水平会影响审计师的审计努力程度、审计效率与审计成本，并会影响到审计师的法律与监管风险，进而收取不同的审计费用。除了地区层面的社会信任水平，Hsieh 等（2019）从个人层面的社会信任水平出发，发现审计师倾向于向长相不可信的首席财务官收取审计费用溢价，尽管首席财务官的长相可信度对审计费用的影响随着审计师任期的增加而减弱，且在进一步的分析中，发现 CFO 的面部可信度与财务报告质量和诉讼风险无关。

## 第二节　事务所与客户社会资本匹配对审计质量的影响

社会资本对组织的发展存在"双刃剑"效应，可能正向促进或负向抑制组织治理，提升或降低组织经济效益。事务所与客户社会资本匹配对事务所本身的治理效应最终体现为审计质量。有必要分析这种匹配对审计质量的影响。

### 一、事务所与客户匹配对审计质量的影响

客户和审计师匹配关系是指客户审计需求与会计师事务所审计供给之间达到平衡，审计师恰好满足客户的特定偏好和要求（Brown and Knechel，2016）。但在实务中，随着市场竞争的加剧，为树立自身品牌竞争优势，事务所会在不同发展阶段调整目标客户群（Johnson and Lys，1990）。这种调整可能是事务所出于对自身发展考量下的主动调整；也有可能属于客户审计需求、市场地位以及审计行业发生变化等情形下事务所的被动调整。当事务所调整目标客户群时，能够满足原有客户审计偏好和要求的能力不再适用于新客户，此时客户与审计师之间呈现出不匹配关系。这种匹配包括事务所规模与客户规模、人员数量、声誉等的匹

配，可以分为制度与非制度要素的匹配，制度要素的匹配主要是根据财务制度，能够直接量化的财务与一些非财务数据的匹配，非制度因素的匹配是指社会资本的匹配。

客户和审计师双方不匹配时，审计质量更低。Brown 等（2016）发现客户与事务所兼容性（一致性）越低，客户更换审计师概率越高，审计质量越低。客户和审计师不匹配关系对审计师揭示问题能力与意愿的影响，决定了审计师能否准确地辨别公司管理层盈余操纵等机会主义行为（崔云和董延安，2018），以及能否及时披露客户公司财务报告的错误或者不实之处（Wats and Zimmerman，1983），从而在一定程度上影响审计质量。在匹配度计量方面，Brown 等（2016）使用基于向量空间的相似度评分模型，比较样本企业三种类型的年报文本，包括公司业务概要、管理层讨论与分析、财报附注与其他被同一审计师审计的同类型企业的年报文本，采用余弦相似度公式计算文本间的相似度，求均值后作为该样本客户的审计师—客户兼容性的代理变量。

当事务所社会资本低于客户时，董沛武等（2018）发现，当存在客户与审计师向下不匹配时，不匹配程度每增加一个标准单位，客户审计收费及操控性应计利润的绝对值分别降低 3.1% 和提高 0.7%。大客户的主导地位及谈判话语权凸显，事务所处于匹配关系中劣势的一方，客户将通过相对较低的审计收费获取相应审计服务。同时，迫于大客户的审计需求压力，审计师将会对客户盈余管理行为有较高容忍程度，并可能出具不利于事务所倾向性的审计意见，损害审计质量。

事务所社会资本高于客户时，即当存在客户与审计师向上的不匹配时。不匹配程度每增加一个标准单位，客户审计收费及操控性应计利润的绝对值分别提高 4.5% 和降低 0.4%。此时，客户主导地位被削弱，谈判话语权受到挤压，面对享有高声誉和知名度的事务所时，客户不得不承担高质量审计服务所带来的费用溢价。为维护其行业声誉和地位，将会对公司的盈余管理行为采取低容忍态度，带来审计质量的上升（董沛武等，2018）。他们基于公司经营状况及财务活动指标，计算公司选聘"四大"事务所的估计概率与期望选择，期望选择与实际选择对比即可得到客户与审计师的不匹配变量。

双方更匹配时，审计质量更高。蒋尧明和张雷云（2019）发现，审计师能力与客户偏好匹配度能够帮助事务所获得审计收费溢价，提升审计质量。他们借鉴 Brown 等（2016）的方法，定义客户—事务所的兼容性，将客户按年度、事务所、行业三个维度分组。样本客户的"管理层讨论与分析"文本与组内其他客户的文本逐一比较，采用余弦相似度公式计算文本间的相似度，求均值后作为该样本客户的审计师—客户兼容性的代理变量。

可见，有关事务所—客户匹配对审计质量的影响并未达成统一共识。相关社会资本匹配类型对事务所影响的文献，除了大量地采用直接社会资本计量外，还有多种方式，主要有社会网络、校友关系、地缘关系与商业合作关系等方式。

社会资本强，审计质量高。Pietro 等（2019）以事务所社会资本—竞争优势—审计定价路径进行传导检验，发现审计师社会资本提高了个人执行审计任务的能力与审计质量。在一个首席执行官影响力大、投资者保护程度低、文化依赖关系强的司法管辖区，如果有良好的公司治理和高质量审计，社会关系将有利于提升审计质量（Soo et al.，2018）。

**二、事务所与客户社会关系对审计质量的影响**

1. 社会网络关系

Brown 首次提出了"社会网"（Social net-Works）的概念，并运用"社会网"理论解释社会资源的分配问题。社会网络关系是由某些个体间的社会关系构成的相对稳定的系统，是联结行动者的一系列社会联系或社会关系，它们相对稳定的模式构成了"社会结"（Wellman，1988）。社会网络关系理论包含了社会资本、强联结与弱联结以及结构洞这三大核心理论，这些理论认为社会网络关系的存在，对组织和社会具有相当程度的正面作用。社会网络关系在公司审计等经济活动中同样起着重要的作用，但主要关注客户与审计师双边关系对质量的影响，较少分析社会网络关系对审计师后续审计行为的影响。

事务所与客户的社会网络关系有利于提升审计质量。吴益兵等（2018）依据客户高管与主审审计师的社会网络关系强弱程度，分为高管强/审计师弱、高管弱/审计师强、高管强/审计师强、高管弱/审计师弱四种类型，发现社会网络关系的存在对于提升审计质量及客户公司的价值具有积极意义。外部审计师与独立董事之间存在社会关系会促进信息交流、相互协作与声誉制衡，提升外部审计质量（张宏亮等，2019）。这种社会关系体现在校友关系、"同门"关系及同地域关系。廖义刚和黄伟晨（2019）发现审计师的团队社会网络中心度对审计质量产生了积极的影响。

处于网络中心的审计师将获得更多资源，提升其专业能力与审计质量。根据社会关系网络理论，个体所具有的社会网络结构主要体现为其在网络中所处的位置，位置影响了个体获取镶嵌在社会网络中资本的能力，相比于网络边缘位置的个体，位于网络中心位置的个体能获取更多的资本（Lin，2002）。在审计团队社会网络中，审计师的网络中心度影响审计质量，包含于网络中的知识与信息可以通过学习效应传播，网络中的成员获取知识的数量取决于其所处的网络位置。审计师的网络中心度越大，代表其通过学习效应获取新知识的机会越多，能够快速便捷地获取大量与审计有关的知识、经验及信息，提升其专业胜任能力。个人的网络中心位置将直接影响其声誉和非正式影响力（Krackhard，1992）。审计师的网络中心度越大，直观表现为在审计团队中拥有更多的合作伙伴及执业所需要的资源，在审计团队中的非正式影响力也较大，声誉也较高，无论从专业胜任能力还是职业道德的角度来看，这类审计师的审计质量都更高。处在网络中心位置的审计师拥有更多的审计业务，单个客户的重要性水平较低，不用过分担心因坚持原则而失去客户，有助于保持较高的执业质量标准。

事务所与客户社会网络更近，更有利于合作。从社会信号理论来看，内嵌于该合作网络中的人们有真实表达并传播自己合作意图的动机（何易，2017），而合作行为的发生性、合作行为的深度、合作关系的稳定性在很大程度上取决于合作信息的获取和传递。合作信号的真实性越强，越有利于合作行为的发生和合作关系的维护（Frank，1988），合作信号的传播与获取成为合作的重要激励。主要合作信号类型有三种：社会距离（Hoffman et al.，1996）、社会相似性（Cole et al.，2004）和双方之间的熟悉程度（Balliet，2009）。作为有着同学、同事或同地域等关系的审计师与客户，社会距离较近，他们的专业、教育、职业或地理背景相似，社会相似性较高，彼此熟悉互信程度更高。这种社会网络关系传递了较强的合作信号和合作意愿，非常容易达成合作。从嵌入理论来看，社会网络关系在现代工业社会经济活动中具有重要作用，社会结构的核心是人们生活中的社会网络，经济行动产生于社会网络的内部互动，也就是说，经济行动嵌入了社会网络的互动当中，而嵌入社会网络的机制是信任，信任来源于社会关系且嵌入于社会网络（Granovetter，1985）。基于嵌入性视角，社会关系会产生信任（袁宝明，2012），使社会网络中的合作双方都相信对方不会利用自身的弱点（Sabel，1993），降低二者间的心理距离和彼此间的防备心理，促进双方合作（Granovetter，2005）。

因此，社会关系网络的建立与维持能够在一定程度上通过信息获取、共享与传递，大大降低事务所与客户之间的信息不对称，相对于单一的事务所—客户的双边关系，网状的社会关系在一定程度上对事务所产生了积极的治理效应。

2. 校友关系

校友们因共同的求学经历、共同的受教育背景和价值理念背景，较为容易地建立社会关系。

事务所与客户之间存在校友关系会损害审计质量。当审计师和客户高管有校友关系时，以及来自校友关系的社会互惠存在时（Guan et al.，2016），或者签字审计师和审计委员会成员之间存在校友关系时（He et al.，2017），会损害审计质量。当企业与审计师之间存在校友关系时，企业当年获得标准审计意见的可能性更大，损害审计质量（谢盛纹和李远艳，2017；吴伟荣和李晶晶，2018）。胡志颖和胡国强（2021）发现，审计师与管理层的校友关系显著降低了关键事项的披露水平，且这一降低作用主要集中在审计师行业专长低、独立性弱的情形。

双方存在校友关系损害审计质量的原因有，共同的受教育经历是构成人们社会关系网中的一个关键节点。根据群体理论，社会群体有"内群"和"外群"之分，群体成员自然地形成"内群偏好"和"外群歧视"。"内群偏好"源自群体成员间的共属感和认同感，这种共属和认同引起个体对同一群体内其他成员的信任、正面评价、合作甚至同情。每所学校都有专属自己的校训、校歌以及校风，独特的历史背景和文化沉淀深刻影响着学生的人生观、价值观和世界观。共同的文化基因和价值取向是校友之间互相交往的基础，校友会等社会组织为校友的长期交往提供了一座桥梁。存在校友关系的高管和签字注册会计师在订立审计合约以及执行审计业务的过程中，特别是在与管理层沟通时，很可能产生一种群体认同。这一群体认同产生的基础是校友关系承载的校友之间共同的文化基因和价值取向（张洽和袁天荣，2002；杨钦皓和张超翔，2019）。

此外，"同质原则"理论也能够解释审计师—客户校友关系损害审计质量原因。相似的人倾向有较多的接触，共同的背景和经历能使人与人之间的关系更加紧密。类似地，中国人的人际交往中有"九同"法则之说，即"同学、同事、同乡、同姓、同好、同行、同年、同胞、同宗"。可见，在我国这样一个人情关系较重的社会中，企业高管很有可能与审计师通过他们的校友身份，建立一种特殊的私人关系，导致签字注册会计师自觉或无意识维护被审计单位高管的利益，放弃应坚持的原则。

因此，审计师与客户之间的"校友关系"较为轻易地以一种不言而喻的方式触发"人情机制"，最终导致审计师独立性受损，审计质量降低。

3. 地缘关系

双方位置越近，信任越强，越可能影响相关决策。地缘关系是指以地理位置为联结纽带，由于在一定的地理范围内共同生活、活动而交往产生的人际关系。银行距离借款企业越近越有助于软信息（Soft Information）的收集，进而影响信贷决策（Agarwal and Hauswald，2010），邻近银行的企业贷款利率较低，而距离竞争银行越远，贷款利率越高（Degryse and Ongen，2005）。本土偏好（Home Bias）也在机构投资者中存在，本地机构投资者具有较低的沟通和信息收集成本，更容易获得公司层面信息，更有效地行使监督（Chhaochharia et al.，2012）。因地理位置邻近而具有信息优势，当地机构投资者能获得更高回报（Baik et al.，2010；Coval and Moskowitz，2001），能够约束公司激进的财务报告（Ayers et al.，2011）。邻近公司的分析师预测精度更高（Malloy，2005），公司越靠近金融中心，权益资本成本越低（Ghoul et al.，2013）。

地理位置的邻近缓解了信息不对称，提高了监测的有效性。靠近 SEC 区域办事处的公司不太可能重述其前几年的财务报表（Kedia and Rajgopal，2011）。靠近 SEC 区域办事处的公司，管理层对事前误报成本的评估更高，因为地理上的接近降低了信息不对称，有利于监控。距离 SEC 区域办事处较远的"非四大"审计事务所不太可能发表持续经营审计意见，这表明"非四大"审计事务所独立的动机受其与 SEC 区域办事处地理位置邻近的影响（DeFond et al.，2011）。审计师距离客户越近，公司操纵性应计利润越低，被出具标准无保留审计意见的概率越低（刘文军，2014）。

与当地审计师相比，非当地审计师通常能够提供更高的审计质量。对于具有更多经营或地理分部的多元化客户，这种质量差异会减弱。与本地审计相关的信息优势，使审计师能够更好地约束管理层有偏见的盈利报告，对多元化程度较低的客户具有更大的优势（Jong-Hag Choi et al.，2012）。

总分所之间的审计质量存在差异。地域分权是审计师事务所经营的一个重要特征。虽然这种组织结构带来了巨大的好处（减少了旅费和审计费用），但权力下放也造成了审计质量下降。远离事务所大办公室的小地方分所审计质量较低（Matthew，2019）。总所事务所与客户的地理距离越近，客户的财务报告质量越高。分所事务所与客户的地理距离越近，审计师出具标准无保留审计意见的概率越低。总所事务所与分所事务所所表现出的差异可能是由于客户的不同特征导致的。选聘相对地理位置偏远的审计师会提高客户盈余管理程度，降低公司透明度和公司价值，表明客户舍近求远选择审计师的动机是机会主义（刘文军，2014）。

事务所与客户同乡音会损害审计质量。中国人自古对"乡"与"音"给予厚重的情感牵挂，"乡音关系"不仅是个人社会关系的重要组成部分，且已成为理解中国情境下企业战略、营销等经济行为的关键因素（庄贵军等，2008；戴亦一等，2016）。中国人历来重视乡土情怀，自古涌现出大量关于"乡音关系"的诗句。如"少小离家老大回，乡音无改鬓毛衰。儿童相见不相识，笑问客从何处来""故旧凭君休更说，老怀容易便沾襟"等。然而，近年来的实证研究发现，CEO—审计师共同的乡音可能会对企业上市前的审计质量具有负面影响；审计师声誉和审计师事务所行业专业化会削弱这种负面影响；方言共享对审计质量的负面影响可延伸到企业上市后数年（Du，2019）。纯粹同音关系、纯粹同乡关系与同乡同音关系都会损害审计质量，且损害程度依次增加；高管主导的乡音关系有损审计质量，而签字会计师主导的乡音关系有助于提高审计质量；与异地乡音关系相比，本地乡音关系损害审计质量的程度有所降低，乡音关系对审计质量的影响存在本地稀释效应（袁德利和许为宾，2018）。

事务所与客户地缘关系影响审计行为机制表现在以下三点：第一，审计师越邻近客户，越能获得客户具体信息，越能更加便利地沟通，越能获知管理层机会主义动机。第二，由于审计师与客户邻近，更容易处于同一个关系网之中，建立起私人关系和信息交流，更好地评估客户特征和动机（Choi et al.，2012）。第三，审计师与客户邻近，更可能同处一个行政区划下，审计师更容易受到当地政府行政干预。由此，事务所距离客户越近，审计质量越高，出具标准无保留审计意见的概率越低。

4. 商业合作关系

监管机构认为事务所与客户的经济关系会对事务所独立性产生不利的影响，损害审计质量。安然舞弊事件和安达信会计师事务所的倒闭加深监管机构的担忧。文献考察了事务所—客户商业合作关系对审计质量的影响。

当客户高管来自事务所时，更可能收到"清洁"的审计意见（Lennon，2004），发表持续经营意见的倾向较低（Peter Carey，2006），高管离职的情况异常罕见。与非关联高管相比，关联高管的负面意见与高管离职之间具有正相关关系，表明客户获得标准无保留意见后，会认为与审计人员的合作更有价值。

客户审计委员会成员—事务所人员的连锁关系影响审计质量。客户的网络是由审计委员会成员的审计伙伴连锁造成的（Hossain，2016）。当客户审计委员会成员同时也是由共同审计公司和审计合伙人审计的其他公司的审计委员会成员时，就会发生这些连锁。审计合伙人可能认为，与连锁客户公司管理层的争议可能会影响连锁公司网络的未来收入。这些经济联系有可能削弱审计师的独立性，降低审计质量。与社会认同理论一致，客户审计委员会中有关联合伙人时，比没有关联合伙人的更不可能解雇该成员的事务所（Christensen et al.，2018）。当关联合伙人加入审计委员会时，审计质量得到了提高。质量的提高与审计费用和实地工作时间的减少同时发生，效率提高。审计委员会的前关联合伙人延长了审计师与客户关系的任期，同时也改善了审计流程和结果。

我国存在"客随师走"现象，并降低审计质量。在中国，当审计师跳槽至另一家事务所，客户也会将业务一同转移至审计师所在的事务所（Su and Wu，2016）。审计师不会对这些非强制性跟随客户出具保留意见。非强迫环境下的跟随客户为离职审计合伙人和继任审计公司带来经济利益，同时产生的成本或监管风险最小。审计伙伴依赖网络中其他公司的费用会降低审计质量。

相关研究发现事务所关联的公司更可能收到标准审计意见，从而说明事务所关联降低了审计质量。同时，事务所与客户关联关系增加了审计师审计任期，即存在事务所关联的公司比没有事务所关联的公司与事务所合作的时间更长（刘继红，2011）。对于财务状况较差的公司，若审计师与客户之间不存在长期关系，则强制轮换后的审计质量提高，若审计师与客户之间存在长期关系，则强制轮换后审计质量的提高被弱化；而对于财务状况较好的公司，无论审计师与客户之间是否存在长期关系，强制轮换后的审计质量均未发生显著变化（徐浩然，2017）。

审计业务合作合伙人的强制轮换会在轮换前后的几年中产生更高质量的审计（Lennox et al.，2014）。在强制轮换前离职合伙人任期的最后一年和强制轮换后新合伙人任期的第一年，审计调整的频率明显较高。审计委员会—会计师事务所连锁关系能够提高审计调整的概率，能够促进审计委员会与会计师事务所之间的信息共享，提高审计质量（邢秋航等，2020），在机构投资者持股和管理层持股的公司以及国内会计师事务所中更为明显。连锁的审计委员会成员为审计委员会主任时，上述效应更为明显；而连锁的审计委员会成员是否为独立董事对结果没有明显的影响。

可见，事务所与客户商业伙伴关系会影响审计质量。另外，专家知识和社会资本是客户削弱审计师业务独立性的重要资源（Laurence et al.，2019）。相关研究发现，客户重要程度越高，发表修改审计意见的倾向越低（Chen et al.，2010）。

综上，已有研究主要从双方的相互关联展开研究，对审计质量有的产生正面影响，有的会有负面影响，关键是外在环境有什么样的变化。

5. 同门关系

"前同行"模式伴随着最严格的审计，"同行"模式伴随着最宽松的审计，而"同门"模式伴随的审计严格程度居中（吴溪等，2015）。保持不同治理机制之间的独立性固然重要，但避免不同机制之间的潜在利益冲突、促进相互合作同等重要。在不同治理机制的合作程度相近时，独立性对提高公司治理的效果具有显著增量；在不同治理机制之间的独立性相近时，其合作而非竞争对提高公司治理的效果也具有显著增量。保持不同治理机制之间的独立性与合作均有助于提高公司治理效果。

本章采用了审计调整数据来衡量审计质量。审计调整是审计师努力工作的最终结果，该结果剔除了客户公司基本面和财务报告系统的影响，能够更加"干净"地反映审计师工作的结果；具有高度怀疑精神的审计师更可能发现财务报告的错误，并要求客户通过审计调整的方式改正错误，从而有效管控审计师所面临的风险。因此，审计调整是审计质量的直接衡量指标，能够避免公司基本面和财务报告系统对研究结论的影响，从而极大地提高研究结论的可靠性。

## 第三节　相对资源权力视角下社会资本匹配与审计质量[①]

2013 年 4 月，瑞华会计师事务所（特殊普通合伙）是原中瑞岳华和原国富浩华在平等协商基础上联合成立的一家专业化、规模化、国际化的会计师事务所，凭借着先前一系列的变更与合并，瑞华会计师事务所（以下简称瑞华）的许多项目均来自合并前事务所的客户。因而，瑞华迅速成为"内资之光"。然而，就是这所"内资第一大所"轰然坍塌，瑞华的衰落始于康得新财务造假事件。瑞华作为康得新公司的年审机构，康得新 2015~2018 年连续利润为负，然而在审计过程中，瑞华对康得新的年报均出具了标准无保留意见的审计报告。直到 2019 年 1 月康得新因为无法兑付 20.8 亿元的债券违约被疑财务造假后，瑞华才在康得新 2018 年的审计报告中给出了"无法表示意见"。瑞华作为康得新的审计机构，难辞其咎。过去 20 多年，在"做大做强"的监管理念下，以瑞华为代表的本土会计师事务所通过兼并的方式迅速扩张，但随着规模的扩大，其审计质量反而不断下滑。作为资本市场的"看门人"，以瑞华为代表的会计师事务所群体正面临一场全民信任危机。除了追责瑞华，如何防止资本市场出现下一个"瑞

---

① 本节主要内容来自李文颖，陈宋生，曹圆圆．相对资源权力视角下社会资本匹配与审计质量[J]．审计与经济研究，2020，35（2）：40-53；有删减。

华"是值得警醒的问题？事务所与客户社会资本的无效匹配是否需要为瑞华的衰落担负责任？

## 一、引言

增加组织价值的资源要素称为"资本"，如经济资本（又称物质资本）、人力资本和结构资本、社会资本等（Stewart and Ruckdeschel，1998；Putnam，1993；Knoke，1999）。其中，社会资本为组织的多层次社会关联，代表可调动的社会资源总量。根植于差序格局的关系型人情社会和弱法律环境中的资本市场（Hwang，1987），财务舞弊、审计失败案件频发，背后无不有异化的社会关系，研究讨论如何优化社会资本对审计行为的影响，并防范其负面效应，具有浓厚的现实意义。

然而，当前我国审计领域社会资本的研究仍处于新兴阶段。审计双方社会资本互动形式可分为两类：有社会关联的和无社会关联的社会资本互动。李文颖和陈宋生（2018）依据社会资本三层面内涵，将这两类的互动机理概括为认同与协调功能、相对资源权力功能两种。已有研究仅关注到审计某一方的社会资本或者审计双方有社会关联的社会资本互动如政治关系（龚启辉等，2012）、同事关系（Naiker and Sharma，2009；Naiker et al.，2013；张俊民等，2013）、校友关系（Guan et al.，2016；He et al.，2017；Kwon and Yi，2018）等，尚未涉及无社会关联时双方社会资本的互动。那么，无社会关联时，审计双方社会资本匹配的情况对审计质量的影响逻辑是什么？现有研究尚未有效回答此问题。

基于此，本书进一步阐述无社会关联时的相对资源权力观下，审计双方社会资本匹配对审计行为的影响机制并尝试设计审计双方社会资本计量方法。贡献在于：①首次聚焦审计双方而非单方社会资本的资源权力。事务所作为市场中介有其所依赖的社会关系网络，以加强信息流通、减少信息孤岛现象，盘活局部市场；客户同样密织着社会关系网络以谋求生存和发展（Powell，1990）。因此应同时考虑双方社会资本的互动性。本节详细剖析其作用机理，拓展了组织资源观在审计互动行为剖析中的理论应用。②已有研究仅聚焦审计双方的社会关联，鲜少探讨无社会关联时，作为一种资源的社会资本又将如何影响审计产出。本节分别设计了事务所和客户各类别社会资本的度量方法，丰富了资源观下审计领域社会资本的经验证据。③细致考察了审计领域各个类别的社会资本对审计质量的影响机理。由于审计服务本身具有社交沟通频繁性、过程天然隐蔽性特点，审计过程的各环节更容易受到社会资本力量的支配，本节通过系统研究各类社会资本的影响机理，有助于解释审计活动中各类社会资本作用效果的差异性。后文安排如下：文献回顾与研究假设；研究设计和实证分析；拓展性研究；结论与启示。

## 二、文献回顾

社会资本是在人际交往中产生的一种资本（Putnam，1993），Nahapiet 和 Ghoshal（1998）将其划分为认知面、关系面和结构面三个层面。认知面社会资本描述心理层面人与人之间的愿景认同与信任程度，关系面社会资本着重概括人与人的社会关系情况（包括互动规范），而结构面社会资本刻画组织整体的社会关系网络结构以及从中可调用或获取的社会资源。三层面社会资本交互作用，讨论社会资本的功效时应区分三层面，逐个探讨其作用机理（见图 4-1）。根据审计关系人单方或双方社会资本以及社会资本不同层面，研究可分为两个层次：

一是企业与事务所的组织层次社会资本互动。龚启辉、吴联生和王亚平发现，当审计双方有共同政治社会资本时，事务所和客户更倾向于相互匹配。但审计双方互动研究较少，多数研究仅考察客户或事务所单方的社会资本，尤其是政治社会资本（结构面）以挖掘审计质量需求。

依据资源基础观，组织自身的资源禀赋（即各类资本）决定了其对外部资源的需求情况，也包括审计需求。客户管理层拥有政治类社会资本是一种无形资产，便于企业获得物质、信息和感情的帮助，实现财务绩效、融资、并购等企业目标，企业有较强动机向外界传递财务绩效优质信号，倾向于选择"四大"等高质量审计师。但另外，政治关系增加了政治寻租机会，有政治背景的高管或与官员有社会联系的高管可能利用这一社会资本攫取私人利益。与 Guedhami 等（2014）的结论相反，我国有政治关联的客户选择大所审计的概率降低且审计费用较低（雷光勇等，2009；杨华，2015）。而相比国有企业，民营企业更倾向于选择有发审委委员这种政治社会资本的会计师事务所（李敏才，2013）。若企业所处地区法制化水平低，或企业实施了正向盈余管理操纵，这两种情形均会激发企业的政治寻租动机，倾向选择监督职能弱的非大型事务所实施审计（雷光勇等，2009；杜兴强和周泽将，2010）。He 等（2017）发现有政治关联的国有企业收到清洁意见显著多于无政治关联的非国有企业；政治关联断裂后，国有企业的盈余操纵和审计费用均有所降低，但仍更倾向于选择当地小事务所进行审计。可见审计领域政治社会资本的经济效应导向视其所处社会情境和法制等正式制度环境而定。

二是事务所与客户个体上的社会关联（关系面社会资本互动）研究。主要是客户高管 CEO 或审计委员会成员与审计师的单维关系研究如同事、校友关系等。若客户的高管或审计委员会成员来源于会计师事务所（"旋转门"现象，即前同事关系）（Lennox，2005）或与审计师有校友关系（Guan et al.，2016；He et al.，2017）时，影响审计师独立性，客户更可能盈余操纵（Krishnan et al.，2011），降低审计质量。但也有研究认为这种特殊关系不会影响审计师的独立性，反而能提高审计质量（Naiker and Sharma，2009；Naiker et al.，2013；He and Pittman，2017；Geiger et al.，2008）。如 Naiker 和 Sharma（2009）、Naiker（2013）等运用美国数据发现，若客户审计委员会成员来自事务所，增加了公司内部审计实施有效监督的专业经验，在 SOX 法案实施后发挥了治理效应，可有效抑制内控缺陷，与事务所合作的非审计服务业务也并没有显著增多。Kwon 和 Yi（2018）检验了弱法制环境下韩国上市公司 CEO 和审计师的校友关系，也得到社会关联对审计质量的提升作用。

可见，当前客户与事务所社会资本互动的研究结论并不统一，且社会资本研究多聚焦于审计双方认知面、关系面社会资本的互动研究，缺少双方结构面社会资本的互动机理研究。

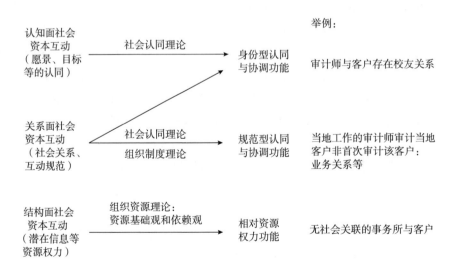

**图 4-1 社会资本互动所发挥功能分类：理论来源与示例**

### 三、研究假设

**1. 社会资本相对资源权力功能的作用机理**

既然结构面社会资本是嵌入在社会关系网络中的资源，核心命题便是如何挖掘和利用网络中的资源。依据资源基础观和依赖观（Resource-based Theory and Resource Dependence Theory），组织不停地与外界沟通，从外界获取生产要素如人力资源、实物、资金、社会关系、信息等资源，资源禀赋的专用性、稀缺性帮助组织形成竞争优势。资源观下，若审计一方相比另一方占据较多社会资源即社会资本、取得优势时，便产生了一对一的资源权力（Resource Power）。占据较多相对资源权力的一方（杨华，2015），拥有或可调用的社会资源较多，本身的威望（声誉）也较大，也势必会在审计沟通过程中取得谈判博弈优势。因高管基于薪酬激励动机和分析师迎合动机，倾向于操纵利润，我们初步预判，若审计师拥有较大的社会资本权力，在审计意见决策和谈判沟通战略等方面占据优势，更可能成功调整高管的利润操纵，提升审计质量。具体分析审计双方社会资本的相对资源权力作用机理如下：

（1）如果客户的社会资本大于审计师，即被审计方的相对资源权力较大。一方面，可以利用自身社会资源网如监管方、媒体等，整合外部监督方信息，尽可能降低其与审计师合谋被发现的成本，增加了合谋动机，损害审计职业独立性，此为审计双方相对社会资本的信息机制。另一方面，社会资本较大的客户更容易搜寻到符合企业要求的审计方，会利用社会资本这一隐形的控制链，实现资源和决策控制（关鑫和高闯，2011），因而会在审计沟通时占据充分的谈判优势，以威胁或寻租的方式掌握话语权力和沟通方向，对审计的无偏客观性决策产生扰动，这将损害审计师应有的公允独立原则，提高合谋概率，那么审计师为迎合客户，更倾向于不纠正客户的利润操纵，独立性受损，进而降低了审计质量，客户因此攫取到社会资本带来的额外不当收益，此为审计双方相对社会资本的权力机制。

（2）审计师的社会资本大于客户，且相对资源权力相差一定数值时，其一，可帮助其从其他渠道获得客户的更多信息，增强了对客户所在行业信息和知识的分享与融合能力，审计师的职业判断水平提高，即业务胜任力提升，相对资源权力功能发挥了信息机制；其二，可在审计谈判沟通中占据权力优势地位，保障自身独立性，发挥权力机制；其三，从声誉（威望）角度分析，人际关系的维护是有成本的，行为人动用社会关系攫取自身利益时也会基于"成本—利益"原则决策（雷光勇等，2009），同时受组织发展阶段和特定制度背景制约（关鑫和高闯，2011）。社会资本较高的组织，从社会资本中获益增多的同时，维护社会关系网络的成本也随之增高（梁上坤等，2015）、声誉损失风险加大，此时合谋概率便会降低，其他条件不变的情况下，审计师独立性较高。故在一个相对有效且竞争激烈的我国审计市场，审计师牺牲长期维护的社会关系网络带来的声誉，换取短期经济利益的成本加大；高的社会资本会无形提高审计师的合谋成本，此时社会资本声望捍卫式的自我保护机制发挥作用（He et al.，2017）[1]，审计师更可能成功发现并倾向于纠正客户的利润操纵，进而提升审计质量。故提出以下假设：

H1：其他条件不变时，审计师相对客户的社会资本越大，审计质量越高。

2. 分类社会资本对审计行为的影响机理

在 H1 基础上进一步剖析，是审计哪一方、哪一类的社会资本对审计质量提升起主要作用。据前文分析，除其他类型社会资本外，结构面社会资本可分为政治类和商业类社会资本（Liuet et al.，2009；边燕杰和丘海雄，2000），社会资本功效会因类别不同而产生差异。依据组织制度论，若所处的制度环境不断变化，审计双方须实时调整各类社会资本配比，以使社会资本的收益最大化。审计双方的两类社会资本在特定情境中发挥的作用会有所差别，具体体现在以下两个方面：

（1）事务所的政治社会资本：权力机制。李敏才（2013）发现事务所的政治社会资本影响审计匹配，客户在 IPO 过后前 2 年即有目的地选择拥有发审委委员资格的合伙人所在事务所进行审计；拥有政治资本的事务所将有更多来自监管方的资源可以调动，是上市公司寻找到有利的投融资机会、获取新监管信息、加强与监管方沟通渠道等所急需的。拥有政治类社会资本将帮助事务所在审计过程中行使相对资源权力、增加谈判砝码，增强独立性，更可能成功纠正客户的利润操纵行为。

（2）事务所的商业社会资本：信息机制。事务所的商业社会资本为其在同行业或产业链上能广泛动员的资源。由于审计活动是一对一服务，事务所间存在竞争关系，向其他事务所获取信息或资源的可能性很小，事务所对客户可施加影响的商业类社会资本便为事务所对客户同行业或竞争对手的熟知度。商业社会资本越大，其获得与该客户相关的信息越多，职业判断水平就越高，越能发现客户的利润操纵行为，提高审计质量，此为信息机制。综上分析，提出以下假设：

H2a：事务所相对客户的政治类和商业类社会资本越大，审计质量越高。

至于客户企业的政治社会资本，在我国有独特且重要的研究意义。政府管制

---

① 应注意到，此处讨论的是审计合谋发生的阈值大小，而合谋发生后，合谋动机强度既取决于双方资本情况也会受特定制度和文化软约束制约。

型的市场经济下，我国国有企业整体上占据优势市场地位，政治资源和信息的获取对民营企业和国营企业的进一步发展发挥着不容忽视的作用。客户政治类社会资本包括所有者和经理人的社会资本，如国有企业属性、高管有政治背景或政治关联等。一方面，企业高管的政治网络可帮助企业进入壁垒高行业，成功开展多元化战略，降低交易成本、提升企业绩效（巫景飞等，2008；罗磊和苏晓华，2012）；另一方面，政治关系增加了政治寻租机会，有政治背景的高管或与官员有社会联系的高管可能利用这一社会资本攫取私人利益，因资源诅咒效应不愿意承担风险更大收益有可能为零的创新研发活动（袁建国等，2015），同时因隐形的政治担保对高审计质量需求也低（黄新建等，2012）。客户的商业社会资本虽为其在产业链和非产业链上带来社会影响力，但在市场化要素不够充分、法律制度不够完善的资本市场，客户的政治权力性社会资本价值更有可能会大于商业性社会资本（陈倩倩和尹义华，2014）。因而审计沟通时，相比客户的商业社会资本，政治类社会资本的审计效应可能更为显著，通过发挥权力机制降低审计师的独立性，损害审计质量，故而提出以下假设：

H2b：相对商业社会资本，客户的政治类社会资本降低了审计质量。

## 四、研究设计

依照组织接触的社会网络对象性质划分为商业型社会资本、政治型社会资本和其他社会资本。其中，其他社会资本包括企业的日常非经营活动如捐赠、社会责任承担等社会资本维护活动；由于审计商业活动的互动集中在商业和政治资本的互动[1]，本书仅讨论这两类社会资本互动。

1. 政治型社会资本计量方法

事务所（总所）政治社会资本计量。参考李敏才（2013），用 3 个指标表征事务所的政治社会资本：自发审委成立起，是否现任或曾任发审委委员，以哑变量 PSC_ AF_ DUM 表示；自发审委成立起，截至当期担任发审委委员届数，以 PSC_ AF_ TENM 指代；自发审委成立起，截至当期担任发审委委员的年限（He et al.，2017）[2]，以 PSC_ AF_ PERD 表示，变量说明如表 4-1 所示。

---

[1]　2015 年我国慈善法颁布实施后，国际四大会计师事务所之一的德勤会计师事务所于同年率先成立了德勤公益基金会，并披露了中国会计师事务所首个公益基金会报告，详见 http://www.icixun.com/2017/1122/5946.html。本书样本区间为 2006~2011 年，无法进行事务所与客户其他类社会资本的匹配。

[2]　2003 年底发审委改组，故 IPO 发审委委员的公开数据从 2004 年起可获得，本书对发审委任期和届数的统计区间为 2004~2011 年。自发审委成立起担任发审委委员的年限和届数两个指标并不等同，这是由于样本区间内有不少非连续担任情况。

2. 商业型社会资本计量方法

（1）事务所商业社会资本权力计量。企业的商业社会资本度量方法较为成熟，而事务所商业社会资本目前还未有涉及。类比企业的商业社会资本度量方法，事务所商业社会资本旨在捕获审计过程中事务所能广泛动员与该客户相关的商业资源，或者事务所通过商业关系所能获取该客户信息的渠道。因而事务所对客户可施加影响的商业社会资本 $BSC\_AF_{i,j}$ 以事务所对客户同行业或竞争对手的熟知度来衡量，表示事务所 i 与该客户 j 同一行业的客户数量。

（2）客户商业社会资本权力计量。综合借鉴现有文献（Liuet et al.，2009），企业在产业链上的社会关系表现在高管的历任或现任本公司或股东单位、其他关联方企业[①]（包括企业参股公司、不存在控制关系的关联方）职位数量上，用 $BSC\_CF$ 表示；而企业在非产业链上的商业社会关系反映在高管历任或现兼任高校和科研机构、中介协会组织[②]等非企业关联方的职务数量（Kwon and Yi，2018)[③]，用 $BSC\_CM$ 表示；然后，加总得到高管团队曾任职和现任职的企业总数量（包括兼职数量）$BSC\_CFM$[④]，用来衡量客户能获取的商业性社会资源。

同时，由于银行等金融业务的特殊性，与各个行业均有紧密的产业关联，金融型商业社会资本的权重可能优于其他型商业社会资本，对其权重加倍。若高管曾在投资公司、银行等金融机构任职，则金融类社会资本取值为 2，这样金融机构方面的商业社会资本就相当于权重赋值为 2，与其他非金融类商业社会资本加和，构成企业总商业社会资本 $BSC\_CFM$。[⑤]

3. 模型设计

参考审计质量文献（Lennox et al.，2018；Chan and Wu，2011；Balsam et al.，2003；Krishnan，2003；Reichelt and Wang，2010；等等），设计主检验假设模型，见式（4-1）。

---

① 其中，高管曾在市场化改革前的供销社等商业单位形成的社会资本看作商业社会资本而非商业类社会资本。

② 其中，高管曾在脱钩改制前的事务所任职形成的社会资本看作商业社会资本而非商业类社会资本。

③ 高管商业型社会资本仅统计其就业后的职务情况，并不统计其毕业院校、毕业专业这一类教育背景，以避开与控制变量中高管人力资本或教育社会关联在审计效应上的重合。

④ 如果科研院所或高校属于控股股东则算入企业所属社会资本中，则不单独算入历任科研院校职务数量中，即不属于 $BSC\_CM$，同样计入其历任或现任公司形成的社会网络中，属于 $BSC\_CF$。

⑤ 权重赋值为 2 是考虑了金融类社会资本的特殊性和重要性，后文的稳健性检验中将改变其权重赋值值，以佐证结论的稳健性。

$$AQ\_DUM_{i,t} = \theta_0 + \theta_1 DSC_{i,t} / deltaBSC_{i,t}, \ deltaPSC_{i,t} / BSC\_CFM_{i,t}, \ PSC\_CFM_{i,t} +$$
$$\theta_2 SCHOOL\_TLE_{i,t} + \theta_3 WORK\_TIE_{i,t} + \theta_4 SCHOOLPLC\_TIE_{i,t} +$$
$$\theta_5 WORKLOCL\_TIE_{i,t} + \theta_6 WORKPAST\_TLE_{i,t} +$$
$$\theta_7 WORKTENURE\_TIE_{i,t} + \theta_8 WORKEXP\_TIE_{i,t} + \theta_9 REROE_{i,t} +$$
$$\theta_{10} SPECIALIST_{i,t} + \theta_{11} INFLUENCE_{i,t} + \theta_{12} MROTFIRST_{i,t} +$$
$$\theta_{13} MROTFINAL_{i,t} + \theta_{14} EFFORT_{i,t} + \theta_{15} BIG4_{i,t} + \theta_{16} AUDITMA_{i,t} +$$
$$\theta_{17} SIZE_{i,t} + \theta_{18} ROS_{i,t} + \theta_{19} LEVERAGE_{i,t} + \theta_{20} SUBSID_{i,t} + \pi_{i,t} \quad (4-1)$$

（1）因变量。因变量审计质量被视作审计师发现重大错报并成功纠正重大错报的联合概率，因于审计过程的"黑箱"属性，现有研究多以审计后的盈余质量和审计最终意见为审计质量的主要代理变量。然而审计后的产出既包括审计质量，也包括客户审计前自身质量，因此使用审计后的代理变量计算审计质量会有较大测量误差，增加第二类错误概率；而审计调整是审计过程的直接数据产出，反映审计师对管理层偏差的纠正情况，综合反映了审计师的职业判断能力和独立情况。故参考 Lennox 等，本书使用利润是否审计调整 AQ\_DUM 作为审计质量的代理变量，以减少测量误差。

（2）自变量。资源权力观下，参考 Casciaro 和 Piskorski 的相对资源权力方法，将事务所与客户的社会资本之差作为相对资源权力大小。验证假设 H1 的自变量为事务所相对客户的社会资本匹配值，即 DSC；验证假设 H2a、H2b 的自变量中，事务所相对客户的商业类和非商业类社会资本分别为 deltaBSC 和 deltaPSC（H2a 检验），客户的商业类和非商业类社会资本分别为 BSC\_CFM 和 PSC\_CFM（H2b 检验，见表 4-1）。

表 4-1 相对资源权力功能的审计效应：变量定义及说明

| 计量对象 | 类别 | 衡量指标 | 变量符号 | 定义 | 计算方法 |
|---|---|---|---|---|---|
| 事务所 | 政治社会资本 | 发审委政治资本 | （1）PSC\_AF\_DUM<br>（2）PSC\_AF\_TENM<br>（3）PSC\_AF\_PERD | （1）PSC\_AF\_DUM 事务所是否有合伙人现任或曾任过发审委委员；<br>（2）PSC\_AF\_TENM 事务所合伙人担任发审委委员届数；<br>（3）PSC\_AF\_PERD 事务所合伙人起担任发任委委员的年限 | （1）若自发审委成立起，事务所合伙人现任或曾任过发审委委员则为 1，否则为 0；<br>（2）自发审委成立起，事务所合伙人截至当期担任发审委委员的届数总和；<br>（3）截至当期，事务所合伙人自发审委成立起担任发任委委员的年限加总 |

续表

| 计量对象 | 类别 | 衡量指标 | 变量符号 | 定义 | 计算方法 |
|---|---|---|---|---|---|
| 事务所 | 商业社会资本 | 事务所对某一客户的商业社会资本 | BSC_ $AF_{i,j}$ | 事务所在某一客户所处行业的客户总数量 | 统计审计师 i 在其客户 j 所在行业的客户总数量，再按事务所逐一加总事务所内所有审计师 i 的统计值 |
| | 总社会资本 | SC_ AF | PSC _ AF + BSC_ AF | | 事务所政治资本与商业社会资本加总 |
| 客户 | 非商业类社会资本 | 组织非商业类社会资本 | PSC_ CF | 客户所有权类非商业类社会资本 | 哑变量，若上市公司为国企则为 1，否则为 0 |
| | | 高管团队非商业类社会资本 | PSC_ CM | 客户高管的非商业类社会资本 | 高管团队曾任职行政事业单位数量 |
| | 商业社会资本 | 组织商业社会资本 | BSC_ CF | 客户产业链上的商业社会资本 | 高管的历任或现任本公司或公司股东单位职位数量、高管历任或现兼任其他参股或关联方企业职位数量 |
| | | 高管团队商业社会资本 | BSC_ CM | 客户非产业链上的商业社会资本 | 高管历任或现兼任高校和科研机构、中介协会组织等职务的数量上，若在金融机构任职则任职数量权重赋值为 2 |
| | 总社会资本 | SC_ CFM | PSC_ CFM+BSC_ CFM = PSC _ CF + PSC_ CM+BSC_ CF+BSC_ CM | 客户非商业类社会资本 PSC_ CFM=PSC_ CF+PSC_ CM 客户商业社会资本 BSC _ CFM = BSC _ CF+BSC_ CM | 客户非商业类社会资本与商业社会资本加总 |
| 事务所相对客户 | 相对社会资本 | DSC | SC _ AF - SC _ CFM | | 事务所总社会资本减去客户的总社会资本 |

（3）控制变量。据前文分析，模型中需同时控制有社会关联情况下社会资本发挥的认同与协调功能，以保证观察到的社会资本的审计效应来源于其相对资源权力功能的发挥，而非遗漏因子认同与协调功能部分的作用。控制变量包括审计双方的各类教育关联和工作关联，变量说明见表 4-2 中 Panel A。

同时，模型中还加入其他控制变量以规避其他可能影响审计质量的因子，主要控制其人力与结构资本以及经济资本：

　　1）经济资本：又称物质资本，包括公司盈余临界点、资产规模、销售净利率、负债率（分别以 PREROE、SIZE、ROS、LEVERAGE 表示），详见表 4-2 中 Panel B 变量说明（Lennox et al.，2018）；事务所的经济资本有客户重要程度 IN-FLUENCE、是否由国际"四大"事务所审计 BIG4（Chan et al.，2011）。

**表 4-2　模型控制变量定义及说明**

Panel A：社会关联的控制变量

| 名称 | 符号 | 定义及说明 |
|---|---|---|
| 教育关联：教育所属地关联 | SCHOOLPLC_ TIE | 若至少有一名签字注册会计师毕业高校所在学校与客户同地，则为1，否则为0 |
| 教育关联：校友关联 | SCHOOL_ TIE | 若至少有一名签字注册会计师与高管毕业于同一所高校，取值为1，否则为0，其中高管包括 CEO、CFO 和董事长（Guan et al.，2016） |
| 工作关联：工作地关联 | WORKLOCL_ TIE | 若事务所分所与客户注册地位于同一省份，取值为1，否则为0 |
| 工作关联：同事关联 | WORK_ TIE | 若董事长、CEO、CFO 至少有一人曾任职于当期审计的事务所则为1，否则为0 |
| 工作关联：曾审计过该客户的关联 | WORKPAST_ TIE | 审计师曾审计过该客户则为1，否则为0 |
| 工作关联：审计该客户任期时长 | WORKTENURE_ TIE | 事务所审计任期时长，取自然对数 |
| 工作关联：客户高管有审计经验 | WORKEXP_ TIE | 若董事长、CEO、CFO 至少有一人有事务所审计经历但未曾在当期审计方任职，则为1，否则为0 |

Panel B：其他控制变量

| 名称 | 符号 | 定义及说明 |
|---|---|---|
| 公司盈余临界点 | PREROE | 审计前净资产收益率处于（0，0.02）或（0.06，0.08）区间内取值为1，否则为0 |
| 审计师行业专长度 | SPECIALIST | 若至少有一名签字注册会计师为客户所处行业市场份额最大（以客户的资产规模大小衡量），取值为1，否则为0 |
| 客户影响度 | INFLUENCE | 若客户至少为其中一名签字注册会计师的最大资产规模客户，取值为1，否则为0 |
| 强制轮换第一年 | MROTFIRST | 若至少有一名签字注册会计师属于强制轮换后的第一年任期，取值为1，否则为0 |

Panel B：其他控制变量

| 名称 | 符号 | 定义及说明 |
|------|------|-----------|
| 强制轮换最后一年 | MROTFINAL | 若至少有一名签字注册会计师属于强制轮换后的最后一年任期，取值为1，否则为0 |
| 审计努力程度 | EFFORT | 审计师进驻天数乘以审计项目团队人数，取自然对数 |
| 国际四大会计师事务所 | BIG4 | 若会计师事务所为国际"四大"事务所，取值为1，否则为0 |
| 事务所合并 | AUDITMA | 当期事务所发生合并为1，否则为0 |
| 总资产 | SIZE | 资产规模取自然对数 |
| 资产负债率 | LEVERAGE | 总负债/总资产 |
| 销售净利率 | ROS | 净利润/销售收入 |
| 分支机构数量 | SUBSID | log（1+当期分支机构数量） |

2）人力与结构资本：包括组织成员整体的知识与能力等人力资本、组织的治理结构和正式规章制度等结构资本。包括事务所和客户两个模块。客户的结构资本为分支机构数量 SUBSID，事务所的人力与结构资本包括审计特征：主要包含审计师的行业专长和审计师的努力程度（SPECIALIST、EFFORT）（Balsam et al.，2003）。同时，事务所合并对当期审计质量产生显著影响（AUDITMA）（Chan and Wu，2011）；其他审计特征如是否为签字注册会计师轮换第一年或最后一年也会显著改变其审计动机，参考 Lennox 等（2018），分别以哑变量 MROTFIRST、MROTFI-NAL 指代（变量定义及说明详见表 4-2 中 Panel B）。

模型控制了行业和年份固定效应，所有连续变量均进行 1% 和 99% 分位的缩尾处理。

4. 样本与数据来源

（1）客户社会资本权力数据来源。各公司对董事长、CEO 和 CFO 的称呼不一，需要在高管个人简历中手工筛选词条。其中，董事长职务词条包括"董事长，董事会主席，名誉董事长"；CEO 职务词条包括"总裁、CEO、总经理"；CFO 职务词条包括"财务总监、财务负责人、财务部经理、财务经理、财务处经理、财务总经理、总会计师、总经济师、财务部部长、财务部长、财务中心主任"，当且仅当无财务总监、财务负责人词条时，财务部经理等词条方为 CFO 人选确认的依据。若出现董事长兼任 CEO 情况，将分别加入董事长和 CEO 个人的社会资本。国泰安数据库中缺失的 CEO、CFO 和董事长个人简历，通过财务报表和百度搜索手工补充完整，以求社会资本信息完整性①。

（2）事务所客户资本权力数据来源。每届的发审委委员所属事务所数据来自证监会官网和各大财经媒体转载②，并将 2006～2010 年搜集的发审委委员所属事务所数据与李敏才（2013）对照。

此外，利润科目审计调整数据以及审计时长和团队人数来自监管部门报备数据库。控制变量中，审计师和高管的教育背景、审计师任期情况及事务所分所、合并信息均手工搜集整理而成，通过中注协官网、证监会、公开财经媒体等多种方式搜集信息，逐一辨别审计师重名、事务所和高校更名、上市公司注册地变迁、审计师当期审计时所属事务所分所等情况。其他财务数据源自国泰安数据库。样本区间为 2006～2011 年，删除金融行业样本、一签和二签注册会计师信息缺失、其他变量缺失值样本后，共获得 5415 个公司—年度样本。

### 五、实证分析

1. 描述性统计

审计双方的非商业类社会资本和商业类社会资本描述性统计如表 4-3 所示。事务所商业社会资本均值为 21. 347 个，每家事务所平均拥有某一客户所在行业上市公司约 22 个；事务所合伙人曾经或当期担任发审委委员整体上达 1. 18 届③。客户商业社会资本均值为 15. 621，略低于事务所商业社会资本数，其中来自产业链的商业社会资本达 11. 391，大大高于来自非产业链的 4. 23。同时，客户的非商业类社会资本均值为 2. 248，若不计入高管担任党纪委书记，均值为 1. 276，大于事务所的非商业类社会资本大小。故审计双方非商业类社会资本的相对资源权力为负值，而商业类社会资本的相对资源权力为正值，总的社会资本相对资源权力大小为 4. 659。

表 4-3　描述性统计

| Panel A：审计双方社会资本资源权力情况统计 | | | |
| --- | --- | --- | --- |
| 均值 | 社会资本 | 商业社会资本 | 非商业类社会资本 |
| 1. 相对资源权力 | 4. 659 | 5. 723 | −1. 068 |

①　需要说明的是，国泰安人物特征数据库中对董高监背景详细信息的分类列示从 2008 年开始，虽列示了金融和在股东单位任职的背景，但并未将其区分产业链和非产业链的任职经历，且数据中仅以哑变量来计量高管任职经历的有无；故相比国泰安数据库统计，作者手工整理所得数据能以观测更为细致的实证结论。

②　详见 http：//finance. people. com. cn/stock/GB/14396037. html。

③　其他描述性统计发现，发审委委员资格的事务所与国内十大事务所有 0. 3 左右的相关性。

| Panel A：审计双方社会资本资源权力情况统计 | | | |
|---|---|---|---|
| 均值 | 社会资本 | 商业社会资本 | 非商业类社会资本 |
| 2. 事务所资源权力 | 22.528 | 21.347 | 1.180 |
| 3. 客户资源权力 | | | |
| 总计 | 17.869 | 15.621 | 2.248 |
| 总计（不包括党纪委书记） | 16.897 | 15.621 | 1.276 |
| 商业社会资本来自产业链总计 | | 11.391 | |
| 商业社会资本来自非产业链总计 | | 4.230 | |
| 客户高管团队细分： | | | |
| （1）董事长 | 7.279 | 6.154 | 1.125 |
| （不包括党纪委书记） | 6.643 | 6.154 | 1.189 |
| 其中：董事长不兼任 CEO | 7.236 | 6.016 | 1.221 |
| （不包括党纪委书记） | 6.533 | 6.016 | 0.517 |
| （2）CEO | 6.810 | 6.214 | 0.595 |
| （不包括党纪委书记） | 6.460 | 6.214 | 0.246 |
| （3）CFO | 5.315 | 5.160 | 0.154 |
| （不包括党纪委书记） | 5.261 | 5.160 | 0.101 |

| Panel B：其他变量描述性统计 | | | | | |
|---|---|---|---|---|---|
| 变量 | 均值 | 标准差 | 25 分位 | 中位数 | 75 分位 |
| 因变量： | | | | | |
| AQ_DUM | 0.659 | 0.474 | 0 | 1 | 1 |
| 社会关联变量： | | | | | |
| SCHOOL_TIE | 0.079 | 0.270 | 0 | 0 | 0 |
| WORK_TIE | 0.017 | 0.129 | 0 | 0 | 0 |
| SCHOOLPLC_TIE | 0.062 | 0.200 | 0 | 0 | 0 |
| WORKLOCL_TIE | 0.736 | 0.441 | 0 | 1 | 1 |
| WORKPAST_TIE | 0.728 | 0.445 | 0 | 1 | 1 |
| WORKTENURE_TIE | 1.299 | 1.002 | 0 | 1.386 | 2.197 |
| WORKEXP_TIE | 0.051 | 0.220 | 0 | 0 | 0 |
| 其他控制变量： | | | | | |
| PREROE | 0.292 | 0.455 | 0 | 0 | 1 |
| SPECIALIST | 0.702 | 0.458 | 0 | 1 | 1 |
| INFLUENCE | 0.604 | 0.489 | 0 | 1 | 1 |

续表

| Panel B：其他变量描述性统计 | | | | | |
|---|---|---|---|---|---|
| 变量 | 均值 | 标准差 | 25 分位 | 中位数 | 75 分位 |
| MROTFIRST | 0.038 | 0.191 | 0 | 0 | 0 |
| MROTFINAL | 0.048 | 0.215 | 0 | 0 | 0 |
| EFFORT | 5.485 | 1.230 | 4.625 | 5.416 | 6.174 |
| BIG4 | 0.051 | 0.220 | 0 | 0 | 0 |
| AUDITMA | 0.157 | 0.364 | 0 | 0 | 0 |
| SIZE | 12.361 | 1.236 | 11.519 | 12.236 | 13.011 |
| ROS | 0.079 | 0.210 | 0.022 | 0.065 | 0.134 |
| LEVERAGE | 0.492 | 0.282 | 0.317 | 0.483 | 0.629 |
| SUBSID | 1.966 | 1.014 | 1.3863 | 1.9459 | 2.6391 |

由表 4-3 中 Panel B 可知，样本区间内，65.9% 的客户发生了审计调整，与客户高管有校友关系的审计师占比 7.9%，且有 73.6% 的上市公司由当地事务所审计，分别与 Guan 等（2016）和 Choi 等（2012）的描述性统计相近。同事关系 WORK_ TIE、高管有审计经验的比例与审计师的同业工作关联 WORKEXP_ TIE 与蔡春等（2015）、张俊民等（2013）统计相似。审计师自客户上市前 3 年以来曾审计过该客户的占比 72.8%，说明审计双方的关系较为稳定，事务所任期自然对数的均值为 1.299，即平均任期为 3.67 年。

其他审计特征中，拥有行业专长的审计师和审计客户为重要客户的比例分别为 70.2% 和 60.4%，这表明我国审计市场供求双方的行业专长和客户集中度均较高；由国际四大事务所审计的客户比例较小，为 5.1%；有 15.7% 的事务所发生合并。客户特征方面，被审计客户的分支机构数量均值为 1.966，资产负债率和销售净利率均值分别为 0.492 和 0.079，与 Lennox 等（2018）的统计较为一致。此外，模型中各变量的相关性大小均低于 0.5，说明多重共线性问题不严重。

2. 主回归结果分析

式（4-1）中以 DSC 表示事务所与客户的相对资源权力大小，与审计质量的回归结果如表 4-4 所示。DSC 与 AQ_ DUM 呈正相关，在 1% 水平上显著，这说明事务所相对客户的社会资本资源权力越大，审计质量越高。审计方的社会资本在审计过程中，发挥独特的相对资源权力，为审计师在审计沟通过程中带来有利的谈判地位，在收集证据、调整财务数据决策时更有话语权，审计质量便得以保障，H1 得以验证。

表4-4 相对资源权力功能影响审计行为的回归分析

| 变量 | 全样本 | 边际效应 |
|---|---|---|
| DSC | 0.005*** | 1.005*** |
| | (3.102) | (3.102) |
| SCHOOL_ TIE | −0.834*** | 0.434*** |
| | (−5.109) | (−5.109) |
| WORK_ TIE | 1.282*** | 3.605*** |
| | (3.346) | (3.346) |
| SCHOOLPLC_ TIE | −0.069 | 0.934 |
| | (−0.409) | (−0.409) |
| WORKLOCL_ TIE | 0.336*** | 1.399*** |
| | (3.684) | (3.684) |
| WORKPAST_ TIE | 0.264*** | 1.303*** |
| | (3.410) | (3.410) |
| WORKTENURE_ TIE | 0.186*** | 1.205*** |
| | (4.002) | (4.002) |
| WORKEXP_ TIE | 0.272 | 1.313 |
| | (1.629) | (1.629) |
| PREROE | −0.213*** | 0.808*** |
| | (−2.987) | (−2.987) |
| SPECIALIST | 0.102 | 1.107 |
| | (1.267) | (1.267) |
| INFLUENCE | −0.156** | 0.856** |
| | (−1.977) | (−1.977) |
| MROTFIRST | −0.215 | 0.807 |
| | (−1.350) | (−1.350) |
| MROTFINAL | −0.428*** | 0.652*** |
| | (−3.019) | (−3.019) |
| EFFORT | 0.203*** | 1.225*** |
| | (5.629) | (5.629) |
| BIG4 | −1.507*** | 0.222*** |
| | (−6.278) | (−6.278) |

续表

| 变量 | 全样本 | 边际效应 |
|---|---|---|
| AUDITMA | −0.038 | 0.963 |
| | (−0.424) | (−0.424) |
| SIZE | −0.314*** | 0.730*** |
| | (−7.468) | (−7.468) |
| ROS | 0.319 | 1.376 |
| | (1.634) | (1.634) |
| LEVERAGE | −0.443*** | 0.642*** |
| | (−3.079) | (−3.079) |
| SUBSID | 0.031 | 1.031 |
| | (0.697) | (0.697) |
| Intercept | 2.735*** | |
| | (5.160) | |
| Year Fixed | YES | |
| Industry Fixed | YES | |
| pseudo $R^2$ | 0.088 | |
| Wald Chi$^2$ | 354.36 | |
| N | 5415 | |

注：括号内为 t 值，＊、＊＊、＊＊＊分别表示在10%、5%、1%水平上显著，下同。

## 六、拓展性研究

进一步改变类别划分方法，观察其他类型如组织内部社会资本和外部社会资本，以及客户高管团队内部各成员的社会资本对审计行为的影响差异性，以寻找审计双方社会资本相对资源权力能发挥审计效应主要来自哪种类型的社会资本。

1. 客户内外部社会资本相对资源权力的审计效应探析

组织的内外部社会资本分别代表组织内外部的社会网络大小，内部社会资本大表明其组织内部的资源多，外部社会资本大则表明其组织拥有更多外部联系。由于会计师事务所并无过多披露义务，可获得的内部社会资本数据有限，将重点关注事务所可量化的外部社会资本与客户内外部社会资本匹配时对审计调整的影响是否有差异。客户内部社会资本计量方法上，手工筛选高管个人简历，以高管团队在集团内部历任职位数、任职年份数分别表征客户内部社会资本的广度和强度。客户外部社会资本以高管团队在集团外任职数、兼职数表示。回归结果如表4-5所示。对客户来说，组织的内外部社会资本对审计质量均产生重要影响，这说明事务所应同时关注客户的内部社会资本和外部社会资本，在谈判过程中客户的内外部社会资本对审计行为的作用强度是近似等同的。

表4-5　相对资源权力的审计效应：内部社会资本与外部社会资本

| 变量 | 内部社会资本<br>（1） | 外部社会资本<br>（2） |
|---|---|---|
| innerDSC | 0.004*** | |
| | (2.918) | |
| extDSC | | 0.004*** |
| | | (2.959) |
| SCHOOL_ TIE | −0.833*** | −0.833*** |
| | (−5.099) | (−5.113) |
| WORK_ TIE | 1.276*** | 1.286*** |
| | (3.347) | (3.381) |
| SCHOOLPLC_ TIE | −0.073 | −0.068 |
| | (−0.436) | (−0.408) |
| WORKLOCL_ TIE | 0.334*** | 0.338*** |
| | (3.658) | (3.701) |
| WORKPAST_ TIE | 0.265*** | 0.265*** |
| | (3.419) | (3.417) |
| WORKTENURE_ TIE | 0.188*** | 0.185*** |
| | (4.036) | (3.973) |
| WORKEXP_ TIE | 0.257 | 0.276* |
| | (1.534) | (1.654) |
| PREROE | −0.212*** | −0.213*** |
| | (−2.972) | (−2.987) |
| SPECIALIST | 0.104 | 0.103 |
| | (1.291) | (1.285) |

续表

| 变量 | 内部社会资本<br>（1） | 外部社会资本<br>（2） |
| :---: | :---: | :---: |
| INFLUENCE | −0.157 ** | −0.156 ** |
|  | （−1.996） | （−1.983） |
| MROTFIRST | −0.218 | −0.221 |
|  | （−1.370） | （−1.389） |
| MROTFINAL | −0.431 *** | −0.431 *** |
|  | （−3.044） | （−3.045） |
| EFFORT | 0.202 *** | 0.201 *** |
|  | （5.593） | （5.581） |
| BIG4 | −1.507 *** | −1.510 *** |
|  | （−6.266） | （−6.301） |
| AUDITMA | −0.034 | −0.038 |
|  | （−0.379） | （−0.419） |
| SIZE | −0.314 *** | −0.321 *** |
|  | （−7.464） | （−7.602） |
| ROS | 0.317 | 0.324 * |
|  | （1.627） | （1.657） |
| LEVERAGE | −0.446 *** | −0.446 *** |
|  | （−3.107） | （−3.093） |
| SUBSID | 0.030 | 0.032 |
|  | （0.693） | （0.730） |
| Intercept | 2.715 *** | 2.772 *** |
|  | （5.130） | （5.217） |
| Year Fixed | YES | YES |
| Industry Fixed | YES | YES |
| pseudo $R^2$ | 0.088 | 0.088 |
| Wald Chi$^2$ | 352.413 | 353.832 |
| N | 5415 | 5415 |

2. 依客户高管职位划分社会资本相对资源权力的审计效应探析

高阶理论指出，高管团队作为使企业内部与外部环境相互联结的关键性"节点"，对企业的设立和发展产生长足影响（周泽将等，2019）。而董事长、CEO 和 CFO 三者的职责分工不同，各自社会资本可能产生的审计效应也会有所差异。表4-6列（1）、列（3）和列（5）分别表示董事长、CEO、CFO 的社会资本相对事务所的资源权力对审计质量的影响情况，列（2）、列（4）和列（6）表示高管个人的商业类社会资本和非商业类社会资本对审计质量的影响检验。结果表明，商业类社会资本并未起到显著作用，CEO 和 CFO 的非商业类社会资本对审计质量有显著的负向影响，而董事长则对审计质量没有明显的降低作用，这说明，CEO、CFO 的非商业类社会资本过高，会引发较严重的代理问题，进而损害审计质量，再次印证了表4-5列示的区分非商业类社会资本和商业类社会资本时，客户的非商业类社会资本对审计质量的负向效应与已有研究结论一致（Geiger et al.，2008；关鑫和高闯，2011）。

**表4-6　相对资源权力的审计效应：客户高管职位划分**

| 变量 | 董事长 | | CEO | | CFO | | 未兼任 CEO 的董事长 | |
|---|---|---|---|---|---|---|---|---|
| | （1） | （2） | （3） | （4） | （5） | （6） | （7） | （8） |
| DSC | 0.005*** | | 0.005*** | | 0.005*** | | 0.005*** | |
| | (3.205) | | (3.202) | | (3.065) | | (2.739) | |
| BSC-CFM | -0.012 | | -0.001 | | 0.010 | | -0.013 | |
| | (-1.099) | | (-0.054) | | (0.669) | | (-1.162) | |
| PSC-CFM | -0.026 | | -0.090*** | | -0.222*** | | -0.037* | |
| | (-1.243) | | (-3.140) | | (-3.873) | | (-1.694) | |
| BSC-AF | 0.003* | | 0.003* | | 0.003* | | 0.003 | |
| | (1.900) | | (1.954) | | (1.866) | | (1.434) | |
| PSC-AF | 0.081*** | | 0.079*** | | 0.084*** | | 0.087*** | |
| | (2.743) | | (2.656) | | (2.741) | | (2.684) | |
| SCHOOL_ TIE | -0.834*** | -0.838*** | -0.825*** | -0.823*** | -0.735*** | -0.736*** | -0.791*** | -0.789*** |
| | (-5.108) | (-5.144) | (-5.041) | (-5.043) | (-4.195) | (-4.218) | (-4.318) | (-4.298) |
| WORK_ TIE | 1.271*** | 1.261*** | 1.274*** | 1.218*** | 1.277*** | 1.220*** | 1.321*** | 1.309*** |
| | (3.340) | (3.301) | (3.350) | (3.221) | (3.383) | (3.232) | (2.904) | (2.855) |
| SCHOOLPLC_ TIE | -0.074 | -0.096 | -0.071 | -0.093 | -0.078 | -0.085 | 0.048 | 0.018 |
| | (-0.444) | (-0.571) | (-0.418) | (-0.541) | (-0.450) | (-0.489) | (0.242) | (0.088) |

续表

| 变量 | 董事长 | | CEO | | CFO | | 未兼任 CEO 的董事长 | |
|---|---|---|---|---|---|---|---|---|
| | (1) | (2) | (3) | (4) | (5) | (6) | (7) | (8) |
| WORKLOCL_ TIE | 0.332*** | 0.336*** | 0.339*** | 0.345*** | 0.314*** | 0.312*** | 0.294*** | 0.302*** |
| | (3.640) | (3.680) | (3.705) | (3.747) | (3.229) | (3.216) | (2.942) | (3.025) |
| WORKPAST_ TIE | 0.265*** | 0.256*** | 0.261*** | 0.253*** | 0.251*** | 0.242*** | 0.260*** | 0.249*** |
| | (3.407) | (3.294) | (3.359) | (3.237) | (3.008) | (2.887) | (2.993) | (2.858) |
| WORKTENURE_ TIE | 0.188*** | 0.194*** | 0.189*** | 0.203*** | 0.226*** | 0.248*** | 0.236*** | 0.244*** |
| | (4.034) | (4.123) | (4.051) | (4.306) | (4.558) | (4.939) | (4.649) | (4.759) |
| WORKEXP_ TIE | 0.260 | 0.275 | 0.274 | 0.265 | 0.257 | 0.252 | 0.355* | 0.371* |
| | (1.554) | (1.628) | (1.629) | (1.566) | (1.522) | (1.514) | (1.698) | (1.758) |
| PREROE | -0.215*** | -0.217*** | -0.210*** | -0.210*** | -0.237*** | -0.242*** | -0.219*** | -0.222*** |
| | (-3.007) | (-3.032) | (-2.922) | (-2.915) | (-3.109) | (-3.150) | (-2.788) | (-2.830) |
| SPECIALIST | 0.108 | 0.100 | 0.107 | 0.098 | 0.134 | 0.126 | 0.101 | 0.090 |
| | (1.347) | (1.238) | (1.323) | (1.209) | (1.551) | (1.456) | (1.131) | (1.005) |
| INFLUENCE | -0.157** | -0.151* | -0.151* | -0.148* | -0.138 | -0.132 | -0.216** | -0.206** |
| | (-2.000) | (-1.917) | (-1.917) | (-1.868) | (-1.631) | (-1.549) | (-2.484) | (-2.350) |
| MROTFIRST | -0.219 | -0.197 | -0.212 | -0.187 | -0.229 | -0.173 | -0.199 | -0.172 |
| | (-1.377) | (-1.241) | (-1.310) | (-1.147) | (-1.363) | (-1.032) | (-1.176) | (-1.017) |
| MROTFINAL | -0.433*** | -0.424*** | -0.403*** | -0.386*** | -0.344** | -0.316** | -0.415*** | -0.402*** |
| | (-3.059) | (-3.010) | (-2.840) | (-2.724) | (-2.246) | (-2.082) | (-2.764) | (-2.686) |
| EFFORT | 0.202*** | 0.209*** | 0.202*** | 0.212*** | 0.181*** | 0.200*** | 0.197*** | 0.205*** |
| | (5.608) | (5.831) | (5.576) | (5.857) | (4.724) | (5.227) | (5.020) | (5.251) |
| BIG4 | -1.507*** | -1.665*** | -1.511*** | -1.657*** | -1.361*** | -1.577*** | -1.675*** | -1.851*** |
| | (-6.282) | (-7.013) | (-6.144) | (-6.888) | (-5.411) | (-6.290) | (-6.709) | (-7.568) |
| AUDITMA | -0.042 | -0.073 | -0.045 | -0.070 | 0.006 | -0.043 | -0.013 | -0.047 |
| | (-0.470) | (-0.812) | (-0.495) | (-0.782) | (0.062) | (-0.439) | (-0.126) | (-0.469) |
| SIZE | -0.317*** | -0.313*** | -0.324*** | -0.314*** | -0.322*** | -0.290*** | -0.291*** | -0.282*** |
| | (-7.533) | (-7.132) | (-7.723) | (-7.424) | (-7.172) | (-6.283) | (-6.414) | (-5.955) |
| ROS | 0.319 | 0.312 | 0.335* | 0.319 | 0.247 | 0.219 | 0.262 | 0.257 |
| | (1.628) | (1.592) | (1.710) | (1.627) | (1.171) | (1.028) | (1.245) | (1.215) |
| LEVERAGE | -0.444*** | -0.444*** | -0.464*** | -0.470*** | -0.469*** | -0.478*** | -0.519*** | -0.518*** |
| | (-3.079) | (-3.079) | (-3.202) | (-3.272) | (-3.080) | (-3.191) | (-3.357) | (-3.340) |
| SUBSID | 0.030 | 0.021 | 0.034 | 0.029 | 0.048 | 0.030 | 0.023 | 0.013 |
| | (0.673) | (0.478) | (0.778) | (0.653) | (1.050) | (0.651) | (0.476) | (0.273) |

| 变量 | 董事长 | | CEO | | CFO | | 未兼任 CEO 的董事长 | |
|---|---|---|---|---|---|---|---|---|
| | (1) | (2) | (3) | (4) | (5) | (6) | (7) | (8) |
| Intercept | 2.739 *** | 2.733 *** | 2.803 *** | 2.776 *** | 2.838 *** | 2.477 *** | 2.620 *** | 2.581 *** |
| | (5.158) | (5.046) | (5.292) | (5.220) | (5.087) | (4.371) | (4.496) | (4.353) |
| Year Fixed | YES | YES | YES | YES | YES | YES | YES | YES |
| Industry Fixed | YES | YES | YES | YES | YES | YES | YES | YES |
| pseudo $R^2$ | 0.088 | 0.090 | 0.088 | 0.092 | 0.089 | 0.094 | 0.096 | 0.098 |
| Wald $Chi^2$ | 354.096 | 367.031 | 351.157 | 380.490 | 313.633 | 337.714 | 315.125 | 330.346 |
| N | 5412 | 5412 | 5374 | 5374 | 4807 | 4807 | 4458 | 4458 |

总体来说，高管团队成员的社会资本存在结果异质性现象，经营者或所有者的社会资本过大有可能制约公司治理制度的有效发挥、削弱监督，易发生管理者或大股东目标和企业终极目标的异化问题。

3. 稳健性检验

本部分对自变量和因变量的计算方法进行测试，其中自变量的稳健性检验包括：①标准化。标准化后的 normdeltaBSC 和标准化后的 normdeltaPSC，再统一放入模型 1 中回归，所得结果如表 4-7 所示。②客户商业社会资本替换。将银行权重由 2 赋为 1，重新计算相对资源权力大小，如表 4-7 列（1）所示。③客户非商业类社会资本替换。如表 4-7 列（2）所示。④事务所非商业类社会资本替换。将事务所非商业类社会资本衡量方法依次换为 PSC_ AF_ PERD 和 PSC_ AF_ DUM，即运用发审委任职届数、自首次任职发审委委员起年限表征事务所非商业类社会资本的强度，结果如表 4-7 列（3）和列（4）所示。

因变量测试时尝试使用审计调整的连续变量 ADJ_ MAG、大幅度调整哑变量 AQ_ DUM2 代替原因变量 AQ_ DUM。ADJ_ MAG 定义为审计调整程度，即调整前后利润额差的绝对值除以调整前利润额绝对值。借鉴已有方法，严格缩小审计质量衡量标准，将较小幅度的调整亦视为低质量的审计，此时若 ADJ_ MAG ≤ 5%，则 AQ_ DUM2 = 0，否则 AQ_ DUM2 = 1，较大调整幅度表示较高的审计质量（Li et al.，2017；吴溪等，2015）。另外，使用传统审计质量代理变量——盈余管理 DA（Dechow et al.，1995）替代原因变量 AQ_ DUM，因变量的测试结果输出如表 4-7 列（5）~列（7）所示。

表 4-7 和表 4-8 结果均显示本节主结论仍具有稳健性，并不会因自变量和因变量的计算方法改变而波动。

表4-7 相对资源权力功能的审计效应稳健性检验（一）

| 变量 | (1) | (2) | (3) | (4) | (5) |
|---|---|---|---|---|---|
| normDSC | 0.134*** | | | | |
| | (3.102) | | | | |
| normdeltaBSC | | 0.091** | | | |
| | | (2.077) | | | |
| normdeltaPSC | | 0.128*** | | | |
| | | (3.041) | | | |
| normBSC-AF | | | 0.087* | | 0.086* |
| | | | (1.903) | | (1.882) |
| normPSC-AF | | | 0.114*** | | 0.112*** |
| | | | (2.731) | | (2.683) |
| normBSC-CFM | | | | 0.007 | 0.006 |
| | | | | (0.170) | (0.154) |
| normPSC-CFM | | | | -0.098** | -0.095** |
| | | | | (-2.269) | (-2.183) |
| SCHOOL_ TIE | -0.834*** | -0.839*** | -0.834*** | -0.835*** | -0.838*** |
| | (-5.109) | (-5.160) | (-5.117) | (-5.147) | (-5.155) |
| WORK_ TIE | 1.282*** | 1.261*** | 1.271*** | 1.290*** | 1.251*** |
| | (3.346) | (3.285) | (3.377) | (3.376) | (3.302) |
| SCHOOLPLC_ TIE | -0.069 | -0.082 | -0.093 | -0.075 | -0.095 |
| | (-0.409) | (-0.487) | (-0.559) | (-0.443) | (-0.567) |
| WORKLOCL_ TIE | 0.336*** | 0.344*** | 0.335*** | 0.358*** | 0.340*** |
| | (3.684) | (3.762) | (3.662) | (3.916) | (3.718) |
| WORKPAST_ TIE | 0.264*** | 0.257*** | 0.260*** | 0.261*** | 0.256*** |
| | (3.410) | (3.308) | (3.341) | (3.373) | (3.285) |
| WORKTENURE_ TIE | 0.186*** | 0.195*** | 0.193*** | 0.185*** | 0.200*** |
| | (4.002) | (4.182) | (4.127) | (3.971) | (4.252) |
| WORKEXP_ TIE | 0.272 | 0.264 | 0.281* | 0.240 | 0.265 |
| | (1.629) | (1.597) | (1.665) | (1.441) | (1.582) |
| PREROE | -0.213*** | -0.213*** | -0.214*** | -0.214*** | -0.213*** |
| | (-2.987) | (-2.979) | (-2.995) | (-2.994) | (-2.972) |

续表

| 变量 | （1） | （2） | （3） | （4） | （5） |
|---|---|---|---|---|---|
| SPECIALIST | 0.102 | 0.094 | 0.099 | 0.095 | 0.095 |
| | （1.267） | （1.167） | （1.232） | （1.173） | （1.181） |
| INFLUENCE | −0.156 ** | −0.151 * | −0.154 ** | −0.159 ** | −0.150 * |
| | （−1.977） | （−1.910） | （−1.962） | （−2.021） | （−1.905） |
| MROTFIRST | −0.215 | −0.189 | −0.213 | −0.214 | −0.191 |
| | （−1.350） | （−1.181） | （−1.342） | （−1.349） | （−1.197） |
| MROTFINAL | −0.428 *** | −0.412 *** | −0.434 *** | −0.426 *** | −0.417 *** |
| | （−3.019） | （−2.900） | （−3.085） | （−2.997） | （−2.949） |
| EFFORT | 0.203 *** | 0.209 *** | 0.206 *** | 0.195 *** | 0.210 *** |
| | （5.629） | （5.794） | （5.732） | （5.464） | （5.840） |
| BIG4 | −1.507 *** | −1.596 *** | −1.660 *** | −1.551 *** | −1.666 *** |
| | （−6.278） | （−6.744） | （−6.971） | （−6.505） | （−7.038） |
| AUDITMA | −0.038 | −0.053 | −0.067 | 0.011 | −0.072 |
| | （−0.424） | （−0.584） | （−0.747） | （0.126） | （−0.805） |
| SIZE | −0.314 *** | −0.296 *** | −0.326 *** | −0.297 *** | −0.306 *** |
| | （−7.468） | （−6.883） | （−7.727） | （−6.791） | （−7.019） |
| ROS | 0.319 | 0.319 | 0.315 | 0.325 * | 0.318 |
| | （1.634） | （1.632） | （1.615） | （1.647） | （1.626） |
| LEVERAGE | −0.443 *** | −0.440 *** | −0.455 *** | −0.455 *** | −0.447 *** |
| | （−3.079） | （−3.065） | （−3.182） | （−3.155） | （−3.123） |
| SUBSID | 0.031 | 0.024 | 0.027 | 0.034 | 0.022 |
| | （0.697） | （0.552） | （0.609） | （0.764） | （0.504） |
| Intercept | 2.756 *** | 2.574 *** | 2.954 *** | 2.532 *** | 2.740 *** |
| | （5.196） | （4.772） | （5.555） | （4.618） | （5.004） |
| Year Fixed | YES | YES | YES | YES | YES |
| Industry Fixed | YES | YES | YES | YES | YES |
| Adj. $R^2$/pseudo $R^2$ | 0.088 | 0.090 | 0.089 | 0.087 | 0.090 |
| Wald Chi$^2$ | 354.362 | 369.877 | 362.361 | 358.287 | 373.549 |
| N | 5415 | 5415 | 5415 | 5415 | 5415 |

**表4-8　相对资源权力功能的审计效应稳健性检验（二）**

| | 自变量测试 | | | | 因变量测试 | | |
| --- | --- | --- | --- | --- | --- | --- | --- |
| | 客户商业社会资本替换 | 客户非商业类社会资本替换 | 事务所非商业类社会资本替换1 | 事务所非商业类社会资本替换2 | 大幅度审计调整哑变量AQ_ DUM2 | 审计调整连续变量ADJ_ MAG | 盈余管理DA |
| DSC | 0.005 *** | 0.004 *** | 0.005 *** | 0.004 *** | 0.003 ** | 0.000 * | −0.006 *** |
| | (3.154) | (2.977) | (3.237) | (2.928) | (2.015) | (1.649) | (−2.739) |
| SCHOOL_ TIE | −0.835 *** | −0.834 *** | −0.835 *** | −0.834 *** | −0.352 ** | 0.002 | 0.288 |
| | (−5.112) | (−5.109) | (−5.114) | (−5.109) | (−1.970) | (0.184) | (0.750) |
| WORK_ TIE | 1.282 *** | 1.285 *** | 1.277 *** | 1.284 *** | 0.294 | 0.007 | −0.112 |
| | (3.346) | (3.355) | (3.339) | (3.352) | (0.829) | (0.437) | (−0.260) |
| SCHOOLPLC_ TIE | −0.069 | −0.067 | −0.070 | −0.068 | 0.252 | −0.007 | −0.292 |
| | (−0.408) | (−0.401) | (−0.416) | (−0.404) | (1.226) | (−0.850) | (−1.091) |
| WORKLOCL_ TIE | 0.336 *** | 0.336 *** | 0.335 *** | 0.337 *** | 0.226 ** | −0.001 | −0.289 * |
| | (3.679) | (3.684) | (3.669) | (3.692) | (2.421) | (−0.248) | (−1.928) |
| WORKPAST_ TIE | 0.264 *** | 0.265 *** | 0.264 *** | 0.265 *** | 0.107 | −0.005 | 3.665 *** |
| | (3.411) | (3.414) | (3.411) | (3.416) | (1.176) | (−0.794) | (15.217) |
| WORKTENURE_ TIE | 0.186 *** | 0.186 *** | 0.187 *** | 0.185 *** | 0.188 *** | 0.014 *** | 1.285 *** |
| | (4.001) | (3.991) | (4.015) | (3.988) | (3.759) | (5.133) | (8.436) |
| WORKEXP_ TIE | 0.272 | 0.273 | 0.273 | 0.270 | 0.309 * | 0.026 ** | −0.304 |
| | (1.626) | (1.631) | (1.638) | (1.619) | (1.804) | (1.986) | (−1.291) |
| PREROE | −0.213 *** | −0.214 *** | −0.213 *** | −0.213 *** | 0.396 *** | 0.032 *** | 0.694 *** |
| | (−2.987) | (−2.994) | (−2.988) | (−2.989) | (5.057) | (6.038) | (4.111) |
| SPECIALIST | 0.102 | 0.102 | 0.102 | 0.102 | 0.082 | 0.005 | 0.038 |
| | (1.268) | (1.270) | (1.270) | (1.269) | (0.967) | (0.918) | (0.234) |
| INFLUENCE | −0.156 ** | −0.157 ** | −0.155 ** | −0.156 ** | −0.092 | −0.004 | 0.239 |
| | (−1.977) | (−1.990) | (−1.970) | (−1.985) | (−1.080) | (−0.705) | (1.559) |
| MROTFIRST | −0.215 | −0.217 | −0.214 | −0.216 | −0.057 | 0.009 | 0.004 |
| | (−1.350) | (−1.366) | (−1.346) | (−1.361) | (−0.326) | (0.668) | (0.749) |
| MROTFINAL | −0.428 *** | −0.429 *** | −0.428 *** | −0.429 *** | 0.067 | 0.011 | 0.006 |
| | (−3.019) | (−3.033) | (−3.020) | (−3.027) | (0.452) | (0.957) | (1.220) |
| EFFORT | 0.203 *** | 0.202 *** | 0.204 *** | 0.202 *** | 0.139 *** | 0.009 *** | 0.191 *** |
| | (5.635) | (5.612) | (5.656) | (5.605) | (3.710) | (3.872) | (2.745) |
| BIG4 | −1.507 *** | −1.508 *** | −1.511 *** | −1.503 *** | −1.105 *** | −0.019 *** | −0.988 *** |
| | (−6.278) | (−6.278) | (−6.288) | (−6.252) | (−3.207) | (−2.674) | (−2.848) |

续表

| | 自变量测试 | | | | 因变量测试 | | |
|---|---|---|---|---|---|---|---|
| | 客户商业社会资本替换 | 客户非商业类社会资本替换 | 事务所非商业类社会资本替换1 | 事务所非商业类社会资本替换2 | 大幅度审计调整哑变量 AQ_DUM2 | 审计调整连续变量 ADJ_MAG | 盈余管理 DA |
| AUDITMA | −0.039 | −0.036 | −0.041 | −0.034 | 0.039 | 0.004 | −0.291 |
| | (−0.436) | (−0.401) | (−0.458) | (−0.375) | (0.401) | (0.598) | (−1.302) |
| SIZE | −0.314*** | −0.316*** | −0.315*** | −0.314*** | −0.425*** | −0.028*** | 0.108 |
| | (−7.459) | (−7.502) | (−7.479) | (−7.463) | (−9.440) | (−12.222) | (1.406) |
| ROS | 0.318 | 0.319 | 0.319 | 0.319 | −1.029*** | −0.078*** | −2.064*** |
| | (1.629) | (1.636) | (1.635) | (1.635) | (−4.434) | (−4.992) | (−3.735) |
| LEVERAGE | −0.443*** | −0.445*** | −0.442*** | −0.444*** | 0.598*** | 0.060*** | 1.905*** |
| | (−3.080) | (−3.089) | (−3.071) | (−3.085) | (4.019) | (5.121) | (5.291) |
| SUBSID | 0.030 | 0.031 | 0.030 | 0.031 | 0.112** | 0.004 | 0.122 |
| | (0.689) | (0.714) | (0.684) | (0.711) | (2.155) | (1.598) | (1.445) |
| Intercept | 2.731*** | 2.751*** | 2.737*** | 2.733*** | 2.871*** | 0.328*** | −3.112*** |
| | (5.155) | (5.189) | (5.165) | (5.155) | (5.146) | (12.575) | (−2.860) |
| 年度固定效应 | 是 | 是 | 是 | 是 | 是 | 是 | 是 |
| 行业固定效应 | 是 | 是 | 是 | 是 | 是 | 是 | 是 |
| Adj. R²/pseudo R² | 0.088 | 0.088 | 0.088 | 0.088 | 0.084 | 0.085 | 0.113 |
| Wald Chi² | 354.640 | 353.646 | 354.768 | 353.368 | 284.669 | | |
| N | 5415 | 5415 | 5415 | 5415 | 4458 | 4458 | 4876 |

## 七、结论与启示

继已有研究事务所与客户的社会关联对审计质量的影响机理后，进一步回答事务所与其客户没有社会关联时，双方社会资本匹配在审计过程中发挥的功能、功能发挥机制是什么、是哪些类型的社会资本在对审计行为产生显著影响。实证结果表明，社会资源在社会中不是均匀分布的，组织所拥有的社会资源取决于其所处的社会地位。事务所与客户社会资本的相对资源权力越大，审计质量越高，功能发挥的机理有信息机制、权力机制和声誉机制，即审计方利用较高的相对社会资本，可从其他渠道获得客户的更多信息，在审计谈判沟通中占据权力优势地位；同时，较高的社会资本也将提高审计师的合谋成本，使审计方自发维护其社会声誉，进而提高审计质量。

研究提供了相对资源权力观下审计双方社会资本匹配对审计质量影响的经验证据，对事务所、客户和关于社会资本的动态管理或监管层的有效监督具有如下现实启示意义：

1. 事务所层面：充分利用社会资本，提升审计业务水平

社会资本的形成依靠行为主体的多次社会交往，从而积累出社会关系、网络资源，但由于社会资本具有易损耗性的特点，需要精心维护。组织制度观认为，在组织发展不同阶段，不同类别的社会资本发挥的重要性也有所差异，组织应有策略调整、有所偏重，明确制定各类社会资本的比重，在社会关系网络的规模、强度和种类上加以识别区别，生成可产生关键性资源的社会资本，以实现投入产出最大化。结论显示，事务所的商业类社会资本和非商业类社会资本均显著提升审计质量，因此事务所应借鉴企业社会资本运营经验，订立专门的社会资本管理制度，重视社会资本的生成和维护。如 Casciaro 和 Piskorski（2005）探讨了处于资源权力劣势（Power Disadvantage）的 B 如何平衡资源权力：一类是通过取消与 A 的联系、培养替代性来源策略来减少对 A 的依赖；另一类是通过"让位"于组织 A 即继续加强与 A 的联系，以形成联盟和集团两种方式增强 A 对 B 的刚性需求。通过这一系列社会资本管理策略，可大大降低人力资本维护成本和审计成本，在提升效率的同时也改善了审计活动的成本收益比，提升审计效率。

2. 监管层面：完善匹配政策并优化监管方案

一方面，结论显示客户非商业类社会资本对审计质量有负向影响，说明我国当前的关系型社会情境，会激发客户将重心转移到非商业类资源的获取上，而非积极建设市场型的商业类社会资本，容易发生"逆向选择"。监管方应关注到这种可能对商业类社会资本的排挤效应，平衡"有形的手"与"无形的手"的调控机制。一个有效的市场应该是各参与主体自发地主动积累商业社会资本、维护商业声誉，以价格、声誉等市场机制有序、规范运行，审计市场结构方能在重复性竞争博弈中达到优化。同时，应将上市公司非商业类社会资本作为监管对象，限制这一类社会资本的负面影响。

另一方面，结论显示事务所相对客户拥有较多的非商业类社会资本，对审计质量将有正向影响。事务所拥有非商业类社会资本，可更好地保持独立性，同时方便事务所与监管方建立起紧密的沟通渠道，及时了解监管方需求，落实审计监管要求，提升审计的职业判断。政策启示即为，监管方应同时考量事务所和客户的非商业类社会资本对审计行为的影响，将事务所与客户的非商业类社会资本匹配情况纳入指导政策中，而不能仅聚焦两者商业类社会资本匹配的政策指导。

3. 客户层面：优化社会资本结构，降低代理成本

资源依赖观下，较丰富的社会资本可促使企业实现多元化的发展目标。但本书提供的高管团队内部社会资本的公司治理效应经验证据显示，CEO、CFO 的相对资源权力过大，会产生较大的代理成本。同时，研究发现客户的商业类社会资本并未有效改善公司的信息质量。

未来学者可从以下两方面着手进一步探讨无社会关联情况下，审计双方社会资本的互动机理。其一，细化社会资本相对资源权力功能的度量。由于本书仅定义对审计师选择、审计活动有关键性影响的董事长、CEO 和 CFO 三职为高管团队，并没有考察董事会中所有董事构成的社会关系子网络。同时，参考已有文献（Casciaro and Piskorski，2005），本书采用了较为简便、直观的线性加减方法衡量审计双方的相对社会资本大小，未来研究可采用更为精细的匹配方法，如根据审计双方在同行业内的排名，比对双方的行业内排名（董沛武等，2018）、计算双方社会资本的同质化程度等方法衡量审计双方社会资本匹配度。其二，由于正常经营状态时社会资本黏性较大，未来还可研究发生社会资本损失的突然事件后，社会资本的变化对审计行为带来的"冲击性"影响，来验证并深挖本书所示的社会资本互动的相对资源权力功能。

# 第四节　客户重要性与审计质量[①]

本节旨在探讨在中国，审计师与客户之间的经济联系是否会影响合伙人层面的审计质量。客户重要性是否意味着该客户拥有更多的社会资本，在与事务所合作过程中，可能拥有更多的优势，进而影响审计质量。先前的研究并没有给出关于这个主题的明确结论。采用了一种相对新颖的审计质量代理，即审计调整，该代理未公开披露，但被认为比先前研究中使用的大多数代理更合适。研究发现，客户重要性与审计质量呈负相关。研究通过使用新的测量方法来测试客户重要性如何影响审计质量，并在合伙人层面上添加关于审计质量决定因素的新证据，为相关方面研究做出了贡献。

---

① 本节主要内容来自陈宋生，Z. Li，W. Chi. Client Importance and Audit Quality：Evidence from China [J]. Asia-Pacific Journal of Accounting & Economics，2018，25（5）：624-638；有删减。

## 一、引言

本节通过使用一种相对新颖的审计质量指标，即审计调整，考察了审计师在中国合伙人层面上是否损害了其对经济重要客户的独立性。市场参与者期望审计师提高财务报告的可靠性和可信度，其价值通过审计师的服务得到保证。自安然丑闻以来，审计师独立性的重要性引起了更多的关注（Gul et al. , 2007；Krishnamurthy et al. , 2006；Zhang et al. , 2007）。研究人员在公司、办公室或合伙人层面调查了客户重要性对审计质量的影响，但他们的发现普遍存在歧义。相反地，我们在合伙人层面用更好的方法重新审视这个问题，即审计调整。

具体而言，一些研究人员已经开始在公司层面调查客户重要性的影响（Ashbaugh et al. , 2003；Ferguson et al. , 2004；Ghosh et al. , 2009；Kanagaretnam et al. , 2010；Kinney et al. , 2004）。一些研究人员在办公室层面测试这种关联，因为他们认为客户重要性对办公室的影响比对公司的影响更为显著（Chung and Kallapur, 2003；Craswell et al. , 2002；Francis et al. , 1999；Gaver and Paterson, 2007；Hunt and Lulseged, 2007；Li, 2009；Reynolds and Francis, 2001）。DeFond 和 Francis（2005）鼓励研究人员在合伙人层面测试客户重要性的影响。一些研究人员采纳了他们的建议，将研究推向了合伙人层面。Chen、Sun 和 Wu（2010）发现，在中国，客户重要性与修改后的审计意见（以下简称MAO）之间的关联在 2001 年之前是负显著的，但在 2001 年之后，当中国开始更严格地监管国内法律环境时，他们之间的关系变得正显著。Chi、Douthett 和 Lisic（2012）使用合伙人级别的数据，未能找到证据表明 N 大审计合伙人损害了其对重要经济客户的独立性，但确实为非 N 大审计人员找到了此类证据。总之，这些研究清楚地表明，经济关联是否以及如何影响审计质量的测试在针对合伙人层面时，其统计效力强于办公室或公司层面，因为与整个审计师事务所或当地办事处相比，特定客户对审计合伙人的经济重要性更大。

更重要的是，我们还采用了一种新的审计质量代理变量，即审计调整，该代理变量被认为是审计质量的合适代理变量（Lennox et al. , 2014），同时并没有被用于测试审计质量与客户重要性之间的关联。当客户的预审计财务报告中存在误报并被审计师识别且随后报告时，就会发生审计调整。自 2006 年以来，中国上市公司被要求每年向中国财政部提交经审计前后的财务报告。通常，这些数据不会公开披露，但我们的一位作者被授权访问这些数据进行学术研究。有了这一更直接的审计质量代理和对财务报告的独特访问，我们希望在我们的研究中获得新的证据。

本节选择 2007~2012 年进行研究，因为它符合背景设定标准，并且这段时间内的审计调整数据是可得的。选择样本后，共纳入了 8551 个公司—年度观察结果。从这些数据中，我们发现客户重要性与审计调整的发生率呈显著负相关，表明客户重要性越高，审计调整越少，即审计质量受损。从经济角度来看，CI（客户重要性）增加一个单位与审计调整的可能性降低 1.3% 相关，因此表明客户重要性对审计质量有负面影响。具体而言，客户重要性的增加意味着调整财务报告管理偏差的可能性降低。这些发现表明，如果这意味着留住客户，那么审计师可能会损害其独立性并牺牲审计质量。正如 Firth、Rui 和 Wu（2011）所建议的那样，当我们采用具有部分可观察性的双变量概率模型进行稳健性测试时，我们的结果仍然稳健。更重要的是，二元概率规范的使用证实了我们的结论，即在其他条件相同的情况下，我们的证据表明审计师在面对重要客户时更倾向于妥协他们的独立性，而不是那些有更好收益的客户。因此，我们的研究通过使用新的衡量标准来测试客户重要性如何影响审计质量，并通过添加新的证据来证明合伙人层面的审计质量决定因素，从而为相关研究做出了贡献。

## 二、文献综述和假设

独立性是审计师提供高质量审计服务的核心属性之一；然而，根据 DeAngelo（1981）的说法，审计师可能有动机为了一个经济上重要的客户而牺牲他们的独立性。原因是，从概念上讲，当来自客户的当前审计收入较大时，特定客户的未来准租金较高。Frankel、Johnson 和 Nelson（2002）假设非审计服务增加了审计师和客户之间的经济联系，从而削弱了审计质量。DeFond 和 Francis（2005）以及 Kinney 和 Libby（2002）假设总费用的大小会导致审计师在财务上依赖客户。这条推理路线与 DeAngelo（1981）的理论预测一致。尽管这种担忧由来已久，但是直到几起广为人知的会计丑闻之后，SOX 才成立，审计师被禁止向其审计客户提供大多数非审计服务。然而，支持此类监管背后假设的经验证据并不多。许多相关研究都没有发现支持证据表明审计人员和客户之间的经济联系会损害审计师的独立性（Ashbaugh，LaFond and Mayhew，2003；Chung and Kallapur，2003；Craswell，Stokes and Laughton，2002；Kinney，Palmrose and Scholz，2004）。

相反，有几篇论文发现，审计师对待大客户更为保守（Gaver and Paterson，2007；Hunt and Lulseged，2007；Reynolds and Francis，2001）。关于这些发现的一个可能解释是审计师的声誉问题（Weber et al.，2008），他们意识到，如果其他客户的独立性受到损害，那么他们就会有失去其他客户的风险。事实上，意识到声誉问题将导致审计师进行更高程度的审查，经济上重要的客户实际上可以从一开始就提供更好的报告质量。此外，诉讼风险也可能减轻客户重要性对审计师质量的负面影响。例如，Li（2009）发现，在后 SOX 时期，客户重要性与持续经营意见的发布之间存在正相关性，但在前 SOX 时期，当诉讼风险较低时，没有相关性。

更具体地说，Chung 和 Kallapur（2003）指出，决定牺牲独立性所涉及的权衡的五个因素是：（a）特定客户的当前准租金；（b）所有其他未来准租金的现值；（c）当审计师报告违规行为时，客户解雇审计师的可能性；（d）当审计师不报告违规行为时，被发现的概率和随后向市场披露的概率；（e）其他被发现时损失的准租金。在考虑损害独立性的好处时，尤其是对于重要客户，审计师主要希望通过保留现有客户（a）和避免被解雇（c）来获取未来利润。经考虑，可能阻止妥协的主要成本包括来自其他客户的未来租金规模（b）、如果其独立性受到损害被发现的概率（d）以及其他准租金在被发现时损失的部分（e）。

一般而言，上述声誉和诉讼问题使得直接预测客户重要性与审计质量之间的关联十分困难。然而，有两个因素为建立这样一个假设提供了机会：中国的机构审计环境，以及本研究中使用的关于审计调整的独特数据集。

中国为这项研究提供了一个更为友好的环境，因为其声誉问题和诉讼风险较低。在 Francis、Michas 和 Seavey（2013）调查的 42 个国家中，"四大"会计师事务所在中国的市场份额最低。与同行相比，"四大"会计师事务所对声誉的关注度更高；因此，在这些公司较少出现的环境中，声誉问题对客户重要性负面影响的缓解作用应较小。此外，与美国和其他发达国家相比，中国的法律环境薄弱（Hwang and Chang，2010；Ke et al.，2015），审计师不当行为更有可能逍遥法外或受到从轻处罚。因此，对于中国的审计师来说，独立性受损的预期法律成本相对较小。最后，中国有许多相对的中小型审计师事务所（DeFond，Wong and Li，1999），由此产生的高水平竞争使重要客户比其他审计市场的同行拥有更强的议价能力。

我们使用审计调整有两个优点：噪声更小和样本量更大。当客户的预审计财务报告不符合通用会计准则（GAAP）和审计师成功识别并纠正误报数字时，审计师会调整审计。从理论上讲，审计调整因此产生的估计误差比任意应计项目少，因此能够更准确地反映审计质量。此外，审计调整比重述或 AAER 发生得更频繁，因此可能提供更大的研究样本（DeFond and Zhang，2014）。Lennox、Wu 和 Zhang（2014，2016）认为，与其他常用的代理变量相比，审计调整更能代表审计质量，他们的观点得到了结果的支持。他们通过使用审计调整和其他两个代理变量，异常应计和盈余反应系数来调查合伙人轮换和审计质量，并发现只有审计调整的显著结果。

综上所述，在中国的背景下，鉴于有更好的审计质量衡量标准（即审计调整），我们可以预期，客户重要性损害审计质量的证据将具有更大的解释力。最重要的是，我们认为审计调整可以像其他代理一样获取更多关于客户重要性和审计质量之间相关性的信息。然后，我们用以下替代形式陈述我们的假设：

H3：同等条件下，由于经济联系，客户重要性与审计调整的可能性之间存在负相关。

我们承认，当审计师面对更重要的客户时，审计调整的发生率较低在理论上可能是由于其他因素造成的。然而，正如我们上面所说，中国的审计环境使得这些因素极不可能发生。第一个因素是对声誉和/或诉讼风险的关注。这一因素的论据基于两个假设，在赋予其解释力之前，必须先建立这两个假设：①经济上重要的客户会受到审计师更高程度的审查；②因此，他们会更谨慎地编制报表，从而减少调整的可能性。事实上，中国的审计环境排除了这些假设。如上所述，声誉和法律问题都不是审计人员的首要考虑因素，因此第一个假设立即受到质疑。至于第二种情况，同样合理的假设是，对于希望从事盈余管理的客户而言，审计师不对误报收益进行调整的优势超过了最终调整的任何假定劣势。因此，这些客户可能没有足够的动力从一开始就提供更高质量的收益。最重要的是，在我们的双变量概率规范中，排除了这两个因素的可能性，如下面的实证结果所述。

### 三、数据与研究设计

1. 数据和样本选择

我们从 Wind 数据库中 2007~2012 年 A 股市场所有上市公司的 15417 个公司年度观察数据开始。在没有可用的资产或销售数据的情况下，我们放弃了 56 个观测值。我们从《台湾经济日报》数据库中获取公司年度观察结果，其中应包括签署审计合伙人的姓名，并删除了 1273 项没有记录的观察结果。然后，我们剩下 14144 个观测值用于计算客户重要性（CI）。我们进一步排除了 2546 项缺乏审计调整信息的意见。在删除中国股票市场会计研究（CSMAR）数据库和 Wind 数据库中 3047 个观测值和缺失的控制变量数据后，我们最终得到 8551 个公司年度观测值作为我们的最终样本。

2. 研究选择

（1）审计质量的代表。继 Lennox、Wu 和 Zhang（2014）之后，我们采用审计调整的发生率作为审计质量的代表。我们设置了一个虚拟变量（$ADJ_{it}$）来衡量审计调整的发生率，如果审计师在 t 年对公司 i 的预审计收益进行调整，$ADJ_{it}$ 等于 1，否则为 0。

（2）客户重要性。我们使用 Chen、Sun 和 Wu（2010）研究中的方法计算合伙人级别的客户重要性（CI）。变量 CI 根据被观察的审计伙伴签署审计报告的所有公司的累计销售额，衡量审计伙伴的客户重要性。具体而言，CI 是用公司销售额的自然对数除以所有审计报告由被观察的审计伙伴签署的公司的销售额对数的总和来衡量的。由于中国的审计报告必须由至少两个审计合伙人签署，因此他们的客户群存在大量重叠。为了避免由于此类重叠而重复计算，公司的销售额只对每个公司计算一次，而不是对每个审计合伙人都计算一次。我们还利用公司资产和审计合伙人的客户数量来计算客户重要性，作为稳健性测试。

（3）控制变量。对于控制变量，我们遵循 Lennox、Wu 和 Zhang（2014）及 Chen、Sun 和 Wu（2010）的研究。我们控制可能影响财务报告错报发生率的公司特征。我们控制公司规模（Size）、盈利能力（ROS 和 Loss）和杠杆（Leverage），因为之前的研究表明，这些因素会影响经理操纵收益的决定（DeFond and Jiambalvo，1994；Kinney and McDaniel，1989）。我们还控制合并和收购活动（M&A），因为复杂的会计程序增加了错报的可能性（Kinney, Palmrose and Scholz，2004）。在合并财务报告时，拥有更多子公司的公司也更有可能涉及财务报告错报。因此，我们控制合并子公司（Subsidiaries）的数量。

Klein（2002）发现，强有力的公司治理会降低盈余管理。Keune 和 Johnstone（2012）发现公司治理可能会影响审计师工作的结果。因此，我们采用一系列变量来控制公司治理的特征：董事会规模（BoardSize）、公司在一个会计年度召开的董事会会议次数（BoardMeeting）、CEO 的权力（Duality）以及审计委员会（AuditCom）的存在。

审计师的特征也会对审计结果产生影响。因此，我们控制了审计公司规模（Big4），因为之前的研究发现审计质量与审计公司规模呈正相关（DeAngelo，1981）。一些研究表明，事务所合并可以提高审计师的独立性和审计效率（Chan and Wu，2011；Gong et al.，2016）。为了控制这一点，我们使用了一个虚拟变量 AuditorM&A，如果一家审计公司与另一家合并，它等于1，否则等于0。通常，如果公司经理不同意审计师建议的审计调整，公司将收到修改意见；因此，我们将意见作为控制变量之一。Keune 和 Johnstone（2012）发现，当审计师收到更高的审计费用（Fees）时，他们更有可能放弃审计调整，而当有分析师跟进案件（Analyst）时，他们放弃审计调整的可能性较小。我们还对公司和合伙人的任期（Tenure_ Firm 和 Tenure_ Partner）使用了一个变量，因为之前的研究表明，随着审计师任期的增加，客户的收益质量往往会提高（Chen et al.，2008）。继Chen、Sun 和 Wu（2010）之后，我们还控制了公司和合伙人层面的专业知识（Expert_ Firm 和 Expert_ Partner）和规模（Size_ Firm 和 Size_ Partner）。

我们使用式（4-2）检验我们的假设：

$$AD_{it} = + \beta_1 CI_{it} + \beta_2 Size_{it} + \beta_3 ROS_{it} + \beta_4 Leverage_{it} + \beta_5 M\&A_{it} + \beta_6 Subsidiaries_{it} + \beta_7 Losst_{it} + \beta_8 BoardSize_{it} + \beta_9 BoardMeeting_{it} + \beta_{10} Duality_{it} + \beta_{11} AuditCom_{it} + \beta_{12} Analyst_{it} + \beta_{13} AuditorM\&A_{it} + \beta_{14} Opinion_{it} + \beta_{15} Fee_{it} + \beta_{16} Big4_{it} + \beta_{17} Tenure\_ Firm_{it} + \beta_{18} Tenure\_ Partner_{it} + \beta_{19} Expert\_ Firm_{it} + \beta_{20} Expert\_ Partner_{it} + \beta_{21} Size\_ Firm_{it} + \beta_{22} Size\_ Partner_{it} + \theta Year + \kappa Industry + e_{it} \qquad (4-2)$$

## 四、实证结果

1. 描述性统计

表 4-9 中 Panel A 显示了审计调整和客户重要性的描述性统计数据。ADJ 的平均值为 0.643，表明我们的观测值中有一半以上有审计调整，与 Lennox、Wu和 Zhang（2014）的结果 0.671 接近。我们使用三个基本变量（公司的销售额、公司的资产和每个审计师的客户数量）来计算 CI。与 Chen、Sun 和 Wu（2010）一致，CI 的均值范围为 0.281~0.283。

表 4-9　描述性统计

| Panel A：审计调整和客户重要性 | | | | | |
|---|---|---|---|---|---|
| 变量 | 平均值 | 一分位组 | 中位数 | 三分位组 | 标准误 |
| ADJ. | 0.643 | 0.000 | 1.000 | 1.000 | 0.479 |
| CI | | | | | |
| Based on audited sales | 0.283 | 0.129 | 0.202 | 0.337 | 0.238 |
| Based on audited asset | 0.283 | 0.129 | 0.202 | 0.337 | 0.238 |
| Based on client number | 0.281 | 0.125 | 0.200 | 0.333 | 0.238 |

续表

Panel B：控制变量

| 变量 | 平均值 | 一分位组 | 中位数 | 三分位组 | 标准误 |
|---|---|---|---|---|---|
| Size | 0.210 | 0.201 | 0.209 | 0.219 | 0.015 |
| ROS | 0.085 | 0.025 | 0.069 | 0.141 | 0.194 |
| Leverage | 0.476 | 0.297 | 0.474 | 0.631 | 0.258 |
| M&A | 0.362 | 0.000 | 0.000 | 1.000 | 0.481 |
| Subsidiaries | 2.018 | 1.386 | 2.079 | 2.708 | 1.003 |
| Loss | 0.080 | 0.000 | 0.000 | 0.000 | 0.271 |
| Board Size | 2.176 | 2.079 | 2.197 | 2.197 | 0.199 |
| Board Meeting | 2.167 | 1.946 | 2.197 | 2.398 | 0.351 |
| Duality | 0.214 | 0.000 | 0.000 | 0.000 | 0.410 |
| AuditCom | 0.842 | 1.000 | 1.000 | 1.000 | 0.365 |
| Analyst | 0.770 | 1.000 | 1.000 | 1.000 | 0.421 |
| Big4 | 0.045 | 0.000 | 0.000 | 0.000 | 0.207 |
| AuditorM&A | 0.165 | 0.000 | 0.000 | 0.000 | 0.371 |
| Opinion | 0.047 | 0.000 | 0.000 | 0.000 | 0.211 |
| Fee | 13.267 | 12.899 | 13.173 | 13.567 | 0.588 |
| Tenure_ Firm | 1.806 | 1.386 | 1.792 | 2.398 | 0.774 |
| Tenure_ Partner | 0.938 | 0.693 | 1.099 | 1.386 | 0.577 |
| Expert_ Firm | 0.175 | 0.000 | 0.000 | 0.000 | 0.380 |
| Expert_ Partner | 0.065 | 0.000 | 0.000 | 0.000 | 0.246 |
| Size_ Firm | 0.483 | 0.000 | 0.000 | 1.000 | 0.500 |
| Size_ Partner | 0.496 | 0.000 | 0.000 | 1.000 | 0.500 |

Panel C：分组描述性统计

| 变量 | Without adjustments (N=3053) | | With adjustments (N=5498) | | Mean difference |
|---|---|---|---|---|---|
| | Mean | Median | Mean | Median | |
| CI | | | | | |
| Based on sales | 0.321 | 0.234 | 0.262 | 0.193 | 0.059*** |
| Based on asset | 0.321 | 0.237 | 0.262 | 0.196 | 0.059*** |
| Based on client number | 0.319 | 0.250 | 0.261 | 0.200 | 0.058*** |
| Size | 0.212 | 0.211 | 0.209 | 0.209 | 0.003*** |

续表

Panel C: 分组描述性统计

| 变量 | Without adjustments（N=3053） | | With adjustments（N=5498） | | Mean difference |
|---|---|---|---|---|---|
| | Mean | Median | Mean | Median | |
| ROS | 0.079 | 0.068 | 0.087 | 0.069 | −0.008 * |
| leverage | 0.493 | 0.492 | 0.467 | 0.462 | 0.026 ** |
| M&A | 0.359 | 0.000 | 0.364 | 0.000 | −0.005 |
| Subsidiaries | 2.037 | 2.079 | 2.008 | 2.079 | 0.029 |
| Loss | 0.088 | 0.000 | 0.075 | 0.000 | 0.013 ** |
| Board Size | 2.191 | 2.197 | 2.168 | 2.197 | 0.023 ** |
| Board Meeting | 2.173 | 2.197 | 2.163 | 2.197 | 0.010 |
| Duality | 0.213 | 0.000 | 0.215 | 0.000 | −0.002 |
| Auditcom | 0.847 | 1.000 | 0.839 | 1.000 | 0.008 |
| Analyst | 0.784 | 1.000 | 0.762 | 1.000 | 0.022 ** |
| Big4 | 0.095 | 0.000 | 0.017 | 0.000 | 0.078 ** |
| AuditorM&A | 0.156 | 0.000 | 0.170 | 0.000 | −0.014 * |
| Opinion | 0.047 | 0.000 | 0.047 | 0.000 | 0.000 |
| Fee | 13.338 | 13.218 | 13.227 | 13.157 | 0.111 ** |
| Tenure_ Firm | 1.662 | 1.792 | 1.886 | 1.946 | −0.226 *** |
| Tenure_ Partner | 0.891 | 1.099 | 0.964 | 1.099 | −0.073 *** |
| Expert_ Firm | 0.178 | 0.000 | 0.173 | 0.000 | 0.005 |
| Expert_ Partner | 0.075 | 0.000 | 0.059 | 0.000 | 0.016 *** |
| Size_ Firm | 0.456 | 0.000 | 0.498 | 0.000 | −0.042 ** |
| Size_ Partner | 0.449 | 0.000 | 0.523 | 1.000 | −0.074 *** |

表4-9中 Panel B 展示了控制变量的描述性统计。这些变量与之前的研究一致（Chen et al.，2010；Lennox，Wu and Zhang，2014），审计员并购除外。我们认为这种差异是样本和研究时期的差异造成的。

表4-9中 Panel C 显示了两组的 t 检验结果，观察有或没有审计调整。在未调整组（ADJ=0）和有调整组（ADJ=1）中，基于销售额的 CI 均值分别为0.321 和 0.262。两者的平均差为 0.059，在 0.01 水平上显著，与我们的假设一致，表明随着客户重要性的增加，审计调整的可能性降低。规模和杠杆的平均差异在 0.01 水平上也很显著，这意味着规模较大或杠杆较高的公司也不太可能进行审计调整。我们发现董事会规模的 t 检验结果在 0.01 水平上显著。这与 Klein

（2002）的结果一致，他发现强大的公司治理可以改善审计前的财务报表。"四大"的 t 检验结果在 0.01 水平上也是显著的。根据 Lennox、Wu 和 Zhang（2014）的说法，"四大"的客户在审计前财务报表中看到的错误较少，因此进行审计调整的可能性较小，我们的结果支持这一结论。我们还发现，支付更高审计费用或有更多分析师跟踪的公司也不太可能进行审计调整。我们的结果还表明，任期较长的审计师事务所和合伙人以及规模较大的审计师事务所更有可能调整公司的财务报告。

2. 回归结果

表 4-10 给出了主要模型的回归结果。由于基于替代客户重要性度量的结果是相似的，我们只讨论使用公司经审计的销售额计算的集合。我们发现，当审计调整发生率为 -0.237（p<0.01）时，客户重要性是负显著的，这表明客户重要性越大，审计调整越少，即审计质量受损。从经济角度来看，CI 增加一个单位与审计调整的可能性降低 1.3% 相关。这些结果表明，客户重要性对审计质量有负面影响。具体而言，客户重要性的增加意味着调整财务报告管理偏差的可能性降低。这可能表明审计师为了保留更重要的客户关系而牺牲了他们的独立性，而客户的压力可能更大。

在控制变量中，我们发现规模和杠杆率显著负相关，表明规模较大或杠杆率较高的公司不太可能进行审计调整。Subsidiaries 变量显著为正，表明子公司越多的公司越有可能进行审计调整。这与具有更复杂会计处理的公司错报风险更高，因此审计调整的可能性更高的调查结果一致。Big4 具有显著的负系数，表明被"四大"审计的公司不太可能在财务报告中进行审计调整。AuditorM&A 和 Tenure_ Firm 与审计调整的发生率呈显著正相关。这与 Chan 和 Wu（2011）一致，他们发现审计师的并购可以提高审计质量，审计师任期越长，审计师越能了解客户业务，进而提高审计绩效。

表 4-10　回归结果分析

| Dependent Variable =ADJ | Based on sales | Based on asset | Based on client number |
| --- | --- | --- | --- |
| Intercept | 1. 173 ** | 1. 180 ** | 1. 204 ** |
| | (0. 012) | (0. 012) | (0. 010) |
| CI | -0. 237 *** | -0. 242 *** | -0. 237 *** |
| | (0. 003) | (0. 003) | (0. 003) |
| Size | -8. 371 *** | -8. 437 *** | -8. 531 *** |
| | (0. 000) | (0. 000) | (0. 000) |

续表

| Dependent Variable = ADJ | Based on sales | Based on asset | Based on client number |
| --- | --- | --- | --- |
| ROS | 0.095 | 0.095 | 0.095 |
| | (0.316) | (0.314) | (0.317) |
| Leverage | $-0.207^{***}$ | $-0.207^{***}$ | $-0.207^{***}$ |
| | (0.005) | (0.005) | (0.005) |
| M&A | 0.043 | 0.043 | 0.043 |
| | (0.174) | (0.173) | (0.173) |
| Subsidiaries | $0.072^{***}$ | $0.072^{***}$ | $0.072^{***}$ |
| | (0.000) | (0.000) | (0.000) |
| Loss | $-0.057$ | $-0.057$ | $-0.057$ |
| | (0.380) | (0.383) | (0.381) |
| Board Size | $-0.155^{**}$ | $-0.154^{**}$ | $-0.155^{**}$ |
| | (0.044) | (0.044) | (0.043) |
| Board Meeting | 0.005 | 0.005 | 0.005 |
| | (0.912) | (0.909) | (0.912) |
| Duality | $-0.057$ | $-0.057$ | $-0.057$ |
| | (0.120) | (0.119) | (0.119) |
| AuditCom | 0.015 | 0.015 | 0.015 |
| | (0.721) | (0.723) | (0.722) |
| Analyst | 0.039 | 0.040 | 0.039 |
| | (0.320) | (0.315) | (0.319) |
| Big4 | $-0.994^{***}$ | $-0.993^{***}$ | $-0.990^{***}$ |
| | (0.000) | (0.000) | (0.000) |
| Auditor M&A | $0.113^{**}$ | $0.113^{**}$ | $0.113^{**}$ |
| | (0.014) | (0.014) | (0.014) |
| Opinion | 0.045 | 0.045 | 0.046 |
| | (0.579) | (0.577) | (0.571) |
| Fee | 0.059 | 0.060 | 0.059 |
| | (0.128) | (0.124) | (0.127) |
| Tenure_ Firm | $0.231^{***}$ | $0.231^{***}$ | $0.231^{***}$ |
| | (0.000) | (0.000) | (0.000) |
| Tenure_ CPA | 0.011 | 0.011 | 0.011 |
| | (0.675) | (0.676) | (0.676) |
| Expert_ Firm | $0.080^{*}$ | $0.080^{*}$ | $0.080^{*}$ |
| | (0.077) | (0.077) | (0.077) |

续表

| Dependent Variable = ADJ | Based on sales | Based on asset | Based on client number |
|---|---|---|---|
| Expert _ CPA | −0.077<br>(0.261) | −0.077<br>(0.260) | −0.077<br>(0.263) |
| Size_ Firm | −0.005<br>(0.876) | −0.005<br>(0.874) | −0.005<br>(0.879) |
| Size_ CPA | −0.005<br>(0.896) | −0.006<br>(0.871) | −0.005<br>(0.900) |
| Year Fixed Effect | YES | YES | YES |
| Industry Fixed Efect | YES | YES | YES |
| Chi−squared | 682.922 | 683.204 | 682.966 |
| Prob>$\chi^2$ | 0.000 | 0.000 | 0.000 |
| Pseudo $R^2$ | 0.068 | 0.068 | 0.068 |
| N | 8551 | 8551 | 8551 |

注：括号中的数字为 p 值，＊、＊＊、＊＊＊分别表示 10%、5% 和 1% 的显著性水平。

## 五、补充分析

### 1. 向上调整和向下调整

先前的研究发现，管理者更愿意增加本年度的收入而不是减少它，审计师更有可能调整这种操纵（Grein and Tate, 2011；Nelson, Elliott and Tarpley, 2002）。我们构建了一个三分位变量（ADJUST_ $SIGN_{it}$）来测试客户重要性是否对审计调整的方向产生影响。ADJUST_ $SIGN_{it}$ 向上调整为 1，向下调整为 2，否则为 0。我们使用多项逻辑回归测试模型，因为存在三个可能的值，基准比较是无调整观测值（ADJUST_ $SIGN_{it}$ =0）。

表 4-11 报告了该测试的结果，并表明 CI 仅在向下调整组中具有显著的负系数，表明客户重要性水平与向下审计调整呈负相关。这些结果表明，审计师可能会通过允许他们向上操纵当年的收入来牺牲他们对重要客户的独立性。对于控制变量，我们发现在向上调整组中损失的系数为正，但在向下调整组中该系数变为负数。我们认为，Loss 出现不同符号的原因取决于盈余管理的类型。对于向上审计调整，我们认为管理层可能会推迟确认当年销售额。通过在某一年减少收入（也称为"洗大澡"），公司在次年获得更大的盈利能力，降低退市风险。在这种情况下，审计师将更倾向于允许向上审计调整。相反，对于向下的审计调整，我们认为管理层可能会提前确认明年盈利的销售额，从而增加当年的收入以实现

当年的盈利。在这种情况下，审计师可能会通过向下调整将这些销售额调整回适当的时期。我们还发现上调组董事会会议的系数显著为负，表明公司内部更多的沟通可以提高财务报告质量，从而减少审计调整。其他结果与主要结果一致。

表4-11　进一步分析

| Dep. = ADJ. | Upward adjustment | | | Downward adjustment | | |
|---|---|---|---|---|---|---|
| | Based on sales | Based on asset | Based on client number | Based on sales | Based on asset | Based on client number |
| Intercept | −0.071 | −0.064 | −0.044 | 2.152** | 2.167** | 2.218*** |
| | (0.943) | (0.948) | (0.964) | (0.011) | (0.010) | (0.009) |
| CI | −0.164 | −0.172 | −0.174 | −0.522*** | −0.528*** | −0.516*** |
| | (0.348) | (0.324) | (0.319) | (0.000) | (0.000) | (0.000) |
| Size | −2.959 | −2.995 | −3.059 | −21.008*** | −21.156*** | −21.364*** |
| | (0.375) | (0.369) | (0.358) | (0.000) | (0.000) | (0.000) |
| Ros | 0.316 | 0.316 | 0.316 | −0.031 | −0.029 | −0.031 |
| | (0.104) | (0.103) | (0.104) | (0.859) | (0.866) | (0.857) |
| Leverage | −0.440*** | −0.440*** | −0.440*** | −0.252* | −0.251* | −0.251* |
| | (0.004) | (0.004) | (0.004) | (0.062) | (0.062) | (0.062) |
| M&A | 0.093 | 0.093 | 0.094 | 0.057 | 0.057 | 0.057 |
| | (0.164) | (0.164) | (0.164) | (0.317) | (0.316) | (0.316) |
| Subsidiaries | 0.089** | 0.089** | 0.089** | 0.145*** | 0.145*** | 0.145*** |
| | (0.023) | (0.023) | (0.023) | (0.000) | (0.000) | (0.000) |
| Loss | 0.769*** | 0.769*** | 0.769*** | −0.921*** | −0.920*** | −0.921*** |
| | (0.000) | (0.000) | (0.000) | (0.000) | (0.000) | (0.000) |
| Board Size | −0.349** | −0.349** | −0.349** | −0.192 | −0.191 | −0.192 |
| | (0.031) | (0.031) | (0.031) | (0.165) | (0.167) | (0.165) |
| Board Meeting | −0.200** | −0.200** | −0.200** | 0.128 | 0.128 | 0.128 |
| | (0.034) | (0.034) | (0.034) | (0.110) | (0.109) | (0.110) |
| Duality | −0.069 | −0.070 | −0.070 | −0.105 | −0.105 | −0.105 |
| | (0.379) | (0.378) | (0.377) | (0.111) | (0.110) | (0.110) |
| AuditCom | 0.146 | 0.145 | 0.146 | −0.022 | −0.022 | −0.022 |
| | (0.108) | (0.108) | (0.108) | (0.769) | (0.766) | (0.767) |

续表

| Dep. = ADJ. | Upward adjustment | | | Downward adjustment | | |
|---|---|---|---|---|---|---|
| | Based on sales | Based on asset | Based on client number | Based on sales | Based on asset | Based on client number |
| Analyst | 0.048 | 0.048 | 0.048 | 0.089 | 0.089 | 0.089 |
| | (0.564) | (0.562) | (0.563) | (0.213) | (0.208) | (0.211) |
| Big4 | −1.541*** | −1.540*** | −1.537*** | −1.699*** | −1.698*** | −1.692*** |
| | (0.000) | (0.000) | (0.000) | (0.000) | (0.000) | (0.000) |
| AuditorM&A | 0.175* | 0.176* | 0.176* | 0.194** | 0.194** | 0.194** |
| | (0.077) | (0.077) | (0.077) | (0.018) | (0.018) | (0.018) |
| Opinion | 0.287* | 0.287* | 0.288* | −0.094 | −0.094 | −0.092 |
| | (0.068) | (0.068) | (0.068) | (0.551) | (0.552) | (0.559) |
| Fee | 0.073 | 0.073 | 0.072 | 0.110 | 0.111 | 0.110 |
| | (0.384) | (0.381) | (0.384) | (0.118) | (0.114) | (0.117) |
| Tenure_ Firm | 0.398*** | 0.397*** | 0.397*** | 0.369*** | 0.369*** | 0.370*** |
| | (0.000) | (0.000) | (0.000) | (0.000) | (0.000) | (0.000) |
| Tenure_ CPA | −0.020 | −0.021 | −0.021 | 0.041 | 0.041 | 0.041 |
| | (0.715) | (0.714) | (0.714) | (0.390) | (0.391) | (0.391) |
| Expert_ Firm | 0.127 | 0.127 | 0.127 | 0.130 | 0.130 | 0.131 |
| | (0.197) | (0.198) | (0.198) | (0.109) | (0.109) | (0.108) |
| Expert_ CPA | 0.007 | 0.006 | 0.007 | −0.217* | −0.218* | −0.217* |
| | (0.962) | (0.964) | (0.963) | (0.082) | (0.081) | (0.083) |
| Size_ Firm | 0.008 | 0.008 | 0.008 | −0.029 | −0.029 | −0.028 |
| | (0.909) | (0.911) | (0.910) | (0.638) | (0.637) | (0.642) |
| Size_ CPA | 0.058 | 0.056 | 0.055 | −0.048 | −0.050 | −0.046 |
| | (0.468) | (0.487) | (0.489) | (0.474) | (0.461) | (0.493) |
| 年度固定效应 | 是 | 是 | 是 | 是 | 是 | 是 |
| 行业固定效应 | 是 | 是 | 是 | 是 | 是 | 是 |
| $\chi^2$ | 912.443 | 912.741 | 912.534 | 912.443 | 912.741 | 912.534 |
| Prob>$\chi^2$ | 0.000 | 0.000 | 0.000 | 0.000 | 0.000 | 0.000 |
| PseudoR$^2$ | 0.06 | 0.06 | 0.06 | 0.06 | 0.06 | 0.06 |
| N | 8551 | 8551 | 8551 | 8551 | 8551 | 8551 |

2. 部分可观测性模型

根据 Lennox、Wu 和 Zhang（2014）可知，有两种情况会导致审计调整：一是客户的预审计财务报告中存在误报数字；二是审计师成功更正了误报数字。继 Firth、Rui 和 Wu（2011）以及 Rice 和 Weber（2012）之后，我们采用具有部分可观察性的双变量概率模型来测试这两种条件的联合影响。模型如式（4-3）所示：

$$Pr(ADJ=1) = Pr(Misreport=1) \times Pr(Correct=1 \mid Misreport=1) \qquad (4-3)$$

其中误报是一个指标，如果客户的预审计财务报告中存在重大误报数字，则等于1，否则等于0。纠正是另一个指标，如果审计师纠正误报的数字则等于1否则为0。

该模型授予部分可观察性，因为虽然最终结果（ADJ）是可观察到的，但中间结果（误报和纠正）只能部分观察到。具体来说，对于 ADJ=0 的观察，我们无法判断该值是由于没有重大误报数字（Misreport=0）还是由于审计师无法纠正它（Correct=0）。

基于审计理论和我们的研究假设，将简单概率模型中的因素分配给误报和纠正模型，如式（4-4）所示：

$$Misreport\ model = F\ (Size,\ CI,\ ROS,\ Size,\ Leverage,\ M\&A,\ Subsidiaries,$$
$$Loss,\ BoardSize,\ BoardMeeting,\ Duality,\ Auditcom,\ Ana-$$
$$lyst,\ Big4,\ Tenure\_\ Partner,\ Size\_\ Partner)$$

$$Correct\ model = G\ (CI,\ Size,\ ROS,\ Leverage,\ M\&A,\ Subsidiaries,\ Loss,$$
$$BoardSize,\ BoardMeeting,\ Duality,\ Auditcom,\ Analyst,\ Au-$$
$$ditor\ M\&A,\ Opinion,\ Fee,\ Big4,\ Tenure\_\ Firm,\ Tenure\_$$
$$Partner,\ Expert\_\ Firm,\ Expert\_\ Partner,\ Size\_\ Firm,\ Size\_$$
$$Partner) \qquad (4-4)$$

在确定部分可观测性模型的参数时，函数 F 和 G 不能包含相同的变量集（Greene，2007；Maddala，1983；Poirier，1980）。因此，AuditorM&A、Opinion、Fee、Tenure_ Firm、Expert_ Firm 和 Size_ Firm 被排除在 Misreport 模型之外，因为它们不是合伙人的特征。这些变量代表审计公司的特征或可能影响审计师工作的因素；因此，它们包含在纠正模型中。在表 4-12 中，Misreport 阶段的列代表误报模型，而 Correct 阶段的列代表检测和纠正模型。CI 包含在两个模型中的原因如下：一是纠正模型中的负系数可以支持我们的研究假设；二是误报模型中的系数不显著驳斥了更仔细的审查降低了初步误报发生率的可能性。

表4-12 部分可观测性模型的补充分析

| Dep. = ADJ. | Misreport Stage | | | Correct Stage | | |
|---|---|---|---|---|---|---|
| | Based on sales | Based on asset | Based on client number | Based on sales | Based on asset | Based on client number |
| Intercept | 4.811 | 4.807 | 4.797 | 1.877** | 1.883** | 1.919** |
| | (0.972) | (0.968) | (0.967) | (0.024) | (0.024) | (0.021) |
| CI | −0.097 | −0.098 | −0.096 | −0.354** | −0.359*** | −0.351** |
| | (0.531) | (0.528) | (0.539) | (0.010) | (0.009) | (0.011) |
| Size | 4.049 | 4.009 | 3.950 | −19.973*** | −20.070*** | −20.208*** |
| | (0.263) | (0.268) | (0.274) | (0.000) | (0.000) | (0.000) |
| Ros | −0.227 | −0.228 | −0.227 | 0.563*** | 0.565*** | 0.564*** |
| | (0.182) | (0.181) | (0.182) | (0.005) | (0.005) | (0.005) |
| Leverage | −0.593*** | −0.593*** | −0.593*** | 0.426*** | 0.426*** | 0.427*** |
| | (0.000) | (0.000) | (0.000) | (0.005) | (0.005) | (0.005) |
| M&A | 0.074 | 0.074 | 0.074 | 0.006 | 0.006 | 0.006 |
| | (0.199) | (0.198) | (0.200) | (0.923) | (0.925) | (0.920) |
| Subsidiaries | −0.007 | −0.007 | −0.007 | 0.163*** | 0.163*** | 0.162*** |
| | (0.849) | (0.849) | (0.854) | (0.000) | (0.000) | (0.000) |
| Loss | 0.181 | 0.181 | 0.181 | −0.201* | −0.201* | −0.201* |
| | (0.283) | (0.284) | (0.285) | (0.089) | (0.090) | (0.090) |
| Board Size | −0.505*** | −0.504*** | −0.504*** | 0.215 | 0.216 | 0.214 |
| | (0.003) | (0.003) | (0.003) | (0.160) | (0.159) | (0.160) |
| Board Meeting | −0.237*** | −0.237*** | −0.236*** | 0.241** | 0.242** | 0.241** |
| | (0.007) | (0.007) | (0.008) | (0.029) | (0.028) | (0.032) |
| Duality | −0.134** | −0.135** | −0.135** | 0.024 | 0.024 | 0.024 |
| | (0.047) | (0.046) | (0.046) | (0.776) | (0.770) | (0.775) |
| AuditCom | 0.065 | 0.066 | 0.066 | −0.040 | −0.041 | −0.041 |
| | (0.418) | (0.415) | (0.415) | (0.659) | (0.653) | (0.656) |
| Analyst | −0.266*** | −0.266*** | −0.264*** | 0.304*** | 0.305*** | 0.304*** |
| | (0.008) | (0.008) | (0.008) | (0.001) | (0.001) | (0.001) |
| Big4 | −0.533* | −0.531* | −0.534* | −1.222*** | −1.223*** | −1.218*** |
| | (0.080) | (0.081) | (0.079) | (0.000) | (0.000) | (0.000) |
| AuditorM&A | | | | 0.153* | 0.153* | 0.153* |
| | | | | (0.065) | (0.065) | (0.066) |

续表

| Dep. = ADJ. | Misreport Stage | | | Correct Stage | | |
|---|---|---|---|---|---|---|
| | Based on sales | Based on asset | Based on client number | Based on sales | Based on asset | Based on client number |
| Opinion | | | | −0.021 | −0.020 | −0.020 |
| | | | | (0.876) | (0.880) | (0.880) |
| Fee | | | | 0.041 | 0.042 | 0.041 |
| | | | | (0.586) | (0.576) | (0.585) |
| Tenure_ Firm | | | | 0.428*** | 0.428*** | 0.428*** |
| | | | | (0.000) | (0.000) | (0.000) |
| Tenure_ CPA | 0.072 | 0.072 | 0.072 | −0.063 | −0.063 | −0.063 |
| | (0.124) | (0.124) | (0.123) | (0.245) | (0.245) | (0.245) |
| Expert_ Firm | | | | 0.051 | 0.051 | 0.051 |
| | | | | (0.504) | (0.505) | (0.508) |
| Expert_ CPA | | | | −0.106 | −0.107 | −0.106 |
| | | | | (0.298) | (0.296) | (0.301) |
| Size_ Firm | | | | −0.008 | −0.009 | −0.008 |
| | | | | (0.892) | (0.889) | (0.901) |
| Size_ CPA | | | | −0.176** | −0.178** | −0.175** |
| | | | | (0.017) | (0.016) | (0.018) |
| 年度固定效应 | 是 | 是 | 是 | 是 | 是 | 是 |
| 行业固定效应 | 是 | 是 | 是 | 是 | 是 | 是 |
| Chi−Squared | 666.52 | 668.224 | 665.711 | 666.52 | 668.224 | 665.711 |
| Prob>$\chi^2$ | 0.000 | 0.000 | 0.000 | 0.000 | 0.000 | 0.000 |
| N | 8551 | 8551 | 8551 | 8551 | 8551 | 8551 |

注：括号中的数字为 p 值，＊、＊＊、＊＊＊分别表示10%、5%和1%的显著性水平。

表4-12 报告了结果，我们感兴趣的变量是 CI，因此我们首先报告其结果。在误报阶段，我们发现 CI 的估计系数都是不显著的。因此，我们排除了经济上重要的客户吸引审计师更高程度审查，从而从一开始就准备高质量的报告的可能性，留给审计师进行调整可能性很小。在纠正阶段，我们发现 CI 的显著负系数（−0.351～−0.359，在5%或更低时均显著），表明随着客户重要性的增加，审计师不太可能调整客户的财务报告。这一发现与我们的主要结果一致。未制表的表格表明，如果将 CI 从误报模型中排除，那么纠正模型中的 CI 估计系数仍然显著

为负。

以下是其他变量的结果摘要。在 Misreport 模型中，我们发现 Leverage 有一个显著的负系数，表明杠杆较低的公司不太可能误报其财务报表。我们发现 Board-Size、BoardMeeting 和 Duality 的系数显著且为负，表明强有力的治理可以减少误报的可能性。我们还发现，Analyst 和 Big4 的系数显著为负，表明有分析师跟踪或由大型审计公司审计的公司不太可能误报其财务报告。然而，Size_ Partner 的正系数意味着由拥有更多客户的审计合伙人审计的公司更有可能误报其财务报告。我们的推测是忙碌的审计师素质相对较低，或者低素质的审计师吸引了不良客户，但我们没有提供严格的测试来支持它。

在 Correct 阶段，我们发现 Size 显著为负。较大的公司可能有更大的权力来影响他们的审计师，这一事实与该模型中 CI 的结果一致。我们发现 ROS 和杠杆的显著正系数。对于 ROS 的结果，我们认为盈利能力较好的公司允许审计人员调整其收益。根据风险导向的审计模型，较高的负债率会增加公司的财务风险，这通常会导致较高的审计风险。为了将审计风险降低到可接受的水平，审计师更有可能对负债率高的公司进行审计调整。另外，业绩不佳（亏损）的公司害怕让股东失望，因此有强烈的动机不允许审计调整。因此，审计师可以在审计师与客户谈判期间放弃审计调整。财务报告合并的复杂性与子公司的数量有关。我们发现子公司的显著负系数。子公司增加了审计风险和审计工作的难度，审计师更有可能纠正合并过程中发生的误报，以减少审计失败的可能性。我们发现 Board-Meeting 非常积极，表明更好的公司治理有助于审计师完成他们的工作（即有效的沟通）。我们发现在 Correct 阶段分析师的系数为正，表明审计师更有可能调整错报，因为任何不正确的数字都可能会被分析师发现，从而增加了法律风险。我们发现 Big4 的系数为负，表明"四大"审计师不太可能做出调整。我们无法在本书中对这一发现提供权威的解释。这可能意味着"四大"审计师的审计质量并不比中国本土审计师高。然而，这个问题并不是本研究的重点。审计师并购在该模型中具有显著性和积极性，表明审计师并购水平越高，审计质量就越高，这与我们的主要结果一致。我们在 Tenure_ Firm 上发现显著的正系数，表明较长的公司任期会增加误报被识别和报告的可能性。最后，Size_ Partner 的负系数可能意味着拥有大量客户的审计师执行的审计质量较差，但如上所述，我们没有提供直接测试来支持这一猜想。

## 六、结论

本书调查了客户重要性与审计质量之间的关系，这是一个重要但仍不明确的关系。我们的研究基于中国 A 股市场 2007~2012 年的数据。我们采用了一个变量，即审计调整，作为审计质量的代理，因为它被认为是比大多数其他代理更好的审计质量代理（Lennox、Wu and Zhang，2014），并且我们可以访问一组独特的数据来使用该变量检验我们的假设。

我们发现客户重要性与审计调整之间存在显著的负相关关系，表明随着客户重要性的增加，客户收入被调整的可能性降低。我们的研究结果表明，由于审计师独立性的下降，经济联系会损害审计质量。从经济上讲，客户重要性每增加一个单位，客户接受审计调整的可能性就会降低 1.3%。我们测试了客户重要性对向上和向下审计调整的影响，发现客户重要性与向下调整显著负相关。我们的研究结果表明，审计师会通过允许客户操纵当年收入来损害独立性。这与我们的主要结果一致。此外，继 Firth、Rui 和 Wu（2011）之后，我们采用具有部分可观察性的双变量概率模型来测试稳健性并找到类似的结果。通过使用相对较新的审计质量代理——审计调整，我们在合伙人层面调查了审计师与客户之间的经济联系，发现客户重要性损害了审计师的独立性并导致审计质量不佳。我们的研究通过使用新的衡量标准来测试客户重要性如何影响审计质量，并通过增加关于合伙人层面审计质量决定因素的新证据，为相关研究做出了贡献。

## 七、附录

（1）具体而言，经审计的财务报告与经审计的财务报告之间的差异是审计调整。审计调整有两种类型：向上调整和向下调整。向上调整是指经审计的财务报告的收益大于经审计的财务报告，而向下调整则正好相反。经审计的财务报告收益与经审计的财务报告收益相等的，不进行审计调整。

（2）我们感谢匿名审稿人建议考虑这种可能的替代方案。

（3）我们选择 2007~2012 年进行研究，以充分利用财政部提供给我们的独特数据集。

（4）因此，如果两个审计师只有重叠的公司，CI 将等于 1。

（5）这种方法是由 Poirier（1980）开发的，并被 Abowd 和 Farber（1982）应用于确定工人的工会地位。它还用于会计和金融文献，如 Fargher 和 Jiang（2008），Heitzman、Wasley 和 Zimmerman（2010），Firth、Rui 和 Wu（2011），以及 Rice 和 Weber（2012）。

（6）Misreport 模式中加入的变量过多，无法估计模型中的系数。然而，当被排除的变量单独加回时，我们的结论在性质上是相似的。

## 第五节　审计定价市场化削弱会计师
## 事务所派系控制了吗？[①]

　　一些国内事务所内部存在各种派系，对这种派系是否改善或损害事务所内部治理存在争议。每一派系是否会拥有共同的社会资本呢？各派系的大小是否意味着拥有相对应的社会资本呢？我们界定，派系越大，拥有的社会资本越多。为此，选取签字 CPA 在外共同投资入股公司划分派系，研究派系之间如何分配事务所高收费客户的审计权，检验派系对事务所的内部治理的影响。利用《国家发展改革委关于放开部分服务价格意见的通知（2014）》放开审计定价这一外生冲击场景，检验审计市场化能否削弱会计师事务所派系控制，进而提升事务所治理水平。研究发现，事务所的派系控制了高收费客户的审计业务分配，派系规模越大，其审计高收费客户的占比越高（派系每增加 1 位合伙人，高收费客户占比增加 7.92%），可见派系的存在影响了事务所的内部治理；审计定价放开后，大派系的高收费客户占比更高（相比放开前，平均增加 25%），审计定价市场化未能削弱派系控制。进一步研究发现，派系存在时间越长，越有可能审计高收费客户（平均每年增加 6.93%）；派系领袖审计的客户收费更高（高出平均收费 29.4%）。研究从客户审计权分配这一视角探讨并检验了派系影响事务所内部治理问题，部分打开了事务所内部治理的黑箱；剖析审计定价市场化对事务所内部治理的影响，为监管方加强对事务所的监管提供参考。

### 一、引言

　　2019 年资本市场的频繁"爆雷"，如康＊新因巨额财务舞弊被调查，2015～2018 年分别虚增利润 23.8 亿、30.9 亿、39.7 亿和 24.8 亿元，占账面利润的168.98%、157.36%、160.63% 和 885.71%，然而其聘任的 Y 会计师事务所[②]连续 4 年对该客户出具标准无保留审计意见。中国证监会介入调查后，该事务所当年 IPO 上市项目暂停 29 家，大量合伙人集体出走，不到 1 年就衰落至客户寥寥

---

　　① 本节来自陈宋生、李睿和张铧兮的工作论文《审计定价市场化削弱会计师事务所派系控制了吗？》。该工作论文获第二十届中国实证研讨会优秀论文奖（共三篇获奖），感谢各位评委的宝贵意见与肯定！

　　② 出于企业隐私及研究内容敏感性考虑，书中所有提及的事务所、合伙人、CPA 投资的企业等名称均采用化名或以＊代替。

无几。国内学者主要将 Y 事务所的失败归咎于其内部治理问题，如事务所内薪酬考核制度不科学、内部管理效率低下、事务所合并后的暂时困难等。还有研究认为，事务所内部治理应当关注合伙制治理形式（Morrison and Wilhelm，2008；黄琳琳和张立民，2016）、所有权结构（刘桂良和唐松莲，2005）、合伙人利润分享规则（Liu and Simmunic，2005；Lennox et al.，2020）、事务所网络与一体化治理（Hay et al.，2007；王春飞等，2016）、风险管理与质量控制（Bedard et al.，2008；王春飞和吴溪，2019）、事务所知识管理、师徒制（Sanders et al.，2009）等。这些研究得出的结论是，事务所内部治理在于构建完善的制度与治理机制。

2002 年国际"五大"会计师事务所之一安达信垮台后，相关研究开始分析该事务所审计失败原因，认为是其独立性已经受到损害（Kumar and Lim，2015），但是该所审计失败前的审计质量与其他"四大"并不存在差异（Cahan et al.，2011）。更多研究侧重关注安达信失败的经济后果，如继任事务所对原安达信的客户收取较高的审计费用（Kealey et al.，2007），以提高审计质量（Cahan and Zhang，2006），客户就安达信垮台的坏消息报告不及时（Krishnan，2005）；审计失败后，治理水平高的客户倾向换掉安达信事务所（Chen and Zhou，2007）；"客随师走"的原安达信客户因转换成本和代理收益考虑（Blouin et al.，2006），愿意支付更少的审计费用（Vermeer et al.，2008）；安然事件后安达信的客户股价更低（Cahan et al.，2009）、市场不认可审计独立性（Krishnamurthy et al.，2006）。这些研究未从内部治理视角探讨安达信审计失败原因。

可见，有关国内外事务所审计失败相关研究要么关注经济后果，要么从制度与正式规则层面分析。访谈 Y 事务所相关人员，论及所存在的最大问题是多次合并，直到审计失败后文化融合也未能完成，造成内部派系丛生。因而，探讨审计失败原因可能要基于中国情况下的差序格局（Fei，1948），从派系视角进行探讨，研究由此出发。

选取 Y 事务所 2013~2019 年签字 CPA 在外共同投资入股公司划分派系，研究派系之间如何分配事务所高收费客户的审计权，探讨事务所内部治理失效，引致 Y 事务所审计失败。同时，利用《国家发展改革委关于放开部分服务价格意见的通知（2014）》放开审计定价这一外生冲击场景，检验审计市场化能否削弱会计师事务所派系控制，进而探讨 Y 事务所是否连市场化改革也未能改善治理水平，所以 Y 事务所审计失败成为必然事件。研究发现，事务所的派系控制高收费客户审计权。派系规模越大，审计高收费客户的占比越高。派系中每增加 1 位合伙人，高收费客户占比增加 7.92%；派系在事务所中的控制权每增加 1%，由其审计的高收费客户占比增加 6.50%；派系相对其他派系的控制权每增加 1%，由其审计高收费客户的占比增加 7.10%；审计定价市场化未能削弱派系控制。审计定价放开后，大派系的高收费客户占比更高，相比放开前增加 25%。从派系及其成员的特征观察发现，派系成立时间越长，其签字 CPA 审计高收费客户可能性越大。派系存在时间每增加 1 年，平均审计收费增加 0.9%，其签字 CPA 审计大客户的可能性增加 6.93%；派系领袖更可能审计高收费客户，且收费更高。派系领袖审计高收费客户的平均可能性比非派系领袖高出 2.87 倍，平均审计比非派系领袖高出 29.4%。

可能创新点在于：一是发现中国情境下事务所审计失败的原因可能因商业文化未能及时融合，所内派系丛生，影响内部治理。二是丰富了事务所派系治理研究，基于联合投资企业的签字 CPA 利益关系划分派系，探寻派系是否控制高收费客户的审计权。已有研究基于联合审计（Bianchi，2018）、共同审计经验（廖义刚，2020）或事务所合并形成的审计师子群（曹强和胡南薇，2019）划分派系，忽视签字 CPA 之间的商业关系（PCAOB，2015）。三是以审计定价放开这一外生冲击衡量审计定价市场化，探寻市场化对派系控制的影响程度，拓展派系的组织控制理论。已有研究认为市场化能抑制派系作用发挥（Ouchi，1979），且事务所派系在组织控制中起积极作用（Gendron，2009），忽视市场化对内部治理影响的局限性。本节以审计失败的 Y 事务所为例，证明通过事务所外部关系（签字 CPA 联合投资事务所外部的企业）形成的派系难以受到市场化的影响。

**二、Y 事务所发展沿革与制度背景**

Y 事务所发展可以归为三个阶段（见图 4-2）。第一阶段（1993~2007 年）为初创期。以实施脱钩改制①及证券审计资格政策②为标志，Y 事务所原各成员从事业单位脱钩，并为获取证券审计资格而扩大规模。如中＊事务所仅拥有 6 名

---

① 《国务院办公厅关于清理整顿经济鉴证类社会中介机构的通知》（国办发〔1999〕92 号）、《关于经济鉴证类社会中介机构与政府部门实行脱钩改制的意见》（国办发〔2000〕51 号）要求所有挂靠政府部门及下属单位中经济鉴证类社会中介机构以自身名义在人员、财务、业务和名称上与挂靠单位脱钩，改组为合伙制或有限责任制。

② 《注册会计师执行证券期货相关业务许可证管理规定》（财协字〔2000〕56 号）要求申请证券资格的事务所拥有注册会计师人数从 8 人提高到 20 人以上，而注册会计师人数稀缺。一些事务所注册会计师不多，自身无法快速获取证券审计资格。

（1998 年）、8 名（1999 年）签字 CPA，与华 * 事务所合并才能达到证券审计资格审计的要求（20 名签字 CPA）；又如中恒 * 事务所因缺乏资格，客户流失严重，为保住上市公司客户，被吸收为中 * * * 信事务所。这阶段事务所通过合并快速获得证券审计资格，但因并未实施统一管理，客户仍由原事务所的人员负责，因合并而形成派系（曹强和胡南薇，2019）。例如中 * 所与华 * 所①新设合并，合并原双方事务所"平均"享有对事务所的决策控制权②。又如中 * 华所对中 * 信③吸收合并为中 * 华 * 信，双方出资比例分别为 2/3、1/3，按照原事务所规模安排事务所的股权。可见，在该政策下，因合并事务所未实现融合，产生最早的派系。

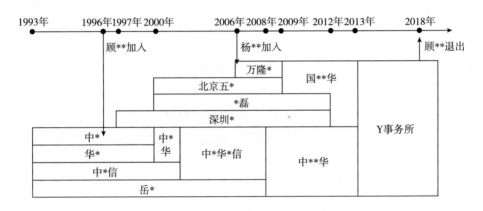

图 4-2　Y 事务所合并时序

第二阶段（2008～2012 年）：大规模合并。以实施做大做强政策④为标志，形成大规模合并潮。这一阶段各事务所已初具规模，派系融合至分所层面。事务

---

① 华 * 所脱钩改制前身是中华 * 所，1997 年"琼民源"事件后大部分 CPA 出走，中华 * 所改制为华 * 所。华 * 所被禁止半年从事证券资格审计业务，而同时中 * 所因缺少事务所证券业资格，为两所合并提供契机。

② 1999 年 10 月 29 日中 * 会计师事务所总经理顾 * * 与华 * 会计师事务所总经理杨 * * 签署《合并协议书》，约定事务所名称为"中 * 华会计师事务所"，同时保留了双方声誉的无形资产"牌子"；两所分别占股权 50%，并由双方各自确定出资人比例；董事会组成中，中 * 所担任董事长，两所各占 5 个董事会成员；管理层中，中 * 所的顾 * * 任总经理和所长，华 * 所的人员担任主任会计师，共同负责财务管理。

③ 中 * 信会计师事务所原属国家电力工业部，客户集中于电力系统，数量多、业务量大，但缺乏证券业资格，2001 年 4 月 28 日并入中 * 华事务所。

④《关于推动会计师事务所做大做强的意见》鼓励事务所走外延扩展之路，倡导事务所之间合作与国际化，力推实现 10 家本土大型事务所。

所派系在分所层面发挥作用（Gendron，2009）。与安达信强有力的总部科层控制不同，Y 事务所的中 * 华 * 信与岳 * 事务所合并，双方事务所的控制权分配已深入分所，分所管理层由收入高的一方担任①。

第三阶段（2013 年至今）：成熟期。以实施特殊普通合伙制②为标志，突破公司制 50 人股东上限，加快事务所做大规模，但所内派系更难融合。因为大型合伙制企业治理较弱（Crane et al.，2019），特殊普通合伙制基于"人合"而非"资合"，派系的力量更强。如原有限责任制下，中 * 华和国 * 华股东按出资比例行使表决权；转制后，按照"一人一票"的原则成立事务所的决策和管理机构。因此合并过程中各原事务所形成的审计师子群采取有利于自身的行为决策（曹强和胡南薇，2019），派系之间相对独立。从 Y 事务所合并过程签署的一系列协议来看，各派系均从自身利益出发。

### 三、文献回顾

1. 派系定义

派系（Clique）是指一群相互影响并分享相似兴趣的个体（Salkind，2008）。在社会学的概念中，派系是指由两个或两个以上拥有共同特征的个人组成的，这些特征使他们能够相互认同，形成一个社会网络。组内成员之间的交流和联系比组外成员之间的交流和联系更多（Tichy，1973）。每个小团体都是独立形成和运作的。同质性（Homophily）是指人们倾向于与他人建立联系，因为他们有相似的特征。同质性在当今社会也非常普遍。这个概念可以被看作派系形成的一个可能的主要原因。每个派系都是有某种形式的社会互动的网络组织（Peay，1974）。非正式派系网络是指没有合法组织结构的团体，在这种组织结构中，他们可以在较短的时间内建立和解散。一个非正式的派系可能包括一个人的朋友群体或同事，同时也可以确定其他更非正式的群体（David and Stern，1988），如事务所内某些人来自同一个小城市，因乡音相同而成立一个非正式小团队，经常在一起聚会。在组织派系中，文化是一个非常有影响的因素，因为通过文化方面的差异而建立的边界是持久的，即使成员不时发生变化。例如，语言、信仰、传统等方面的差异总是在群体之间造成明显的分离或界限，尽管群体成员在不断变化（Bar-

---

① 2007 年中 * 华 * 信和岳 * 事务所《合并框架协议》约定双方重叠分所股份各占 50%，但分所管理层由合并当年收入较高的一方担任；剩余股份再在两所间各占 50% 分配；领导岗位上岳 * 所担任董事长和总裁、中 * 华 * 信担任总经理和主任会计师。

② 特殊普通合伙制下，在执业活动中因故意或重大过失造成合伙企业债务的，仅仅少数人承担无限责任或无限连带责任，其他合伙人则仅以其在合伙企业中的财产份额为限承担责任。

th，1998）。派系通过影响群体成员的情绪、观点或行为来抑制外部社会影响（Carstensen，2016）。

本书将派系定义为事务所内部签字 CPA 之间为了某种共同利益而共同投资在某一公司为一个派系。它是签字 CPA 的社会关系，影响其业绩和晋升（Pierce and Sweeney，2005）。事务所内部治理受制于派系（Gendron and Spira，2009），所以派系是企业治理中的一种管理控制形式（Ouchi，1979）。大型会计师事务所的审计业务主要受到市场、科层与派系的影响（Dirsmith and McAllister，1982；Gendron，2001；刘梦和邓川，2017）。其中市场与科层基于正式制度，而派系作为非正式制度具有替代性（见表 4-13）。管理控制理论"输入—过程—输出"的经典模型（Merchant，1985；林斌和廖友亮，2021）认为，事后机制不完备时，企业将基于输入的事前控制机制——派系——实施对企业的控制（Simons，2000；Merchant and Vander Stede，2007；田先红和罗兴佐，2017）。

表 4-13　组织控制

| 控制模式 | 规范要求 | 信息要求 | 控制 |
| --- | --- | --- | --- |
| 市场 | 互惠 | 价格 | 输出 |
| 科层 | 互惠<br>合法 | 规则 | 过程 |
| 派系 | 互惠<br>合法<br>共同价值观和信仰 | 传统 | 输入 |

2. 派系治理

现有事务所派系治理主要从三个视角研究：

（1）事务所内部普遍存在派系。基于签字 CPA 联合审计的视角，Bianchi（2018）发现事务所派系内部存在知识及信息共享。但是，与共同审计的"审计师圈子"（廖义刚，2020）不同，派系是被共同利益驱使的小集团，更强调利益关系（Hamilton et al.，1980）。在国际"四大"，客户的签字权掌握在少数总部管理合伙人手上，实行科层控制（Gendron，2009；王春飞等，2016）；而内资大所由于多是合并而来，形成不同的审计师子群，这类派系具有维护自身利益的动机（曹强和胡南薇，2019）。

（2）派系对事务所的内部治理效果存在争议。一种观点认为，派系损害了审计质量。由于签字 CPA 会受到所属团体的商业文化的影响，损害审计质量（Beardsley et al.，2021）。派系并不会改善所在企业的治理水平，而是更支持能提升其价值的企业决策（Crane et al.，2019）。尤其在缺乏市场控制及弱科层控制下，不同派系为实现各自目标，只执行企业关心的一个子集（Prendergast，2008；魏志华等，2017），加剧事务所的治理问题（Van den Steen，2010；吴小节等，2017）。事务所的管理合伙人实施正式的科层控制，地方分所的执行合伙人施加的派系控制，这两类关系构成事务所的组织控制（Dirsmith et al.，2015）。因为派系的文化在合伙人与合伙人之间、合伙人和签字 CPA 之间的非正式交流中起信号作用：如当签字 CPA 受到上级恐吓及压力时，更可能默许上级审计经理的不道德命令，发布标准审计意见（Johnson et al.，2016）。可见，派系影响事务所内部治理，派系文化可能导致审计失败。

另一种观点认为，派系也有一定积极作用，派系内部的治理成本低。由于显性激励（如实现"五统一"的事务所管理模式）的成本很高（Falk and Kosfeld，2006；卫武和倪慧，2019），派系这种偏好联盟成为解决契约问题的一种方法（Akerlof and Kranton，2005；Prendergast，2008；郭云贵和张丽华，2016）。本土事务所中，派系凝聚有共同观念的签字 CPA，仅需要较少成本就能激励其为派系工作（Akerlof and Kranton，2005；严鸣等，2018）。

（3）应当着力解决事务所派系问题。大型事务所审计失败的原因在于事务所的治理边界问题，该边界包括科层及派系（Gendron，2009）。因此，在分析事务所派系的内部治理问题时，应关注签字 CPA 的商业主义行为（PCAOB，2015），即因利益关系结成的派系是如何控制审计业务、影响事务所治理的。

可见，事务所派系确实存在，但是对派系对事务所的内部治理是否正面或负面效果存在争议，有必要展开进一步研究。

### 四、理论分析与假设

1. 派系规模控制高收费客户审计权

派系出于利益动机愿意获得更多高收费客户的审计权。派系控制事务所高收费的客户后，每个成员都能获得更多利益（Lennox et al.，2020）。因为派系是共同利益目标的集合，派系成员分享收益。派系源于群体分化，其关系存在"差序格局"，适用不同的行为法则（费孝通，1948；Francis，1981）。事务所中，因不同动因结成的审计师之间的关系，采取不同原则和价值观，形成不同的审计行为，如联合审计的签字 CPA（Bianchi，2018）基于"责任原则"；审计师圈子（廖义刚，2020）遵循"人情原则"，派系则关注"利害原则"（李智超和罗家德，2012）。正如 PCAOB（2015）[①] 指出，"事务所内部不同的商业文化促使审计师关注其他商业机会"，形成利益派系，于派系内部分配利益（翟学伟，2004）。因而，基于联合投资外部企业的签字 CPA，形成的派系更关注收益。

从自身派系获得更多利益动机上看，事务所各派系愿意争夺客户审计权。在事务所中，合伙人及签字 CPA 收入由两个方面组成：一是承揽高收费客户获得更多"绩点"分享利润。影响"绩点"的主要因素是承揽高审计收费的客户（Lennox et al.，2020），占合伙人利润分配总绩点的 35%（Lennox et al.，2020）。二是通过完成审计项目获得收入。Y 事务所客户相对质量较低（附录 B "1"），高收费客户较少。Y 事务所内部文件《所领导薪酬分配办法》《业务人员薪酬分配办法》《管理人员薪酬分配办法》均指出，利润分配先在各部门间按照承接客户总量进行分配，然后按照完成审计项目数量进行分配。因此，Y 事务所签字 CPA 结成派系有利于分得高收费的客户，共同获取利润（附录 B "2"）。另外，与 Y 事务所合伙人访谈发现[②]，他们在外共同投资某家咨询公司，会将审计某客户中发现的适合咨询公司的业务介绍给他们自己派系的公司，这样在外咨询公司也能使他们间接获利，限于保密原则，无法获取相关数据。

从实践上看，事务所派系掌握了客户审计的分配权。根据我们与 Y 事务所某合伙人的访谈，Y 事务所（国内其他事务所也类似）都存在着各种派系，在派系（见图 4-3 中"一部"下的"派系 1、派系 2"）上面是真正承接业务的各个事业部（见图 4-3 中的"一部""二部"），事业部的管理合伙人及执行合伙人出面承接业务并签订合同协议；本着"谁承接、谁负责"的原则，事务所决策机构形式上将该客户指派给承接的事业部，总部风险控制部门收取一定与客户资产无关的固定"管理费"（一般为 10 万元），可见科层控制失效；最后，事业部内部合伙人投票将客户在派系之间分配。如图 4-3 中的"一部"，假定派系 1 有 20人在外共同投资一个企业，形成一个派系 1，而派系 2 只有 10 人，在投票分配过程中，派系 1 将能分得更多高收费的客户审计权，并安排派系 1 的签字 CPA 开展审计活动。与此相对应的是，在安达信事务所，管理合伙人拥有决策权，事务所决策机构能控制客户安排，因而派系在该所基本不存在或未发挥作用。

综上，由于派系规模影响对高收费客户审计权的控制，且派系出于利益动机

---

① 源自 PCAOB 2015 Audit Committee Dialogue，第 14 页。http：//pcaobus.org/sites/digitalpublications/audit-committee-dialogue（获取时间 2015 年 5 月 20 日）。

② 访谈中，我们签订保密协定，不透露接受访谈人姓名、部门单位及其他敏感信息，共访问过 Y 事务所三位合伙人，每位时间一小时以上，采用一对一访谈方法，根据事先准备好的提纲进行访谈，关注了派系、利益分配、审计失败原因等方面。

也有能力实施控制，据此，提出以下假设：

H4：派系规模越大，由其审计的高收费客户占比越高。

2. 审计定价放开政策下的派系控制

审计定价经历了管制与放开两个阶段。

第一阶段是审计定价管制阶段，并未抑制低价竞争。由于我国内资大所存在低价竞争问题，国家发展和改革委《会计师事务所服务收费管理办法（2010）》要求审计收费采取政府指导价，力图通过行政管制提高审计收费，提升审计质量，但未能起到明显效果（谌嘉席等，2016）。管制可能会引发定价混乱（王善平，2008；崔宏，2008；段特奇等，2013；谌嘉席等，2016），妨碍审计市场公平竞争，形成价格垄断（陈圆圆，2016）。因此，行政管制未能起到明显效果（谌嘉席等，2016）。

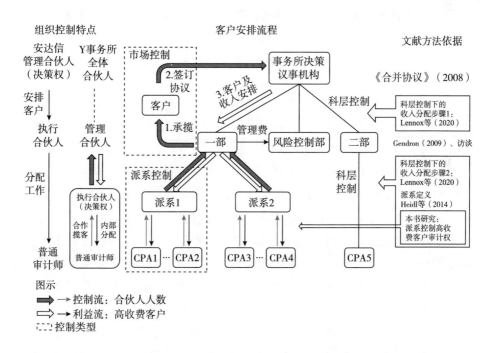

图4-3　派系控制下的客户安排流程图

第二阶段是审计定价放开阶段。根据党的十八届三中全会精神，为使市场在资源配置中起决定性作用，《国家发展改革委关于放开部分服务价格意见的通知（2014）》要求，放开审计定价，由市场决定价格，极大地推动了审计服务市场化。

一种观点认为，审计定价放开能强化市场对事务所的控制，抑制派系作用发挥（Ouchi，1979）。审计定价市场化能促进资源有效配置，进而提高客户的内部控制与事务所的审计收费（张萍与张涛涛，2015）。根据组织控制理论，当企业外部市场控制较强时，内部的派系作用受抑制（Ouchi，1980）。审计定价政策旨在使市场在资源配置中起决定性作用。市场控制在对事务所承接业务中具有影响力（Covaleski et al.，1998）。安然事件之前，会计师事务所实行市场主义激励审计工作，其薪酬计划和绩效评估支持自由市场原则（Squires et al.，2003），安达信失败的原因正是市场控制失效（Gendron，2009）。多数国家的市场化仍然影响会计师事务所（Gibbins and Jamal，2006），而市场控制失效会降低审计质量（Gendron，2009）。因此，当审计市场化后，事务所内部治理水平提高，派系控制可能被削弱。据此，提出以下假设：

H5：审计收费市场化后，派系控制越强，其高收费客户的比例越低。

有研究认为，审计定价放开对事务所存在负面影响，如不能提高审计质量（Chen，2013），如日本审计定价放开后审计质量明显下降（Kasai and Takada，2012）。我国审计价格放开后，会降低中小事务所的审计质量（陈惠朴，2017）。审计定价放开使高于收费上限和低于收费下限的客户价格更向两侧偏离（曹圆圆等，2020）。市场化对企业内部治理的影响存在局限性（夏立军和陈信元，2007）。因此，审计市场化可能不能影响派系控制，主要原因有以下两点：

其一，该政策仅仅放开审计定价，并非放开审计市场的各个方面，因此对派系的影响有限。Y事务所市场控制失效的原因在于：首先，事务所需要保证一定规模才可开展审计业务，合并其他事务所有利于快速扩张承接业务，这种合并本身并未遵循市场化规则，内部治理可能并未相应跟上。其次，审计业务需要获取政府授予的证券审计资格，这并不是市场行为，事务所只要获得资格就能承接业务，而不论审计质量是否符合市场要求。再次，政策扶持前几家大型事务所发展壮大，呈现垄断趋势，难以实现事务所的市场控制，只能更多考虑内部的科层控制。正如Y事务所首席合伙人顾＊＊（2006）指出，Y事务所的发展要更注重内部控制管理。另外，行业协会的力量也未能起效。安然事件之前，美国专业协会在事务所组织控制中无法发挥作用，使事务所内部控制更脆弱（Gendron，2009）。类似地，中注协只有注销CPA的权力，没有注销事务所的权力，对事务所的外部监管能力也不强。最后，Y事务所部分分所受外部力量影响，审计的客户多数是国企，市场化可能难以发挥作用。因此，审计定价政策的放开或许不能全方位影响Y事务所派系。

其二，市场可能无法影响 Y 事务所派系。Y 事务所的派系与安达信对客户审计权的控制力不同。安达信派系存在的目的是业务管理、降低审计成本，其执行合伙人没有事务所决策权，因而安达信的派系更多是一种地方分所文化，用于规范业务流程（Gendron，2009），受事务所内部治理影响较大。但 Y 事务所派系是分享收益的商业主义，类似多家风险投资公司联合投资同一家公司，并形成基于利益的派系（Heidl et al.，2014；赵炎和栗铮，2019），这种派系的"小世界"网络是外部性的（Watts and Strogatz，1993）。同时，不同于安达信，Y 派系的合伙人都具有投票权，因而派系能掌控事务所高收费客户的审计权。

从派系变化上看，Y 事务所各派系相对较为稳定。随着 Y 事务所在合并潮中兼并其他事务所，派系数量和规模逐渐扩大。从地理分布上看，这些派系与高收费客户的审计业务安排上存在明显关联（如 2018 年北京派对高收费客户审计权的控制占比 36.4%，北京派离开 Y 事务所后，当年 Y 事务所审计收费减少37.5%，附录 C 附表 4-4），说明派系对事务所客户审计权控制很强。合伙人集体离职并带走客户的情况也印证（附录 C 附表 4-5），派系具有极强的外部性，因 Y 事务所的派系关系稳定，可能较难受到事务所内部治理及外部市场的影响。综上，审计定价放开政策市场化可能无法影响 Y 事务所派系控制。据此，提出以下竞争性假设：

H6：审计收费市场化后，派系控制越强，其高收费客户的比例越高。

## 五、研究设计

### 1. 利益派系范围界定

依据凝聚子群分析法，"n-派系"指派系的成员之间捷径距离不超过 n。其中，n 代表派系内成员间距离。如图 4-4 所示，当两名成员 A 和 D 之间直接熟知时，他们之间的最短关系为直接相连的 1 条线，此时 n=1；当 A 和 C 的最短路径至少须通过一名成员 B（或 D）才能相互认识时，其路径为 A—B—C（或 A—D—C），此时 n=2；当 A 和 D 之间最短路径须通过 2 名成员 B 和 C 才能互相认识时，其路径为 A—B—C—D，此时 n=3……本书依据该分析法划定派系范围。当 n=1 时，所有成员之间直接相连（距离为 1）；当 n=2 时，成员之间或者直接相连，或者通过一个共同邻点间接相连（距离为 2）。

若将过宽关系网络界定为派系，派系成员间因过于分散，将难以发现派系的行为特征（Balasundaram et al.，2011），如当 n>2 时，很难给予社会学的解释（刘军，2004）。取 n=1 的原因是，Y 事务所的 CPA 在外共同投资私有企业时，作为同一家公司的股东，这些公司股东人数较少（大多不超过 50 人）。且合伙企业中每增加 1 名合伙人股东，需经过所有合伙人股东同意（《合伙企业法》第 43 条）。因此，有理由相信公司中每一位股东之间都存在直接关系（即距离为 1），选取 n=1 定义为"1-派系"。选择共同投资作为派系利益共同体的原因是，Heidl 等（2014）、赵炎和栗铮（2019）等诸多研究均将共同投资同一家公司的成员认定为派系成员，故本书也将共同投资的 CPA 认定为同一派系成员。综上，本节中的派系指 Y 事务所共同投资同一家企业的签字 CPA 的集合，派系内的所有成员之间都存在距离 n=1 的直接关系。

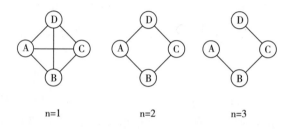

**图 4-4 "n-派系"的类型**

2. 样本数据

Y 事务所 CPA 派系成员数据：通过国家企业信用信息公示系统（National Enterprise Credit Information Publicity System，NECIPS）获取 2013~2019 年 Y 事务所签字 CPA 在外投资企业情况，手工收集这些企业成立时间、每年资本金额、Y 事务所 CPA 在这些公司中的持股比例、担任职务等数据。其他数据源自 CSMAR 数据库，由于 Y 事务所成立于 2013 年，且 2020 年客户数量仅有 1 家，因此选取研究样本期间为 2013~2019 年。因此，本节样本为 Y 事务所审计的上市公司客户，共计年度—公司样本观测值 1993 个。

3. 变量定义与模型

（1）变量定义。自变量——派系规模：根据 Y 事务所决策和管理文件"一人一票"的设定，决议须经过 2/3 以上合伙人投票方可实施。因此以派系内合伙人人数（CLIQUE）衡量派系规模，代表派系对高收费客户审计权的控制，同时参考 Goodwin 和 Wu（2015）采取相对数的方法，同时采用派系内合伙人占比的相对数指标（CLIQUE_ ratio1、CLIQUE_ ratio2）衡量派系规模，保证研究稳健性。一家上市公司由 2 名签字 CPA 构成，在 Y 事务所中，一般不同派系的 CPA 共同合作审计情况非常少见（见附录 A 附表 4-1），因此剔除这些极少数的样本。两名签字 CPA 中若有 1 名无派系，则以另一位有派系的 CPA 所在派系衡量。对于 2 位签字 CPA 均没有派系的样本，考虑这 2 位签字 CPA 是否是合伙人[①]。

因变量——高收费客户：参考 Hansen 等（2021）划分审计收费高低的方法，将审计收费高于 Y 事务所当年同行业均值的客户认定为高收费客户（LCLIENT），以派系中高收费客户数量占该派系所有客户数量的比例衡量高收费客户的比例（LCLIENT_ ratio），稳健性检验中使用 Logit 模型回归。

控制变量及其他变量具体定义如表 4-14 所示。

表 4-14　变量定义

| 变量类型 | 变量名 | 变量符号 | 变量说明 | 参考文献 |
|---|---|---|---|---|
| 因变量 | 高收费客户 | LCLIENT_ ratio | 派系中高收费客户数量占该派系所有客户数量的比例 | Hansen 等（2021） |
| | | LCLIENT | 客户审计收费高于当年同行业均值取 1；否则为 0 | Hansen 等（2021） |
| | | LNFEE | 客户审计收费的自然对数 | Hansen 等（2021） |
| 自变量 | 派系规模 | CLIQUE | 属于某一派系的合伙人人数 | Goodwin 和 Wu（2015） |
| | | CLIQUE_ ratio1 | 属于某一派系的合伙人人数占事务所合伙人总人数的比例 | Goodwin 和 Wu（2015） |
| | | CLIQUE_ ratio2 | 属于某一派系的合伙人人数占有归属派系合伙人总人数的比例 | Goodwin 和 Wu（2015） |
| | 派系领袖 | CLIQUE_ leader | 客户是否由派系领袖（派系投资公司中担任董事长或总经理）审计 | Goodwin 和 Wu（2015） |
| | 派系成立时间 | CLIQUE_ year | 派系成立的年数（派系投资的私有企业创立的年数） | Goodwin 和 Wu（2015） |
| 控制变量 | 资产负债率 | LEV | 负债总额除以总资产 | Choi 等（2010） |
| | 资产回报率 | ROA | 净利润除以总资产 | Choi 等（2010） |
| | 公司规模 | LNASSET | 总资产自然对数 | Fan 和 Wong（2005） |
| | 存货比率 | INVENT | 存货金额除以总资产 | Fan 和 Wong（2005） |
| | 流动比率 | CURRENT | 流动资产金额除以总资产 | Fan 和 Wong（2005） |
| | 审计意见 | OPINION | 标准无保留意见取 0，否则为 1 | Choi 等（2010） |
| | 盈余质量 | EQ | 根据 Jones（1991）模型计算的操控性应计利润的绝对值 | Choi 等（2010） |

---

①　CLIQUE_ ratio1＝2 位签字 CPA 是合伙人的人数/事务所合伙人总人数；CLIQUE_ ratio2＝2 位签字 CPA 是合伙人的人数/有归属派系合伙人总人数。

| 变量类型 | 变量名 | 变量符号 | 变量说明 | 参考文献 |
|---|---|---|---|---|
| | 盈利情况 | LOSS | 净利润为负取 1，否则为 0 | Choi 等（2010） |
| | 产权性质 | SOE | 国有企业取 1，否则为 0 | 李越冬等（2014） |
| | 独立董事比例 | INDP | 独立董事人数占董事会人数比例 | Carcello 等（2002） |
| 控制变量 | 两职合一 | DUAL | 董事长兼任总经理取 1，否则为 0 | 宋衍蕻（2011） |
| | 年份 | YEAR | 年份哑变量 | Fan 和 Wong（2005） |
| | 行业 | INDUSTRY | 行业哑变量，依证监会（2012）行业标准大类分类，制造业分小类 | 李越冬等（2014） |

（2）模型设定。借鉴 Choi 等（2010）的审计收费模型，考虑流动资产（Fan and Wong，2005）、董事会特征（Carcello et al.，2002）、国企、两职合一（李越冬等，2014；宋衍蕻，2011）并加以控制。设计式（4-5）验证假设 H1、设计式（4-6）验证假设 H2。参考 Goodwin 和 Wu（2015）采取相对数的方法，将模型中 CLIQUE 替换为 CLIQUE_ ratio1、CLIQUE_ ratio2 这两种相对数指标分别再次回归，保证结果稳健性。

$$LCLIENT\_ ratio = \alpha_0 + \alpha_1 CLIQUE + \sum CONTROLS + YEAR + INDUSTRY + \varepsilon$$

$$(4-5)$$

$$LCLIENT\_ ratio = \gamma_0 + \gamma_1 CLIQUE + \gamma_2 CLIQUE \times POST + \gamma_3 POST + \sum CONTROLS +$$
$$YEAR + INDUSTRY + \mu \qquad (4-6)$$

### 六、实证结果

1. 描述性统计

从派系对全部客户的控制情况看（见表 4-15 中 Panel A），由单一派系完全控制的客户占比在事务所刚合并时较高，为 13.64%、12.68%，2016 年 Y 事务所开始频繁受到处罚，部分合伙人逐渐离开，频繁的人事变动加上声誉受损，派系对客户的控制逐渐减弱。

### 表 4-15　描述性统计

| Panel A：由单一派系完全控制的客户年度分布 | | | | | | | | |
|---|---|---|---|---|---|---|---|---|
| 年份 | 2013 | 2014 | 2015 | 2016 | 2017 | 2018 | 2019 | 合计 |
| 单一派系完全控制的客户数量 | 45 | 43 | 19 | 13 | 20 | 14 | 2 | 156 |

续表

| Panel A：由单一派系完全控制的客户年度分布 | | | | | | | | |
|---|---|---|---|---|---|---|---|---|
| 年份 | 2013 | 2014 | 2015 | 2016 | 2017 | 2018 | 2019 | 合计 |
| 非单一派系完全控制的客户数量 | 285 | 296 | 334 | 320 | 285 | 292 | 25 | 1837 |
| 派系完全控制的客户占比（%） | 13.64 | 12.68 | 5.38 | 3.90 | 6.56 | 4.58 | 7.41 | 7.83 |

| Panel B：主要变量描述性统计（N=1993） | | | | | | | | | | |
|---|---|---|---|---|---|---|---|---|---|---|
| | Min | 25<br>分位数 | 中位数 | 75<br>分位数 | Max | 标准差 | 均值 | 派系组<br>(n=156) | 非派系组<br>(n=1837) | t-test |
| LCLIENT_ ratio | 0 | 0.349 | 0.365 | 0.368 | 1 | 0.086 | 0.360 | 0.404 | 0.357 | 0.05*** |
| CLIQUE | 0 | 0 | 0 | 0 | 61 | 9.507 | 2.101 | 26.850 | 0 | 26.85*** |
| CLIQUE_ ratio1 | 0.003 | 0.003 | 0.003 | 0.003 | 0.200 | 0.029 | 0.009 | 0.0832 | 0.003 | 0.08*** |
| CLIQUE_ ratio2 | 0.005 | 0.005 | 0.006 | 0.007 | 0.364 | 0.053 | 0.018 | 0.154 | 0.006 | 0.15*** |
| LEV | 0.021 | 0.279 | 0.439 | 0.619 | 3.919 | 0.239 | 0.454 | 0.468 | 0.452 | 0.02 |
| ROA | −4.946 | 0.012 | 0.033 | 0.065 | 10.401 | 0.270 | 0.035 | 0.0378 | 0.0352 | 0.00 |
| LNASSET | 17.641 | 21.316 | 22.058 | 23.047 | 27.667 | 1.297 | 22.238 | 22.370 | 22.230 | 0.17*** |
| INVENT | 0 | 0.050 | 0.097 | 0.167 | 0.904 | 0.156 | 0.142 | 0.169 | 0.139 | 0.03** |
| CURRENT | 0 | 0.398 | 0.565 | 0.719 | 0.991 | 0.214 | 0.550 | 0.571 | 0.549 | 0.02 |
| OPINION | 0 | 0 | 0 | 0 | 1 | 0.116 | 0.014 | 0.0321 | 0.0120 | 0.02 |
| EQ | 0 | 0.023 | 0.051 | 0.103 | 11.314 | 0.352 | 0.097 | 0.0858 | 0.0980 | −0.02*** |
| LOSS | 0 | 0 | 0 | 0 | 1 | 0.309 | 0.107 | 0.122 | 0.106 | 0.02 |
| SOE | 0 | 0 | 0 | 1 | 1 | 0.496 | 0.433 | 0.506 | 0.427 | 0.08 |
| INDP | 0.200 | 0.333 | 0.364 | 0.429 | 0.625 | 0.052 | 0.373 | 0.372 | 0.373 | −0.01** |
| DUAL | 0 | 0 | 0 | 1 | 1 | 0.441 | 0.265 | 0.276 | 0.264 | −0.02 |

注：t值差异是指加入派系与未加入派系的签字CPA组间差异，***、**、*分别表示在1%、5%、10%水平上
显著。

描述性统计（见表4-15中Panel B）显示，派系高收费客户比例显著较高
（系数差异0.047），说明派系更能分配到高收费的大客户。Y事务所派系之间差
别较大，最大的派系有61位合伙人，标准差为9.507。最大的派系中合伙人占比
达到Y事务所所有合伙人人数的20%，说明派系现象明显。由派系审计的客户
总资产显著较高（系数差异为0.17），说明派系控制高收费客户审计权。相关性
分析（见表4-16）显示，派系规模与高收费客户比例正相关（系数分别为
0.292、0.275、0.303）。

表 4-16　相关性分析

| 变量 | (1) | (2) | (3) | (4) | (5) | (6) | (7) | (8) | (9) | (10) | (11) | (12) | (13) | (14) | (15) |
|---|---|---|---|---|---|---|---|---|---|---|---|---|---|---|---|
| (1) LCLIENT_ratio | 1.000 | | | | | | | | | | | | | | |
| (2) CLIQUE | 0.292*** | 1.000 | | | | | | | | | | | | | |
| (3) CLIQUE_ratio1 | 0.275*** | 0.998*** | 1.000 | | | | | | | | | | | | |
| (4) CLIQUE_ratio2 | 0.303*** | 0.997*** | 0.992*** | 1.000 | | | | | | | | | | | |
| (5) LEV | -0.002 | 0.026 | 0.024 | 0.027 | 1.000 | | | | | | | | | | |
| (6) ROA | 0.011 | 0.006 | 0.007 | 0.006 | -0.201*** | 1.000 | | | | | | | | | |
| (7) LNASSET | 0.061*** | 0.033 | 0.028 | 0.038* | 0.422*** | -0.036* | 1.000 | | | | | | | | |
| (8) INVENT | -0.023 | 0.035 | 0.035 | 0.031 | 0.266*** | -0.026 | 0.158*** | 1.000 | | | | | | | |
| (9) CURRENT | 0.006 | 0.067*** | 0.069*** | 0.062*** | -0.100*** | 0.073*** | -0.166*** | 0.501*** | 1.000 | | | | | | |
| (10) OPINION | 0.044** | -0.004 | -0.005 | -0.004 | 0.120*** | -0.115*** | -0.013 | -0.007 | -0.003 | 1.000 | | | | | |
| (11) EQ | 0.000 | -0.004 | -0.002 | -0.005 | 0.100*** | 0.467*** | -0.052* | 0.025 | 0.041* | 0.016 | 1.000 | | | | |
| (12) LOSS | -0.010 | -0.033 | -0.035 | -0.036 | 0.252*** | -0.211*** | -0.063*** | 0.011 | -0.079*** | 0.198*** | 0.023 | 1.000 | | | |
| (13) SOE | 0.032 | 0.007 | 0.006 | 0.010 | 0.248*** | -0.028 | 0.364*** | 0.105*** | -0.164*** | -0.038* | -0.043* | 0.047* | 1.000 | | |
| (14) INDP | -0.003 | -0.024 | -0.024 | -0.025 | 0.013 | -0.018 | 0.021 | 0.007 | 0.034 | 0.022 | -0.028 | 0.029 | -0.079*** | 1.000 | |
| (15) DUAL | 0.051** | 0.015 | 0.015 | 0.014 | -0.078*** | -0.015 | -0.159*** | -0.013 | 0.104*** | 0.028 | 0.018 | -0.024 | -0.392*** | 0.168*** | 1.000 |

注：***、**、*分别表示在1%、5%、10%水平上双尾显著。

**2. 派系规模与高收费客户**

以派系内合伙人人数及占比衡量派系规模，采用 OLS 回归检验 H1。回归结果显示（见表 4-17），CLIQUE、CLIQUE_ ratio1 和 CLIQUE_ ratio2 与 LCLI-ENT_ ratio 显著正相关（系数分别为 0.003、0.810 和 0.482，t 值分别为 13.04、12.36 和 13.68），说明某一派系规模越大，该派系审计的高收费客户占比越高。派系每增加 1 位合伙人，派系审计高收费客户的比例增加 7.92%，派系在事务所控制权每增加 1%，审计高收费客户比例增加 6.50%；派系相对其他派系的控制权增加 1%，审计高收费客户的比例增加 7.10%[①]。因此，派系规模越大，越能审计更多高收费客户，验证假设 H1。

表 4-17　派系规模与高收费客户（基准回归）

| VARIABLES | H1 | | | H2 | | |
|---|---|---|---|---|---|---|
| | （1） | （2） | （3） | （4） | （5） | （6） |
| | LCLIENT_ ratio | | | | | |
| CLIQUE | 0.003 *** | | | 0.001 *** | | |
| | (13.04) | | | (3.67) | | |
| CLIQUE_ ratio1 | | 0.810 *** | | | 0.306 *** | |
| | | (12.36) | | | (3.84) | |
| CLIQUE_ ratio2 | | | 0.482 *** | | | 0.184 *** |
| | | | (13.68) | | | (3.91) |
| CLIQUE×POST | | | | 0.004 *** | | |
| | | | | (10.39) | | |
| CLIQUE_ ratio1×POST | | | | | 1.341 *** | |
| | | | | | (10.52) | |
| CLIQUE_ ratio2×POST | | | | | | 0.626 *** |
| | | | | | | (9.35) |
| POST | | | | −0.132 *** | −0.149 *** | −0.143 *** |
| | | | | (−5.46) | (−6.10) | (−5.89) |
| LEV | −0.014 | −0.014 | −0.014 | −0.015 | −0.015 | −0.015 |
| | (−1.38) | (−1.37) | (−1.39) | (−1.48) | (−1.48) | (−1.49) |

---

① 计算过程：0.003×9.507/0.360 = 7.92%；0.810×0.0289/0.360 = 6.50%；0.482×0.0530/0.360 = 7.10%。

续表

| VARIABLES | H1 | | | H2 | | |
|---|---|---|---|---|---|---|
| | （1） | （2） | （3） | （4） | （5） | （6） |
| | LCLIENT_ ratio | | | | | |
| ROA | 0. 005 | 0. 005 | 0. 005 | 0. 005 | 0. 005 | 0. 005 |
| | (0. 66) | (0. 67) | (0. 65) | (0. 59) | (0. 60) | (0. 58) |
| LNASSET | 0. 007 *** | 0. 007 *** | 0. 007 *** | 0. 007 *** | 0. 007 *** | 0. 007 *** |
| | (4. 05) | (4. 09) | (4. 03) | (4. 01) | (4. 05) | (4. 00) |
| INVENT | −0. 020 | −0. 021 | −0. 020 | −0. 018 | −0. 018 | −0. 018 |
| | (−1. 03) | (−1. 05) | (−0. 99) | (−0. 95) | (−0. 95) | (−0. 95) |
| CURRENT | 0. 001 | 0. 001 | 0. 001 | 0. 004 | 0. 003 | 0. 004 |
| | (0. 06) | (0. 06) | (0. 06) | (0. 29) | (0. 27) | (0. 29) |
| OPINION | 0. 040 ** | 0. 041 ** | 0. 041 ** | 0. 040 ** | 0. 040 ** | 0. 040 ** |
| | (2. 40) | (2. 41) | (2. 43) | (2. 44) | (2. 45) | (2. 46) |
| EQ | 0. 002 | 0. 002 | 0. 002 | 0. 002 | 0. 002 | 0. 002 |
| | (0. 33) | (0. 32) | (0. 33) | (0. 25) | (0. 25) | (0. 26) |
| LOSS | 0. 002 | 0. 002 | 0. 002 | 0. 002 | 0. 002 | 0. 002 |
| | (0. 30) | (0. 30) | (0. 33) | (0. 32) | (0. 32) | (0. 34) |
| SOE | 0. 010 ** | 0. 010 ** | 0. 010 ** | 0. 009 ** | 0. 010 ** | 0. 009 ** |
| | (2. 19) | (2. 20) | (2. 17) | (2. 08) | (2. 10) | (2. 05) |
| INDP | −0. 014 | −0. 015 | −0. 012 | −0. 008 | −0. 008 | −0. 008 |
| | (−0. 37) | (−0. 40) | (−0. 33) | (−0. 21) | (−0. 22) | (−0. 21) |
| DUAL | 0. 014 *** | 0. 014 *** | 0. 014 *** | 0. 014 *** | 0. 014 *** | 0. 014 *** |
| | (2. 90) | (2. 93) | (2. 92) | (3. 07) | (3. 09) | (3. 09) |
| Constant | 0. 191 *** | 0. 186 *** | 0. 189 *** | 0. 198 *** | 0. 195 *** | 0. 197 *** |
| | (4. 55) | (4. 42) | (4. 54) | (4. 85) | (4. 75) | (4. 82) |
| YEAR | YES | YES | YES | YES | YES | YES |
| INDUSTRY | YES | YES | YES | YES | YES | YES |
| Observations | 1993 | 1993 | 1993 | 1993 | 1993 | 1993 |
| Adj R$^2$ | 14. 13% | 13. 40% | 14. 84% | 18. 75% | 18. 16% | 18. 57% |

注：括号内为 t 值，*** 、** 、* 分别表示在 1%、5%、10% 水平上显著。

3. 审计定价放开的冲击

以 POST = 1 衡量 2014 年以后放开审计定价。结果显示（见表 4 − 17），

CLIQUE×POST、CLIQUE_ ratio1×POST、CLIQUE_ ratio2×POST 与 LCLIENT_ ratio 显著正相关（系数分别为 0. 004、1. 341 和 0. 626，t 值分别为 10. 39、10. 52 和 9. 35）。说明审计定价放开后，派系规模越大，审计高收费客户的比例增加更多。因此，审计定价放开未能动摇派系控制，验证了假设 H2b。

### 七、进一步分析

#### 1. 派系领袖与高收费客户

根据高阶梯队理论，管理层及团队领导个人影响整个团队。事务所中签字 CPA 团队也存在领导者或领袖。如国内本土事务所采取一个审计项目配备"1 位合伙人、审计经理、若干签字 CPA"的团队，在利益分配时，派系领袖有可能给自己安排更高收费的客户。以签字 CPA 在派系投资的私有企业中担任董事长或总经理职务，定义该签字 CPA 为派系领袖（CLIQUE_ leader）。检验派系领袖能否审计更高收费的客户。表 4-18 结果显示，CLIQUE_ leader 与 LCLIENT 和 LN-FEE 正相关（系数分别为 1. 354 和 0. 294，t 值分别为 3. 82 和 5. 33），说明当签字 CPA 为派系领袖时，更可能审计高收费的客户（平均可能性比非派系领袖高出 2. 87 倍），审计收费更高（平均比非派系领袖高 29. 4%）[①]。

表 4-18　派系领袖、派系成立时间与高收费客户

| VARIABLES | (1) | (2) | (3) | (4) |
| --- | --- | --- | --- | --- |
| | LCLIENT | LNFEE | LCLIENT | LNFEE |
| CLIQUE_ leader | 1. 354*** | 0. 294*** | | |
| | (3. 82) | (5. 33) | | |
| CLIQUE_ year | | | 0. 067** | 0. 009* |
| | | | (2. 09) | (1. 76) |
| LEV | −0. 053 | 0. 102** | 0. 034 | 0. 108** |
| | (−0. 13) | (2. 02) | (0. 09) | (2. 11) |
| ROA | −3. 679*** | 0. 028 | −3. 483*** | 0. 033 |
| | (−3. 72) | (0. 69) | (−3. 49) | (0. 81) |
| LNASSET | 1. 743*** | 0. 391*** | 1. 727*** | 0. 391*** |
| | (18. 91) | (43. 12) | (18. 82) | (42. 79) |
| INVENT | 0. 391 | −0. 185* | 0. 448 | −0. 174* |
| | (0. 57) | (−1. 86) | (0. 65) | (−1. 75) |

---

① 计算过程：0. 294×1＝29. 4%；EXP（1. 354）−1＝2. 87。

续表

| VARIABLES | (1) | (2) | (3) | (4) |
|---|---|---|---|---|
| | LCLIENT | LNFEE | LCLIENT | LNFEE |
| CURRENT | -0.676 | -0.161** | -0.685 | -0.159** |
| | (-1.55) | (-2.56) | (-1.58) | (-2.52) |
| OPINION | 1.004* | 0.156* | 1.135** | 0.180** |
| | (1.79) | (1.85) | (2.00) | (2.13) |
| EQ | -1.065** | -0.008 | -1.043** | -0.008 |
| | (-2.05) | (-0.25) | (-1.99) | (-0.25) |
| LOSS | -0.361 | 0.088*** | -0.359 | 0.085** |
| | (-1.38) | (2.67) | (-1.38) | (2.57) |
| SOE | -0.827*** | -0.193*** | -0.769*** | -0.184*** |
| | (-5.20) | (-8.27) | (-4.86) | (-7.79) |
| INDP | 1.047 | -0.156 | 1.586 | -0.073 |
| | (0.81) | (-0.84) | (1.23) | (-0.39) |
| DUAL | -0.017 | 0.027 | -0.023 | 0.030 |
| | (-0.11) | (1.15) | (-0.15) | (1.24) |
| Constant | -37.177*** | 5.120*** | -37.218*** | 5.085*** |
| | (-18.45) | (24.51) | (-18.39) | (24.14) |
| YEAR | YES | YES | YES | YES |
| INDUSTRY | YES | YES | YES | YES |
| Observations | 1993 | 1993 | 1993 | 1993 |
| Adj/Pseudo $R^2$ | 33.33% | 60.70% | 32.92% | 60.17% |

注：括号内为 t 值或 z 值，***、**、*分别表示在 1%、5%、10%水平上显著。

2. 派系成立时间与高收费客户

派系的数目、时间趋势与工作环境和组织氛围有关（Macy and Willer，2002）。企业内派系成立越早，就越早团结成一体（张佳音和罗家德，2007）。由于成员间长时间且频繁的社会交换降低彼此交易成本，因此倾向于和派系内部成员合作（Williamson，1996；Granovetter，1992）。派系成立时间越早，越可能审计更高收费客户。Y 事务所分所管理层由合并时收入较高的一方担任，后诞生的派系难以进入管理层并获得权力。此外，派系成立越早，派系内成员间关系越紧密，越能通力合作。团体中相对自主性较低的成员害怕从关系中被挤出，表现更加遵循规矩（White，1981；Leifer，1985）。老派系降低了事务所内部的结构自主性，即新进入派系替代原派系的速率低（Hannan and Freeman，1989）。

以派系签字 CPA 共同投资的私有企业成立时间衡量派系成立时间（CLIQUE_ year），检验派系成立时间与审计高收费客户的关系。回归结果显示，CLIQUE_ year 与 LCLIENT、LNFEE 显著正相关（系数分别为 0.067 和 0.009，t 值分别为 2.09 和 1.76），说明派系成立时间越长，审计高收费客户的可能性越大。派系存在时间每增加 1 年，平均审计收费增加 0.9%，审计大客户的可能性增加 6.93%[①]。

### 八、稳健性检验

1. 更换回归模型：Logistic 回归

为保证回归结果稳健性，采用式（4-7）的 Logistic 回归，式中的 CLIQUE 是指分别采用 CLIQUE、CLIQUE_ ratio1、CLIQUE_ ratio2 三种变量回归。

$$\text{Prob}（\text{LCLIENT}=1）=\beta_0+\beta_1 \text{CLIQUE}+\sum \text{CONTROLS}+\text{YEAR}+\text{INDUSTRY}+\theta$$

$$(4-7)$$

表 4-19 显示，CLIQUE、CLIQUE_ ratio1 和 CLIQUE_ ratio2 与 LCLIENT 正相关（系数分别为 0.013、4.179 和 2.455、z 值分别为 2.02、1.98 和 2.09），说明派系规模越大，该派系的客户更可能是高收费客户，再次验证原假设。

表 4-19　派系规模与高收费客户（Logistic 及 PSM 样本回归）

| VARIABLES | Logistic 回归 | | | PSM 样本回归 | | |
|---|---|---|---|---|---|---|
| | (1) | (2) | (3) | (4) | (5) | (6) |
| | LCLIENT | LCLIENT | LCLIENT | LCLIENT_ ratio | LCLIENT_ ratio | LCLIENT_ ratio |
| CLIQUE | 0.013** | | | 0.002*** | | |
| | (2.02) | | | (4.08) | | |
| CLIQUE_ ratio1 | | 4.179** | | | 0.645*** | |
| | | (1.98) | | | (3.76) | |
| CLIQUE_ ratio2 | | | 2.455** | | | 0.408*** |
| | | | (2.09) | | | (4.31) |
| LEV | 0.009 | 0.009 | 0.010 | -0.095** | -0.097** | -0.094** |
| | (0.02) | (0.02) | (0.02) | (-2.29) | (-2.31) | (-2.28) |

---

① 计算过程：0.009×1=0.9%；EXP（0.067）-1=6.93%。

| VARIABLES | Logistic 回归 | | | PSM 样本回归 | | |
|---|---|---|---|---|---|---|
| | (1) | (2) | (3) | (4) | (5) | (6) |
| | LCLIENT | LCLIENT | LCLIENT | LCLIENT_ ratio | LCLIENT_ ratio | LCLIENT_ ratio |
| ROA | −3.556*** | −3.555*** | −3.556*** | 0.072 | 0.076 | 0.070 |
| | (−3.62) | (−3.62) | (−3.62) | (0.51) | (0.54) | (0.50) |
| LNASSET | 1.722*** | 1.722*** | 1.722*** | 0.010 | 0.010 | 0.010 |
| | (18.81) | (18.81) | (18.80) | (1.47) | (1.48) | (1.44) |
| INVENT | 0.481 | 0.478 | 0.485 | 0.040 | 0.042 | 0.039 |
| | (0.71) | (0.70) | (0.71) | (0.48) | (0.50) | (0.47) |
| CURRENT | −0.710 | −0.710 | −0.710 | −0.026 | −0.027 | −0.025 |
| | (−1.63) | (−1.63) | (−1.63) | (−0.61) | (−0.63) | (−0.59) |
| OPINION | 1.134** | 1.137** | 1.135** | 0.085* | 0.086* | 0.085* |
| | (2.02) | (2.02) | (2.02) | (1.73) | (1.74) | (1.74) |
| EQ | −1.034** | −1.034** | −1.034** | −0.002 | −0.002 | −0.001 |
| | (−1.99) | (−1.99) | (−1.99) | (−0.05) | (−0.06) | (−0.04) |
| LOSS | −0.362 | −0.362 | −0.361 | 0.014 | 0.014 | 0.014 |
| | (−1.39) | (−1.39) | (−1.39) | (0.55) | (0.55) | (0.55) |
| SOE | −0.788*** | −0.788*** | −0.788*** | 0.002 | 0.002 | 0.002 |
| | (−4.99) | (−4.99) | (−4.99) | (0.12) | (0.13) | (0.14) |
| INDP | 1.559 | 1.558 | 1.561 | 0.344** | 0.345** | 0.343** |
| | (1.21) | (1.21) | (1.22) | (2.49) | (2.49) | (2.49) |
| DUAL | −0.006 | −0.005 | −0.006 | 0.028 | 0.028 | 0.028 |
| | (−0.04) | (−0.03) | (−0.04) | (1.57) | (1.59) | (1.56) |
| Constant | −36.956*** | −36.975*** | −36.965*** | 0.036 | 0.030 | 0.037 |
| | (−18.37) | (−18.38) | (−18.37) | (0.23) | (0.19) | (0.24) |
| YEAR | YES | YES | YES | YES | YES | YES |
| INDUSTRY | YES | YES | YES | YES | YES | YES |
| Observations | 1993 | 1993 | 1993 | 339 | 339 | 339 |
| Pseudo/Adj $R^2$ | 32.91% | 32.90% | 32.92% | 14.93% | 14.22% | 15.47% |

注：括号内为 z 值或 t 值，***、**、*分别表示在1%、5%、10%水平上显著。

## 2. 缓解观测误差：PSM

由于派系审计的样本和非派系审计的样本可能存在观测误差，采取倾向得分匹配法并再次回归。根据总资产、年份和行业 1：1 配对，检验原假设的稳健性。结果显示，CLIQUE、CLIQUE\_ ratio1 和 CLIQUE\_ ratio2 与 LCLIENT\_ ratio 显著正相关（系数分别为 0.002、0.645 和 0.408，t 值分别为 4.08、3.76 和 4.31），与主回归结果基本一致，再次验证原假设，即派系规模越大，审计的高收费客户占比越高，结论具有稳健性。

3. 处理遗漏变量：Heckman 二阶段回归

为处理可能存在的遗漏变量问题，选取工具变量Ⅳ进行二阶段回归。选择的工具变量是派系签字 CPA 联合投资私有企业的期末总资本的自然对数。选取该变量的原因是，签字 CPA 联合投资的私有企业是划分派系的依据，且一般规模越大的派系，其 CPA 在外投资的私有企业总资本越高，因此Ⅳ与 CLIQUE、CLIQUE\_ ratio1、CLIQUE\_ ratio2 高度相关。同时，该工具变量是事务所外的企业指标，属于外生变量，无法影响事务所分配高收费客户的决策。

表 4-20 显示，一阶段 IV 与 CLIQUE、CLIQUE\_ ratio1、CLIQUE\_ ratio2 显著正相关（系数分别为 1.868、0.006、0.010，t 值分别为 56.18、53.75、55.27），拟合值较高（分别为 66.01%、64.30%、65.07%），说明选取工具变量合适。二阶段 CLIQUE、CLIQUE\_ ratio1、CLIQUE\_ ratio2 与 LCLIENT\_ ratio 显著正相关（系数分别为 0.002、0.730、0.391，t 值分别为 8.83、8.80、8.86），说明在考虑可能遗漏变量后，回归结果依然稳健。

表 4-20　Heckman 二阶段回归

| 变量 | (1) | | (2) | | (3) | |
|---|---|---|---|---|---|---|
| | 一阶段 | 二阶段 | 一阶段 | 二阶段 | 一阶段 | 二阶段 |
| | CLIQUE | LCLIENT\_ ratio | CLIQUE\_ ratio1 | LCLIENT\_ ratio | CLIQUE\_ ratio2 | LCLIENT\_ ratio |
| IV | 1. 868 *** | | 0. 006 *** | | 0. 010 *** | |
| | (56. 18) | | (53. 75) | | (55. 27) | |
| CLIQUE | | 0. 002 *** | | | | |
| | | (8. 83) | | | | |
| CLIQUE\_ ratio1 | | | | 0. 730 *** | | |
| | | | | (8. 80) | | |
| CLIQUE\_ ratio2 | | | | | | 0. 391 *** |
| | | | | | | (8. 86) |
| LEV | 0. 292 | −0. 014 | 0. 001 | −0. 014 | 0. 002 | −0. 014 |
| | (0. 40) | (−1. 42) | (0. 35) | (−1. 41) | (0. 46) | (−1. 43) |

续表

| 变量 | (1) | | (2) | | (3) | |
|---|---|---|---|---|---|---|
| | 一阶段 | 二阶段 | 一阶段 | 二阶段 | 一阶段 | 二阶段 |
| | CLIQUE | LCLIENT_ ratio | CLIQUE_ ratio1 | LCLIENT_ ratio | CLIQUE_ ratio2 | LCLIENT_ ratio |
| ROA | −0. 445 | 0. 005 | −0. 001 | 0. 005 | −0. 002 | 0. 005 |
| | (−0. 76) | (0. 66) | (−0. 81) | (0. 67) | (−0. 72) | (0. 66) |
| LNASSET | 0. 094 | 0. 008 *** | 0. 000 | 0. 008 *** | 0. 001 | 0. 008 *** |
| | (0. 73) | (4. 21) | (0. 61) | (4. 21) | (0. 82) | (4. 21) |
| INVENT | −2. 691 * | −0. 022 | −0. 008 * | −0. 022 | −0. 016 * | −0. 022 |
| | (−1. 90) | (−1. 13) | (−1. 87) | (−1. 12) | (−1. 95) | (−1. 12) |
| CURRENT | 1. 838 ** | 0. 002 | 0. 006 ** | 0. 001 | 0. 010 * | 0. 002 |
| | (2. 05) | (0. 14) | (2. 13) | (0. 11) | (1. 94) | (0. 15) |
| OPINION | −3. 578 *** | 0. 040 ** | −0. 011 *** | 0. 041 ** | −0. 021 *** | 0. 041 ** |
| | (−2. 98) | (2. 43) | (−2. 97) | (2. 44) | (−3. 03) | (2. 46) |
| EQ | 0. 089 | 0. 002 | 0. 000 | 0. 002 | 0. 001 | 0. 002 |
| | (0. 20) | (0. 31) | (0. 18) | (0. 31) | (0. 25) | (0. 30) |
| LOSS | −0. 602 | 0. 002 | −0. 002 | 0. 002 | −0. 004 | 0. 002 |
| | (−1. 28) | (0. 28) | (−1. 30) | (0. 29) | (−1. 37) | (0. 29) |
| SOE | −0. 786 ** | 0. 010 ** | −0. 002 ** | 0. 010 ** | −0. 004 ** | 0. 010 ** |
| | (−2. 36) | (2. 23) | (−2. 36) | (2. 24) | (−2. 18) | (2. 21) |
| INDP | −4. 659 * | −0. 017 | −0. 014 * | −0. 017 | −0. 027 * | −0. 017 |
| | (−1. 75) | (−0. 46) | (−1. 70) | (−0. 46) | (−1. 82) | (−0. 45) |
| DUAL | −0. 039 | 0. 014 *** | −0. 000 | 0. 014 *** | −0. 000 | 0. 014 *** |
| | (−0. 11) | (3. 02) | (−0. 12) | (3. 02) | (−0. 21) | (3. 05) |
| Constant | −0. 027 | 0. 189 *** | 0. 005 | 0. 186 *** | 0. 004 | 0. 188 *** |
| | (−0. 01) | (4. 58) | (0. 51) | (4. 48) | (0. 21) | (4. 56) |
| YEAR | YES | YES | YES | YES | YES | YES |
| INDUSTRY | YES | YES | YES | YES | YES | YES |
| Observations | 1993 | 1993 | 1993 | 1993 | 1993 | 1993 |
| R-squared | 66. 01% | 16. 56% | 64. 30% | 15. 97% | 65. 07% | 17. 13% |

注：括号内为 t 值，***、**、*分别表示在 1%、5%、10% 水平上显著。

4. 处理互为因果：安慰剂检验

是否因为派系审计较多高收费客户，进而吸引合伙人加入，扩大了派系的规模？为缓解这一可能的互为因果的内生性问题，采取合成控制法做反事实推断。首先打乱各派系，其次随机给各派系赋予其他派系的规模数值（反事实），实际上这些派系的规模并非如此，最后进行回归并记录结果。重复该步骤 5000 次，获得 5000 个回归结果的 t 值。

汇总 5000 次回归结果并统计（见表 4-21），发现模拟 β 系数和标准误的 1/4 分位到 3/4 分位、中位数和均值都接近于 0，t 值均值和中位数也都接近于 0（均值分别为 -0.02、0.04，中位数分别为 -0.02 和 0.04），且在 1/4 分位到 3/4 分位中 t 值均不显著。统计结果说明，反事实的派系规模 CLIQUE_ artificial 对 LCLIENT_ ratio 和 LNFEE 的回归结果大多不显著，且呈现为 t 值均值接近于 0 的正态分布。因此，认为不存在互为因果，即不太可能因为派系审计高收费客户较多而扩大其规模，原假设具有稳健性。

**表 4-21　安慰剂检验（合成控制法）**

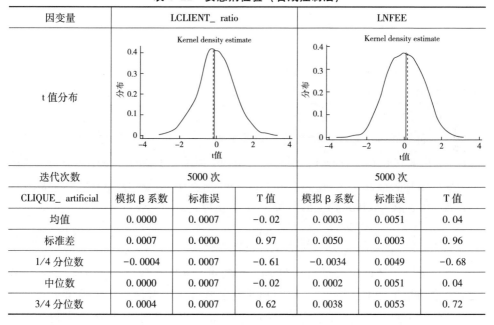

| 因变量 | LCLIENT_ ratio | | | LNFEE | | |
|---|---|---|---|---|---|---|
| t 值分布 | *Kernel density estimate*（分布 t值图） | | | *Kernel density estimate*（分布 t值图） | | |
| 迭代次数 | 5000 次 | | | 5000 次 | | |
| CLIQUE_ artificial | 模拟 β 系数 | 标准误 | T 值 | 模拟 β 系数 | 标准误 | T 值 |
| 均值 | 0.0000 | 0.0007 | -0.02 | 0.0003 | 0.0051 | 0.04 |
| 标准差 | 0.0007 | 0.0000 | 0.97 | 0.0050 | 0.0003 | 0.96 |
| 1/4 分位数 | -0.0004 | 0.0007 | -0.61 | -0.0034 | 0.0049 | -0.68 |
| 中位数 | 0.0000 | 0.0007 | -0.02 | 0.0002 | 0.0051 | 0.04 |
| 3/4 分位数 | 0.0004 | 0.0007 | 0.62 | 0.0038 | 0.0053 | 0.72 |

5. 替代性解释 1：非利益团体的审计师"圈子"

审计师"圈子"与派系这二者群体是重合的吗？为排除这一可能性，有必要分析并检验审计师"圈子"与派系的区别。审计师"圈子"是边界相对模糊的事务所内部非正式关系的特殊结构，是审计师为获取各自资源而自发结成的"隐性"关系网络（廖义刚，2020）。然而，本书的派系却是边界清晰的、具有控制能力的签字 CPA 网络。同样作为非正式关系，是否存在可能的群体重叠：即派系和审计师圈子是同一类签字 CPA，派系控制高收费客户的作用是由审计师圈子带来的吗？因此，本书收集 Y 事务所签字 CPA 共同审计的数据并构建网络，衡量审计师圈子的点度中心度（DEGREE）、中介中心度（BETWEEN）和接近中心度（CLOSE）。通过研究审计师圈子与客户安排的相关性，排除审计师圈子可能带来的内生性影响。

审计师圈子点度中心度（DEGREE）的衡量。本书采用廖义刚和黄伟晨（2019）的点度中心度衡量审计师"圈子"，具体计算思路及公式如下：假设 Y 事务所审计师圈子内有 n 个节点，任意节点 i 与节点 j 连线数量的多寡，也即度数大小记为 $D_{ij}$，其中两位 CPA 之间的点度数不是基于审计师之间是否存在合作执业关系的简单哑变量，而是基于 Y 事务所内部两名签字会计师之间总共合作的次数所测算得来的总度数，同时使用"n-1"进行规模化处理。可得点度中心度计算公式（4-8）：

$$DEGREE = \frac{\sum_{i=1,\,j=1}^{n} D_{ij}}{n-1}, \ i \neq j \tag{4-8}$$

审计师圈子中介中心度（BETWEEN）的衡量。基于刘江会（2015）和王崇锋等（2020）的研究，采用中间中心度衡量审计师"圈子"，计算思路及公式如下：假设 Y 事务所审计师圈子内有 n 个节点，节点 i 与节点 j 未直接相连（即 $D_{ij}=0$），而是通过节点 k 间接相连，也即节点 i 与节点 k 直接相连（$D_{ik}>0$），节点 j 与节点 k 直接相连（即 $D_{jk}>0$）时，节点 i 与节点 j 之间可能存在多条最短间接相连的路径，由此定义 $G_{ij}$ 为节点 i 和节点 j 之间最短路径的数量，而节点 k 位于节点 i 和节点 j 最短路径上的数量为 $G_{ij(k)}$，可得式（4-9）：

$$BETWEEN = \sum_{i=1,\,j=1}^{n}, \ i \neq j \ \frac{G_{ij(k)}}{G_{ij}}, \ i \neq j \tag{4-9}$$

审计师圈子接近中心度（CLOSE）的衡量。基于 Freeman（1979），采用接近中心度衡量审计师"圈子"，计算思路与公式如下：假设审计师圈子中有 n 个节点，任意节点 i 与节点 j 连线数量的多寡，也即度数大小记为 $D_{ij}$，可得接近中心度计算公式（4-10）：

$$CLOSE = \frac{\sum_{j-1}^{n} D_{ij}}{n-1}, \ i \neq j \tag{4-10}$$

进一步地，通过将派系领袖的签字 CPA 与审计师圈子交乘，观察审计师圈子在派系领袖影响中的作用。结果显示（见表 4-22），派系领袖（CLIQUE_ leader）与安排高收费审计客户（LNFEE）之间存在显著正相关性［列（1）、列（3）、列（5），系数分别为 0.490、0.450、0.443，t 值分别为 2.68、2.40、2.40］，而交乘项（CLIQUE_ leader×DEGREE、CLIQUE_ leader×BETWEEN 和 CLIQUE_ leader×CLOSE）则与指派高收费审计客户（LNFEE）之间显著负相关［列（2）、列（4）、列（6），系数分别为-0.294、-0.250、-0.287，t 值分别为-1.86、-2.37、-1.70］。这说明审计师圈子负向调节派系领袖（CLIQUE_ leader）对高收费客户（LNFEE）的影响，因此审计师圈子与派系二者群体相一致的可能性很小，不存在交叉关系。

表 4-22　派系领袖与审计师圈子的客户安排

| | （1） | （2） | （3） | （4） | （5） | （6） |
|---|---|---|---|---|---|---|
| | LNFEE | LNFEE | LNFEE | LNFEE | LNFEE | LNFEE |
| DEGREE | -0.027** | -0.022* | | | | |
| | (-2.42) | (-1.91) | | | | |
| CLIQUE_ leader×DEGREE | | -0.294* | | | | |
| | | (-1.86) | | | | |
| BETWEEN | | | -0.015** | -0.012 | | |
| | | | (-1.97) | (-1.59) | | |
| CLIQUE_ leader×BETWEEN | | | | -0.250** | | |
| | | | | (-2.37) | | |
| CLOSE | | | | | -0.031*** | -0.027** |
| | | | | | (-2.93) | (-2.48) |
| CLIQUE_ leader×CLOSE | | | | | | -0.287* |
| | | | | | | (-1.70) |
| CLIQUE_ leader | 0.490*** | 1.292*** | 0.450** | -1.983* | 0.443** | -0.734 |
| | (2.68) | (2.76) | (2.40) | (-1.90) | (2.37) | (-1.02) |
| LEV | 0.096 | 0.095 | 0.091 | 0.092 | 0.086 | 0.086 |
| | (1.51) | (1.50) | (1.37) | (1.39) | (1.30) | (1.30) |
| ROA | -0.212 | -0.206 | -0.193 | -0.193 | -0.193 | -0.192 |
| | (-1.17) | (-1.14) | (-1.02) | (-1.02) | (-1.02) | (-1.02) |
| LNASSET | 0.405*** | 0.405*** | 0.407*** | 0.406*** | 0.407*** | 0.407*** |
| | (40.29) | (40.32) | (39.26) | (39.11) | (39.28) | (39.22) |
| INVENT | -0.185* | -0.182* | -0.159 | -0.160 | -0.159 | -0.155 |
| | (-1.78) | (-1.75) | (-1.48) | (-1.48) | (-1.47) | (-1.44) |

续表

| | （1） | （2） | （3） | （4） | （5） | （6） |
|---|---|---|---|---|---|---|
| | LNFEE | LNFEE | LNFEE | LNFEE | LNFEE | LNFEE |
| CURRENT | −0.153** | −0.156** | −0.162** | −0.162** | −0.153** | −0.158** |
| | （−2.31） | （−2.36） | （−2.35） | （−2.37） | （−2.22） | （−2.30） |
| OPINION | 0.142 | 0.139 | 0.166 | 0.163 | 0.166 | 0.162 |
| | （1.33） | （1.30） | （1.48） | （1.45） | （1.47） | （1.44） |
| EQ | −0.039 | −0.040 | −0.038 | −0.041 | −0.037 | −0.038 |
| | （−1.20） | （−1.23） | （−1.16） | （−1.25） | （−1.14） | （−1.16） |
| LOSS | 0.073* | 0.074* | 0.069 | 0.072 | 0.067 | 0.069 |
| | （1.69） | （1.71） | （1.55） | （1.61） | （1.51） | （1.55） |
| SOE | −0.166*** | −0.165*** | −0.167*** | −0.164*** | −0.168*** | −0.165*** |
| | （−6.90） | （−6.88） | （−6.65） | （−6.55） | （−6.70） | （−6.58） |
| INDP | −0.160 | −0.177 | −0.148 | −0.157 | −0.172 | −0.191 |
| | （−0.83） | （−0.92） | （−0.75） | （−0.80） | （−0.87） | （−0.96） |
| DUAL | 0.041* | 0.042* | 0.043* | 0.042 | 0.044* | 0.043* |
| | （1.68） | （1.70） | （1.67） | （1.64） | （1.69） | （1.68） |
| Constant | 4.924*** | 4.927*** | 4.679*** | 4.748*** | 4.685*** | 4.727*** |
| | （21.71） | （21.74） | （19.79） | （19.96） | （20.15） | （20.23） |
| YEAR | YES | YES | YES | YES | YES | YES |
| INDUSTRY | YES | YES | YES | YES | YES | YES |
| Observations | 1993 | 1993 | 1993 | 1993 | 1993 | 1993 |
| Adj R² | 64.03% | 64.00% | 64.11% | 64.20% | 64.22% | 62.98% |

注：括号内为 t 值，***、**、* 分别表示在1%、5%、10%水平上显著。

6. 替代性解释2：客户审计收费由上一年决定

实务中审计收费由上一年承接客户时决定，因此派系的影响可能不一定在当期，或许存在滞后效应。采取将因变量滞后一期（LCLIENT_ ratio$_{t+1}$）的方式回归。结果显示（见表4-23），CLIQUE$_t$、CLIQUE_ ratio1$_t$、CLIQUE_ ratio2$_t$ 和 LCLIENT_ ratio$_{t+1}$ 显著正相关（系数分别为0.002、0.687、0.384，t 值分别为10.23、10.13、10.25）。说明派系规模越大，下一年审计高收费客户比例越高，即使客户审计收费由上一年决定，结果依旧不变，结论具有稳健性。

表4-23 派系规模与高收费客户（滞后一期）

| 变量 | （1）LCLIENT_ ratio$_{t+1}$ | （2）LCLIENT_ ratio$_{t+1}$ | （3）LCLIENT_ ratio$_{t+1}$ |
|---|---|---|---|
| CLIQUE$_t$ | 0.002*** | | |
| | (10.23) | | |
| CLIQUE_ ratio1$_t$ | | 0.687*** | |
| | | (10.13) | |
| CLIQUE_ ratio2$_t$ | | | 0.384*** |
| | | | (10.25) |
| LEV$_t$ | −0.018 | −0.018 | −0.018 |
| | (−1.43) | (−1.44) | (−1.44) |
| ROA$_t$ | 0.007 | 0.007 | 0.007 |
| | (0.72) | (0.73) | (0.72) |
| LNASSET$_t$ | 0.007*** | 0.007*** | 0.007*** |
| | (3.22) | (3.25) | (3.20) |
| INVENT$_t$ | −0.002 | −0.002 | −0.002 |
| | (−0.09) | (−0.10) | (−0.08) |
| CURRENT$_t$ | −0.007 | −0.007 | −0.007 |
| | (−0.47) | (−0.48) | (−0.47) |
| OPINION$_t$ | 0.034 | 0.034 | 0.034 |
| | (1.12) | (1.12) | (1.13) |
| EQ$_t$ | 0.001 | 0.001 | 0.001 |
| | (0.11) | (0.11) | (0.10) |
| LOSS$_t$ | 0.003 | 0.004 | 0.004 |
| | (0.45) | (0.46) | (0.46) |
| SOE$_t$ | 0.011** | 0.011** | 0.011** |
| | (2.10) | (2.12) | (2.07) |
| INDP$_t$ | 0.041 | 0.040 | 0.041 |
| | (0.94) | (0.93) | (0.95) |
| DUAL$_t$ | 0.019*** | 0.019*** | 0.019*** |
| | (3.55) | (3.56) | (3.55) |
| Constant | 0.187*** | 0.183*** | 0.186*** |
| | (3.89) | (3.81) | (3.87) |
| YEAR | YES | YES | YES |

续表

| 变量 | (1) | (2) | (3) |
|---|---|---|---|
| | LCLIENT_ ratio$_{t+1}$ | LCLIENT_ ratio$_{t+1}$ | LCLIENT_ ratio$_{t+1}$ |
| INDUSTRY | YES | YES | YES |
| Observations | 1993 | 1993 | 1993 |
| Adj R$^2$ | 13.74% | 13.62% | 13.76% |

注：括号内为 t 值，***、**、* 分别表示在 1%、5%、10%水平上显著。

## 九、结论与讨论

1. 研究结论

派系控制高收费客户的审计权，有损内部治理。派系规模越大，审计高收费客户的比例越高。具体地，派系每增加 1 位合伙人，派系审计高收费客户的比例增加 7.92%，派系在事务所控制权每增加 1%，审计高收费客户比例增加 6.50%；派系相对其他派系的控制权增加 1%，审计高收费客户的比例增加 7.10%。审计市场化未能动摇派系，价格放开后，大派系的高收费客户比例更高。进一步研究发现，派系领袖审计高收费客户可能性更高（平均可能性比非派系领袖高出 2.87 倍，平均收费高出 29.4%）；成立时间越长的派系审计高收费客户可能性越大（派系存在时间每增加 1 年，审计大客户的平均可能性增加 6.93%，平均审计收费增加 0.9%）。

2. 讨论

与 Y 事务所内部相关人员访谈及实地调研，结合上述组织控制理论，从市场、科层与派系三个层面分析该事务所相关情况，并结合安达信相关资料（Gendron，2009），对比分析发现 Y 事务所存在三方面问题，导致产生派系（见表 4-24）：

第一，Y 事务所市场控制弱，安达信市场控制弱，审计业务非市场化，因其审计收费与咨询业务相关（Gendron，2009）。Y 事务所市场控制弱，审计业务也是非市场化，因其客户与审计师关系密切，审计业务属于签字 CPA 团队（谷丽婷，2020；佟彤，2020）。

第二，Y 事务所科层控制弱，安达信科层控制强。安达信能签字的是数量很少的管理合伙人，一般的合伙人无法实现自由决策（Gibbins and Jamal，2006）。这些大型事务所加强管理合伙人的科层控制，安排客户的权力掌握在管理合伙人手中，普通合伙人只能作为技术专家（Carpenter et al.，1994；Greenwood et al.，

1990）。因"四大"在合并时不只是重视规模，还谨慎选择合伙人，如普华永道15年间仅合并10家事务所，而国内事务所通过短时间的合并潮做大规模（胡奕明，2007）。正如Gendron（2009）访谈安永和德勤的两位合伙人后认为："能签字的管理合伙人数量少的一只手都数得过来，很多普通合伙人无法参与管理决策。"Y事务所科层控制弱，主要体现在合并过快，未能落实统一的制度规范。如2000年9月由甘肃、宁夏、青海三省区财政厅分别改制而来的甘肃五＊、宁夏五＊和青海五＊事务所三所合并成为五＊事务所。2005年11月，五＊与北京＊合并。2009年9月，北京五＊与万隆＊成立了国＊＊华会计师事务所。2012年＊磊会计师事务所、深圳＊事务所部分分部并入国＊＊华。从派系构成情况来看，合并过快并未能实现事务所统一控制（附录A）。

表4-24　Y事务所和安达信派系控制的背景对比一览表

| | | 安达信 | Y事务所 |
|---|---|---|---|
| 事务所治理中的控制（Ouchi，1979） | 市场 | 弱 | 弱 |
| | | 客户承接非市场化：与咨询业务相关 PCAOB没有注销事务所权力（SOX，2002） | 客户承接非市场化：与审计团队相关 中注协没有注销事务所权力（中注协，2012） |
| | 科层 | 强 | 弱 |
| | | 集中于总部少数（几个）管理合伙人（Gendron，2009）"资合"、公司制 | 分散于全体（几百个）合伙人"人合"、合伙制 |
| | 派系 | 弱 | 强 |
| | | 分散于各分所执行合伙人 非正式制度，完全不能影响客户安排（Gendron，2009） | 集中于共同价值观的不同利益派系 按比例决策，影响客户安排（《合并协议》） |
| 派系控制对象及原因 | | 业务管理：降低成本 | 商业主义：分享收益（PCAOB，2015） |
| | | 控制对象：审计业务流程 控制原因：通过派系非正式制度降低签字CPA的管理成本（Gendron，2009） | 控制对象：审计客户 控制原因：内部管理"五统一"未实现、合伙人、签字CPA与客户存在"客随师走"的密切关系（谢盛纹和闫焕民，2013） |

第三，Y事务所派系控制强，安达信派系控制弱。安达信派系主要存在于分

所，且无法控制客户安排，仅作为非正式制度保证同一分所内审计流程一致性（Gendron，2009）。Y 事务所派系控制强，如对深圳分所的控制较弱，该分所负责人由合并前原深圳 * 事务所所长担任，这一任命受外部力量影响，Y 事务所总部对该分所控制力较弱，主要由该分所内部派系实施控制。

3. 启示与不足之处

政策建议：一是加快推进事务所内部控制管理"五统一"，落实事务所内部控制管理的一体性、结构扁平化，强化科层建设、提高内部治理水平；二是减少对事务所合并的外部干预，鼓励市场决定、自主合并，实现市场控制机制；三是完善签字 CPA 相关利益的信息披露，减少抱团成簇、拉帮结派的可能性，降低派系对事务所高收费客户的控制。

审计价格放开政策是全国同时进行的，难以采用双重差分检验（曹圆圆等，2020）。由于各事务所派系情况不同，且较少有如 Y 事务所这种规模大且迅速衰落的事务所，因此研究样本局限于 Y 事务所。虽然以该事务所展开研究，但也具有一定普适性。通过访谈及收集其他大型事务所派系的数据发现，派系在国内大所中普遍存在，但"四大"中几乎没有派系存在。未来研究可进一步探索派系其他特征对事务所治理的影响。

# 附　录

## 附录A　派系控制情况及差异

1. 派系的形成

中 ** 华的几次合并过程主要是在特定市场环境中的主动合并行为，但其合并时虽然是"资合"，但股权上、管理上双方事务所是平均分配。国 ** 华的几次合并中主要是合并已解散事务所的分所[①]，各分所权力较大，形成派系，如国 ** 华的深圳分所几乎全是原深圳 ** 事务所的股东，且分所所长仍为原深

---

① 2009 年前国 ** 华是由几家事务所合并而来。2012 年 * 磊因"万 ** 科"造假案被注销后，事务所合伙人分别加入大信、利安达、中兴华富等事务所，其中一部加入国 ** 华并成为其分所。同年，深圳 ** 事务所因"绿 * 地"造假案被吊销资格后，因某些外部干预也加入国 ** 华成为其深圳分所。可见国 ** 华合并过程中并非通过事务所之间的全面合并，更多是对分所的吸纳，并伴随一定的外部干预，可能存在更严重的派系控制。

圳＊＊事务所所长。因此 Y 事务所合并时发布《合并协议》，并指出"合并前双方债券债务由各自承担"，这可视为各派系独立负责各自业务。

Y 事务所转制为特殊普通合伙后，虽然采取特殊普通合伙这一"人合"模式，但因科层控制的失效，其派系仍然存在，表现为 Y 事务所的 CPA 在外共同投资企业形成基于利益的派系（附图 4-1 中序号为 Y 事务所主要的几个派系）。根据 Y 事务所 CPA 来自原中＊＊华或国＊＊华，将其划分为中＊＊华 CPA 和国＊＊华 CPA。合并为 Y 事务所后，这些 CPA 共同投资私有企业，主要形成 9 个共同利益的凝聚子群（见附表 4-1），将其划分为派系 1~9。这 9 个派系中，派系 1、派系 2、派系 3 的成员全部为原中＊＊华 CPA，派系 4、派系 5、派系 6、派系 7 全部为原国＊＊华 CPA，派系 8、派系 9 则原两家 CPA 均有。可见，Y 事务所大多数的派系泾渭分明，原两家事务所并未很好实现融合，存在事务所派系控制。大部分派系都是由合并前原事务所的审计师组成的，在合并后形成派系，这一现象也证明了利益派系大多由具有同一商业经营模式和价值观的签字 CPA 组成。

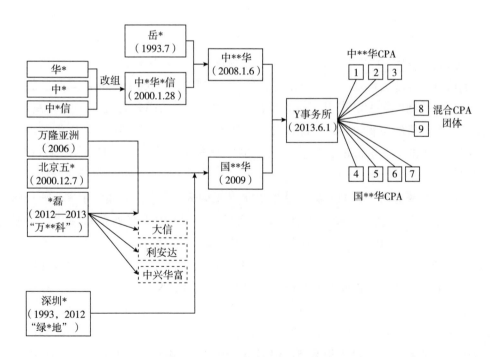

**附图 4-1　Y 事务所合并过程及派系**

附表 4-1  Y 事务所主要派系内合伙人分布情况

| 人数 | 一签 CPA | | 二签 CPA | | 合计 | | 原事务所 CPA 占比（%） |
|---|---|---|---|---|---|---|---|
| 派系序号 | 中＊＊华 | 国＊＊华 | 中＊＊华 | 国＊＊华 | 中＊＊华 | 国＊＊华 | |
| 派系 1 | 34 | 0 | 2 | 0 | 36 | 0 | 100 |
| 派系 2 | 16 | 0 | 1 | 0 | 17 | 0 | 100 |
| 派系 3 | 7 | 0 | 0 | 0 | 7 | 0 | 100 |
| 派系 4 | 0 | 8 | 0 | 9 | 0 | 17 | 100 |
| 派系 5 | 0 | 12 | 0 | 0 | 0 | 12 | 100 |
| 派系 6 | 0 | 12 | 0 | 5 | 0 | 17 | 100 |
| 派系 7 | 0 | 25 | 0 | 17 | 0 | 42 | 100 |
| 派系 8 | 1 | 4 | 1 | 3 | 2 | 7 | 78 |
| 派系 9 | 0 | 1 | 1 | 0 | 1 | 1 | 50 |
| 合计 | 58 | 63 | 5 | 34 | 63 | 97 | |

2. 事务所统一管理制度与派系差异

内部管理制度统一的事务所，各派系间差异较小，派系较稳定。中＊＊华在合并的过程中，推行的一系列统一的内部管理制度，如《所领导薪酬分配办法》《业务人员薪酬分配办法》《管理人员薪酬分配办法》《中＊华＊信会计师事务所关于董事、监事退休及有关问题的规定》等，较好地实现了内部管理制度的统一，科层控制能起一定作用。相对而言，国＊＊华未采用较为统一的管理制度，尤其是对分所的控制较弱，如深圳分所。因此以中＊＊华和国＊＊华作为管理制度统一与否的两家事务所，检验这两家事务所内部各派系间及派系内签字 CPA 的差异。

（1）Y 事务所派系间差异。结果显示（见附表 4-2），全部由中＊＊华 CPA 构成的派系 1、派系 2、派系 3 和全部由国＊＊华 CPA 构成的派系 4、派系 5、派系 6、派系 7（对比组号 1），这两组之间的异常审计收费存在显著差异（系数为 0.36，t 值为 2.87），中＊＊华 CPA 构成的派系 1、派系 2、派系 3 异常审计收费较高。中＊＊华 CPA 构成的派系内部对比差异的结果显示（对比组号 2、组号 3、组号 4），除第 2 组的派系 1、派系 2 之间异常审计收费存在显著差异外，其他组不存在差异，说明中＊＊华派系之间差别不明显。国＊＊华 CPA 构成的派系内部对比差异结果显示（对比组号 5、组号 6、组号 7、组号 8、组号 9、组号 10），除第 6 组的派系 4、派系 5 之间异常审计收费没有显著差异外，其他组均存在显著差异（t 值分别为 -3.92、2.16、-2.91、3.84、6.58）。其原因或许是国＊＊华的合并与中＊＊华不同，合并了许多事务所的分所，而其中一些合并由于外部力量的影响，使国＊＊华对分所的掌控力较弱（如深圳分所）。较弱的科层控制导致其派系控制更活跃，在客户业务分配上表现出较大差别。混合 CPA 团体中由原中＊＊华和国＊＊华 CPA 共同构成（对比组号 11），因此属于融合较好的情况，可能已经实现较好的统一管理，异常审计收费不存在显著差异。

附表 4-2　Y 事务所主要派系间异常审计收费差异

| CPA 所属 | 对比组号 | 派系序号 | Obs | Mean | T-test | |
|---|---|---|---|---|---|---|
| Y 事务所 | 1 | 派系 1、派系 2、派系 3 | 55 | 13.80 | (2.87) | 0.36 *** |
| | | 派系 4、派系 5、派系 6、派系 7 | 68 | 13.44 | | |
| 原中＊＊华 | 2 | 派系 1 | 36 | 13.63 | (−2.20) | −0.49 *** |
| | | 派系 2 | 19 | 14.12 | | |
| | 3 | 派系 1 | 36 | 13.63 | (−0.99) | −0.21 |
| | | 派系 3 | 15 | 13.84 | | |
| | 4 | 派系 2 | 19 | 14.12 | (0.87) | 0.28 |
| | | 派系 3 | 15 | 13.84 | | |
| 原国＊＊华 | 5 | 派系 4 | 10 | 13.38 | (−1.31) | −0.20 |
| | | 派系 5 | 17 | 13.58 | | |
| | 6 | 派系 4 | 10 | 13.38 | (−3.92) | −0.73 *** |
| | | 派系 6 | 12 | 14.11 | | |
| | 7 | 派系 4 | 10 | 13.38 | (2.16) | 0.30 ** |
| | | 派系 7 | 27 | 13.08 | | |
| | 8 | 派系 5 | 17 | 13.58 | (−2.91) | −0.53 *** |
| | | 派系 6 | 12 | 14.11 | | |
| | 9 | 派系 5 | 17 | 13.58 | (3.84) | 0.50 *** |
| | | 派系 7 | 27 | 13.08 | | |
| | 10 | 派系 6 | 12 | 14.11 | (6.58) | 1.02 *** |
| | | 派系 7 | 27 | 13.08 | | |
| 混合 CPA 团体 | 11 | 派系 8 | 15 | 13.81 | (0.80) | 0.26 |
| | | 派系 9 | 2 | 13.56 | | |

综上所述，在管理制度统一的事务所实施了较强科层控制（CPA 所属原中＊＊华事务所和混合 CPA 团体），此时派系控制较弱，派系之间的差异较小；而管理制度统一程度较低的事务所科层控制较弱（CPA 所属原国＊＊华事务所），

派系控制发挥更多作用，派系间差异较大。

（2）Y 事务所派系内 CPA 之间的差异。通过计算各派系的异常审计收费方差衡量派系内 CPA 差异。结果显示（见附表4-3），由原中 ＊＊华 CPA 组成的派系1、派系2、派系3，其 CPA 之间的异常审计收费差异相对较大（方差分别为0.40、1.03、0.65），其他派系内部 CPA 之间差异相对较小，均低于 0.40。各派系内部 CPA 之间的审计质量（EQ）没有较大差异，方差均不大于 0.01。

附表4-3　Y 事务所主要派系内 CPA 审计质量、审计收费差异

| 派系 | 观测值 | ABFEE 均值 | 方差 | EQ 均值 | 方差 |
|---|---|---|---|---|---|
| 派系 1 | 36 | 13.63 | 0.400 | 0.11 | 0.010 |
| 派系 2 | 19 | 14.12 | 1.030 | 0.07 | 0.003 |
| 派系 3 | 15 | 13.84 | 0.650 | 0.07 | 0.010 |
| 派系 4 | 10 | 13.38 | 0.060 | 0.11 | 0.010 |
| 派系 5 | 17 | 13.58 | 0.190 | 0.08 | 0.010 |
| 派系 6 | 12 | 14.11 | 0.290 | 0.06 | 0.002 |
| 派系 7 | 27 | 13.08 | 0.160 | 0.09 | 0.010 |
| 派系 8 | 15 | 13.81 | 0.170 | 0.07 | 0.001 |
| 派系 9 | 2 | 13.56 | 0.380 | 0.02 | 0.000 |

综上所述，在统一管理制度的事务所中，＊＊华中派系较为稳定，在稳定的派系中，成员阶梯差异大，实现关系交换依赖（罗家德，2007）。而派系控制较强的国＊＊华，派系成员间差异较小，科层控制的评价体系失效。

### 附录 B　从处罚视角分析签字 CPA 结派的可能原因

1. 处罚视角下客户质量情况

基于 CSMAR 数据，样本期间为 2013～2019 年。以客户被证监会、交易所处罚的数据（不包括因审计的事务所因素导致的处罚）衡量 Y 事务所和其他事务所客户质量，并对比其差异。结果显示，Y 事务所客户平均分数为 1.88 分、处罚 1.21 次，高于立 ＊（1.77 分、0.99 次）和其他事务所（1.39 分、0.82 次）。将批评、警告、谴责区分为轻微处罚，将罚款、没收、禁入区分为严重处罚。

Y 事务所客户受到严重处罚占总处罚的 15%，立 ＊ 和其他事务所客户相对较轻，均为 8%（见附图4-2）。说明 Y 事务所客户本身质量较低，或许优质客户稀缺是导致 Y 事务所 CPA 结派共同掌控客户的原因。

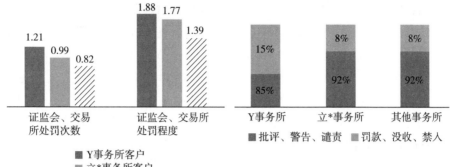

**附图 4-2 事务所客户受处罚类型**

**2. 事务所及签字 CPA 处罚原因差异分析**

根据 CSMAR 数据整理，样本期间为 2013~2019 年。与客户紧密相关的指标是虚构利润，Y 事务所该指标过高表明其签字 CPA 可能不受事务所内部处罚，或许存在独立性问题。

Y 事务所虚构利润的比例较大［见附图 4-3（a）］，或许是因为控制了签字

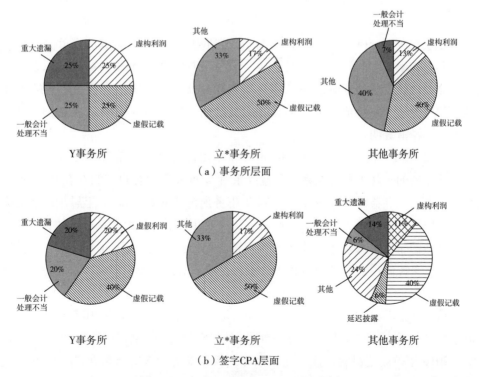

**附图 4-3 Y 事务所签字 CPA 受处罚类型**

CPA 的管理处罚权，独立性失效。Y 事务所 CPA 虚构利润占所有处罚类型 25%、立 * （17%） 和其他事务所 （13%） 相对较少。虚构利润主要违反审计准则 1251 号错报和 1332 号关于期后事项的问题，此外 Y 事务所违反 1141 号舞弊责任，存在虚假记载。从 CPA 层面看，Y 事务所 CPA 虚构利润比例较大 ［见附图 4-3 （b） ］。Y 事务所 CPA 被处罚原因为虚构利润占比 20%，高于立 * （17%） 和其他事务所 （11%），说明 Y 事务所 CPA 被处罚更多的原因可能是独立性问题，或许与派系控制 CPA 轮换有关，以此保留对客户的控制。

**附录 C　Y 事务所各主要派系控制分布与客户流失情况的关系**

2013 年，中 ** 华和国 ** 华事务所合并为 Y 事务所过程中，在地理分布上对客户的控制具有一些特点。Y 事务所设立的各分所存在四种类型。一是该地区仅有某一家事务所设立的分所，全部人员及客户业务关系直接转入，成为 Y 事务所的分所，如 Y 事务所内蒙古分所由中 ** 华内蒙古分所转设而来。二是两家事务所在该地区均有分所，则某一家的分所存续，另一家的分所注销，其人员及客户业务迁入的方式形成新的 Y 事务所分所，如 Y 事务所山东分所是由国 ** 华山东分所转设而来，中 ** 华在该地分所人员及业务关系迁入该分所。三是两家事务所在该地区的分所不适合合并，则两家分所均保留，且同时作为 Y 事务所的分所执业，如中 ** 华苏州分所和国 ** 华江苏分所。四是 Y 事务所成立后在新开拓的业务地区设立的分所，如 Y 事务所贵州分所。因分所整合合并形成的 Y 事务所的各分所，在刚成立的早期具有明显的相互独立性（见附录 A 附图 4-1），各派系间泾渭分明。

2013~2019 年，Y 事务所各签字 CPA 小团体通过在外部开设私人企业的方式形成主要的十几大利益派系。利益派系对 Y 事务所的客户控制存在几个特点。从整体上看，利益派系几乎完全控制 Y 事务所的决策权。2013 年属于派系的合伙人投票权占 60.0%，因此事务所所有的决策几乎不可能由派系以外的合伙人决定，其他的年份中派系对 Y 事务所管理控制权的占比为 42.9%~62.1%。虽然有些年份派系控制占比不足 50% 以上，参考多股东的公司股权比例，这一占比可称为 "绝对控股" 或 "实际控制人（派）"。

从地区上看，利益派系内部互相争斗。主要体现在 2013~2015 年深圳地区派系控制较强，这一支派系主要来自国 ** 华深圳分所，原是深圳 * 事务所的成员。2016 年因被处罚后，这一支派系相对控制能力由 34.5% 降低为 11.5%。同时此消彼长，北京地区派系控制更强，由 20.3% 增长为 34.5%。

2019 年因康＊新事件，合伙人及签字 CPA 带着客户集体出走，以派系形式离开事务所，减少客户 126 家，审计收费减少约 1.5 亿元，降幅 37.5%（见附表4-4）。根据我们的统计，这里面大多数都是北京派系的签字 CPA 带走的客户。北京派系相对控制从 36.4% 降为 0，而这些被带走的客户的继任事务所中，信＊、致＊、中＊、大＊、安＊总部均在北京，接手客户占比 67/126（见附表4-5）。这说明派系控制与客户存在紧密关系①。

#### 附表 4-4　Y 事务所与其他事务所 2019 年客户数及审计收费变化差异

|  | 客户数变化（家） | 审计收费变化（百万元） | 审计收费变化（％） |
|---|---|---|---|
| Y 事务所 | −126 | −150.91 | −37.50 |
| 立＊ | −21 | −19.93 | −2.50 |
| 大＊ | 26 | 26 | 9.40 |
| 普＊ | 3 | 1.24 | 0.10 |
| 德＊ | 4 | 16 | 4.40 |
| 安＊ | 8 | −2.42 | −0.50 |

#### 附表 4-5　Y 事务所客户的继任事务所

| 继任事务所 | 接手客户数量（家） | 接手的 IPO 客户数量（家） | 继任事务所总部所在地 |
|---|---|---|---|
| 信＊ | 26 | 1 | 北京 |
| 致＊ | 21 |  | 北京 |
| 天＊ | 14 | 1 | 杭州 |
| 中＊ | 12 | 1 | 北京 |
| 大＊ | 7 | 1 | 北京 |
| 立＊ | 5 |  | 上海 |
| 普＊ | 2 |  | 上海 |
| 安＊ | 1 | 1 | 北京 |
| 其他 | 38 | 2 |  |
| 合计 | 126 | 7 |  |

---

①　如中＊信会计师事务所原属国家电力工业部，其所长改制前为某部门财务部处长，因而拥有大量电力系统客户，2001 年并入时这些客户大多"客随师走"。

# 第五章 事务所与客户社会资本匹配后果：客户的治理效应

在新兴经济体中，面对弱的制度环境，审计更能够对客户起到治理作用（Fan and Wong，2008）。事务所与客户社会资本匹配存在三种结果，即事务所社会资本高于、等于或低于客户社会资本。双方社会资本完全匹配或相等的概率较小，常态是必定有一方社会资本会高于另一方的。社会资本高的一方将在双方博弈过程中掌握主动权，获取更多的收益。鉴于前一章已经探讨了事务所与客户社会资本匹配的后果和对事务所内部的治理效应，本章将着力于其对客户的治理效应。这种匹配对客户的治理效应应当是对客户的所有治理层面有诸多大小不同方向有异的影响，但是限于篇幅，不可能面面俱到，为此选择目前影响较为显著地对客户决策、盈余质量与绩效前后相继的三个方面展开分析，以期未来有关研究能够对更多方面展开分析与探讨。首先关注的是对客户董事会决策产生的影响（第一节），其次是客户的盈余质量（第二节），进而是对绩效产生的影响（第三节），最后是对薪酬治理的影响（第四节）。

## 第一节 事务所与客户社会资本匹配对企业决策的影响

### 一、社会关系网络

（一）社会关系网络定义

社会关系网络的实践起源于儒家思想，儒家思想培育了集体主义的广泛文化层面，表现为人际关系网络的重要性，它影响了中国社会 5000 多年的信仰体系。关系一直是中国社会人际关系和商业行为的生命线（Xin and Pearce，1996）。在当今瞬息万变的中国环境中，关系变得更加根深蒂固，这种人际关系的层次，强调隐含的相互义务、互惠和信任，已经形成了中国的基础和网络（Yang，1994），对社会态度和商业实践产生了强烈而直接的影响，已成为中国社会交往和商业行为的生命线。在中国，关系是影响企业绩效的关键因素，影响着资源流动和企业与任务环境的互动，可见，关系对提升企业价值十分重要。

根据资源依赖理论和社会资本理论，关系网络从三个方面促进企业发展：

第一，关系网络促进信息共享、降低搜寻成本，提高企业之间的信任度，并为双方获取稀缺资源（Granovetter，1985；Gulati and Garguilo，1999）。张方华（2010）发现企业社会关系网络越强，信息、知识交流的频率和广度越大；推动企业获取网络内部的显性技术，提高了企业对新技术、市场动向的分析能力和判断能力，这些隐性信息直接影响创新的方向和后续资金的投入。关系网络内部交易成本和搜寻成本降低，关联企业可以共享技术、信息，提高创新效率，有助于企业联合研发（薛卫等，2010）。信息共享在社会资本的三个维度（信任、网络联系和重复交易）与企业竞争力提升之间的关系中起着中介作用（Wu，2010）。

第二，关系网络作为一种非正式制度，能够作为正式制度的补充，实现帕累托改进。基于资源依赖理论，当组织或个人社会资本越丰富时，企业获取资源的渠道越便利，能够帮助企业进一步提升能力，更有利于公司实施多元化战略（游家兴和邹雨菲，2014）。

根据社会资本理论（Adlerand and Kwon，2000），社会关系是企业获得宝贵资源的重要途径。事实上，社会资本本身就被视为一种资源（即实际和潜在资源之和），它嵌入于关系网络中，通过关系网络获得，并从中衍生出来（Nahapiet and Ghoshal，1998）。社会关系结构产生的社会资本可以动员起来，推进行动（Adler and Kwon，2000）。因此，社会资本理论认识到个人和组织之间的社会关系的重要性，并假设通过关系网络可以获得有形的有利结果，例如获得知识和信息的特权、优惠机会、提高声誉等（Inkpen and Tsang，2005）。

为了最大化社会资本价值，优化企业的资源配置效率，尽可能使企业发展与能力相匹配，多元化战略将成为公司发展的重要议程，尤其是民营企业家，在正式制度无法获取资源时，更可能利用这种非正式制度下的关系网络资源，进行多元化扩张战略，重新配置企业的资源和能力，寻求新的增长机会（游家兴和邹雨菲，2014）。

第三，关系网络具有信号显示作用，对外充分提供交流合作的机会和窗口，为企业未来发展奠定坚实基础（Coleman，1988）。

中国社会十分看重面子，而这种"脸面"也具有其自身的社会功能，并表现为一种关系网络。关系网络强调在不丢面子的情况下享受威望和保全他人的面子（Hwang，1987）。人情是另一种与关系有关的中国哲学问题，并表现为一种社会资本形式，在人际间的人情交换中发挥杠杆作用（Yang，1994）。本质上，互惠是关系网络的一种隐含状态，它起源于人情（Tsuiand Farh，1997）。当人们无视这一对等义务时，就会伤害朋友或家人的感情，并最终危及关系网的发展。

社会资本有助于企业获取和利用知识，提高企业知识创造和技术创新水平（韦影，2007），对公司多元化经营战略有积极推动作用，且在法律制度建设较为薄弱的地区会更加凸显（游家兴和邹雨菲，2014）。尽管多元化经营会损害企业绩效，但是企业家社会资本会促使公司能力与多元化战略更加协同，能够显著减少多元化折价程度。

（二）董事会社会网络类型

可以将董事会社会网络定义为董事会资本，包括深度与广度两种类型。基于资源依赖理论（Pfeffer and Salancik，1978），组织无法孤立地运转，必须与环境交互作用，与那些控制资源的外部行动者互动交往，这种交往和谈判的能力决定了组织的生存机会。董事会作为公司与环境之间的沟通渠道，有必要协助企业制定战略。Hillman 和 Dalziel（2003）引入了董事会资本（Board Capital）的概念，它是董事会人力资本和社会资本的组合，也是董事会为公司提供资源的能力。董事会就战略制定，获取公司外部信息，通过个人关系、技能和专业知识优先获取宝贵资源，以及合法性等重大事项向公司提供咨询和建议（Pfeffer and Salancik，1978）。在此基础上，Haynes 和 Hillman（2010）进一步定义了董事会资本，将其分为广度与深度两个维度。

董事会资本的第一个维度"广度"反映了董事会异质性的各个方面，如教育、职能背景、职业、年龄、任期与行业专长，异质性越高的群体就越有创造力，决策也就越好。

董事会资本的第二个维度"深度"是指董事会在核心公司行业中的嵌入程度。如果一家公司的董事会成员与该公司的主要行业有着多重联系，那么该公司就能够更好地生存和发展，因为它能够更快地了解行业事件和趋势。"深度"维度旨在通过一个同构的构成模型来捕捉这种人力和社会资本（Kozlowski and Klein，2000）。这类模型的一个重要特征是共享知识和经验模型，董事会资本"深度"捕获了董事会层面上基于行业的共享经验模型。董事会通过职业和行业关系深入该领域，可能会制定或批准符合行业中心趋势的战略。Haynes 和 Hillman（2010）研究发现董事会资本广度会导致更多的战略变化，而董事会资本深度导致更少的战略变化。

（三）连锁董事会

连锁董事会也是董事会社会资本的一种关键类型（Tian et al.，2011）。董事会的社会资本可能会为战略性的知识交流提供渠道（Pfeffer and Salancik，1978）。因此，相互关联的董事会可以充当信息和知识的传递者，这使得董事能够影响企业研发的投资（Dalziel et al.，2011）。具体而言，Young 等（2001）认为，对于台湾企业，董事会社会资本比西方企业更为重要。

（四）事务所与客户社会资本匹配对企业决策的影响

已有研究未探讨事务所与客户社会资本匹配对企业董事会决策的影响，主要是单边地观察董事会网络对公司治理的影响，如连锁董事影响公司研发支出。

第一，董事会作用。委托代理理论认为，董事会最大的作用就是控制和监督经理层，其隐含的一个前提是董事会是相对独立的，不会与代理人勾结（Fama and Jensen，1983）。董事会可推翻错误的决策，或更换因此类监督而表现不佳的经理（Brudney，1982）。董事会认为，错误的决策会对声誉造成影响，因而会积极参与力所能及的监督活动（Fama，1980）。因而，从这个视角而言，管理决策不力的部分原因是董事监督不力，这最终会损害董事和经理在劳动力市场的前景。

第二，董事会成员会利用在其他公司的经验或社会网络关系进行决策。董事会成员的社会网络关系会对公司治理产生重要影响。外部网络关系会影响董事会成员参与制定决策的过程（Carpenter and Westphal，2001）。首先，董事会成员可能会利用社会网络关系，与其他董事的社会互动获得相关经验和专业知识，有助于董事会成员评估管理层决策，并提出更好的战略实施建议。其次，与其他公司社会网络联系，会推动董事会成员遵循与核心公司类似的策略，更好地监控管理决策，并向经理人提供相关信息和建议，对企业决策产生影响。

董事会社会资本将影响 CEO 在研发上（R&D）的投资决策。在研发支出方面，Chen 等（2013）发现，董事会社会资本缓解了 CEO 任期/教育水平对 R&D 投资的消极影响，支持董事会社会资本作为将企业与环境中的关键信息和基本资源联系起来的重要渠道，可能会为 CEO 提供更好的建议，并增强他们迈向 R&D 的决策能力。具体表现为：①董事会社会资本可通过向 CEO 提供战术知识和有影响力的信息，提高其准确预测和适应外部环境变化的能力，并就提高公司适应性的内部运营向其提供建议，从而缓解 CEO 任期对 R&D 投资的负面影响，这反过来又鼓励他们更倾向于进行 R&D 投资。②董事会社会资本可以通过提供建议、想法、经验和信息，帮助招聘技术熟练的员工，增强 CEO 的决策能力和解决问题的能力，从而鼓励他们在 R&D 上进行更多投资，从而增强 CEO 教育水平对 R&D 投资的积极影响。

董事会对审计机构的影响。董事会不仅有权对公司重大事项进行集体决策，还能够直接影响或决定社会审计机构的选择。根据高层梯队理论，影响企业决策的重要因素包括组织中高级管理人员的特质和经历。董事会中各成员的背景、经历和认知存在一定的差异，这导致他们在决策过程中会融入主观判断因素和利益权衡因素。在选择聘用审计师时，也会对事务所的规模和质量有着不同的理解角度，从而最终影响审计师的确定。依据资源依赖理论，具有事务所经历的董事，通常具有一定审计和财务经验，并形成自身行业专长。因此，董事自身具备的资源优势能够降低其寻求"大所"的需求。具有会计师事务所经历的董事更愿意选择"小所"作为公司的审计师，且拥有该经历的董事人数越多、比例越高，这种倾向越大，在非国企和独董样本中这一关系更为显著。具有会计师事务所经历的董事对于审计师选择存在着替代效应（王兵等，2019）。

可见，当事务所与客户社会资本匹配不均衡时，会影响董事会的决策，而不是只关注客户一方的社会资本，现有研究仅关注客户董事会成员的社会资本，也是不全面的，还有管理层的社会资本也会影响客户的公司治理情况，这些都是未来研究需要关注的关键点。

## 二、商业合作关系

商业联系的主体主要是商业组织，如供应商、客户、竞争者或其他市场合作者。获取资源方式主要通过产品、市场变化、供应商情况、知识、技术以及商业合法性等重要市场信息。联系性质基于共同利益的协作和合作的非层级型关系。通过追求利润回报，建立信任与较长期的合作，从而达到商业运作效率。作为连接股东与经理层的纽带，董事会通常被认为是公司最重要的内部治理机制，其治理效率的高低直接关系到公司的各个方面。

王楠等（2019）将董事会商业联系定义为董事成员在其他企业或者行业协会任职。董事会的商业联系能够从以下几个方面对企业决策发挥作用：第一，董事会商业联系作为一种非正式制度，有利于帮助企业从外部获取正式制度背景下难以取得的信息、技术和知识等资源，知识转移、信息交换和资源流动能够促进企业创新投资。第二，董事商业联系为董事及时提供所处环境事件和趋势的信息以及研究轨迹变化的可能性，从而减少环境不确定性的影响（Haynes and Hilman，2010）。第三，同时在行业内多家企业或协会任职使董事直接观察决策制定过程和这些决策的结果（Carpenter and Westphal，2001），从而使他们发展全面的战略管理问题的观点，并且产生创新性的替代方案或解决方案。

### 三、社会规范

一方面，现有大量文献表明，社区的社会资本可能影响居民的社会和经济行为（Buonanno et al.，2009）。Hasan 等（2017）将社会资本定义为公民规范和社会网络，通过为人们提供一套共同的信念和评价体系来判断行为，公民规范可以约束个人和组织行为，包括企业行为。然而，公民规范的传达和实施方式取决于社区中人员之间的联系和互动。Colman（1998）认为"社会资本存在于人与人之间"，人们频繁的社会互动和密集的网络会形成更有效的信息共享，进一步促进良好的沟通。此外，Putnam（1993）认为人们之间基于横向社会联系（人情亲密疏远）相较于纵向社会联系（权力等级高低），更可能灌输合作、团结和公益精神的习惯，因为这些社会关系在网络内部和网络之间提供互动和联系，更可能避免利益冲突。那么，社区的社会资本是否会对当地企业的决策产生影响呢？

Hasan 等（2017）调查了美国各县的社会资本水平是否与总部设在各县的公司避税活动有系统性关系，这些水平由各县的公民规范和社会网络密度所反映。研究发现社会资本越高，企业越不可能产生避税行为。这表明企业总部周围的社会资本提供了制约企业避税的环境影响。通过降低企业避税行为的社会环境来影响企业税收决策。除此之外，社会规范还有可能对企业的其他决策行为产生影响。McGuire 等（2012）发现，当地宗教规范和公司总部周围的网络降低了财务报告违规的可能性。Hong 和 Kacperczyk（2009）发现，反对促进卖淫的筹资业务的社会规范限制了养老基金对涉及生产酒精、烟草和游戏的上市公司的投资。程博等（2020）以中国沪深 A 股上市公司为研究样本，深入考察了非正式制度之儒家文化与企业避税行为之间的关系。实证检验结果发现，儒家文化与企业避税行为之间呈显著的负相关关系。

另一方面，社会心理学家 Cialdini 等（1991）发现，社会规范可能不会影响个体的行为。此外，当个人与社会规范行为发生冲突时，更突出的是个人认同的社会群体的规范。这是因为个人行为是旨在建立和维持与个人认同的社会群体成员的社会关系基础之上形成的（Cialdini and Trost，1998）。如果企业部门的成员（如股东、董事和高管）将税收最小化作为开展业务运营可接受的方式，并积极寻求实施减少企业税收负担的策略，那么管理者在做出企业税务决策时可能会受到两种相互冲突规范的影响。因此，企业总部周围的社会资本水平也可能与当地公司的避税行为之间没有显著关系。

### 四、社会信任水平

相关学者利用中国各省守信状况调查、各省人均无偿献血率、民间组织数量与社会捐赠数量来衡量社会信任水平，去检验社会信任水平对企业决策的影响。

Portes（1998）认为社会信任水平的作用，主要体现在其可以提高社会诚信水平，进而促进人们相互间的合作，并认为社会资本通过以下两个渠道提高社会诚信：第一，社会道德对人们不守信行为的内在约束；第二，社会舆论对人们不守信行为的外部惩罚。

在全面梳理目前经济学领域社会资本文献的基础上，潘越等（2009）进一步总结了社会资本在经济金融领域起作用的机制：第一，基于陌生人之间产生的信任机制。社会资本较高的社会，陌生人之间容易建立诚实守信的行为，较少发生互相欺骗的情形。第二，高社会资本能够在一定程度上降低管理层的机会主义行为。张润宇和余明阳（2020）发现银行借款、商业信用与企业债券不同程度上均抑制了过度投资并缓解了投资不足，但社会资本仅对商业信用产生了显著调节作用，即社会资本越多，商业信用抑制过度投资的程度越强，缓解投资不足的程度也越强。第三，社会资本较高的省份获取信息机会较多，信息差相对较低，企业可以了解到更多、更有效的投资机会信息，这样企业多元化投资的可能性也就大大增加。

独立审计作为缓解代理冲突的有效治理机制，通过验证企业会计信息质量和监督代理人行为来向资本市场传递会计信息决策有用的信息，从而提高资本市场的资源配置效率（易玄等，2016）。李明辉（2019）的实证研究表明，社会信任水平会显著降低审计师变更的可能。

客户所在地区社会信任水平对审计师的影响机制如下：第一，客户所在地区的社会信任水平会影响审计师对管理层的信任程度。社会信任水平越高，企业内外部诚信度越高，管理层出现盈余管理行为的概率越小，审计师所面临的风险相对较小，从而降低审计师主动离任的可能性。第二，客户所在地区的社会信任水平会影响审计师获取证据的难易程度。客户所在地区的社会信任水平越高，交易成本越低，客户越积极地配合审计师，审计师获取的证据越充分和准确。第三，客户所在地区的社会信任水平会影响审计师的法律与监管风险。在高信任地区，合作行为更容易产生，人们较少诉诸正式的制度来保护自己不受欺骗，诉讼发生概率较低。相反，低地区社会信任会对公司经营绩效与外部融资约束产生消极的效应（戴亦一等，2009），因而也会影响企业的经营风险、财务风险与法律风险。

## 第二节　事务所与客户社会资本匹配对盈余管理的影响

### 一、社会网络关系

客户内部成员之间关系密切会增强盈余管理程度。众所周知，CEO、CFO 通常会选择与自己关系密切的人担任董事。Hwangand 和 Kim（2009）认为，CEO 与审计委员会成员的关系越密切，公司盈余管理越强。

早前有相关学者关注客户内部社会资本关系的相互影响，而未考虑事务所社会资本对客户关系的影响。近年来，会计领域研究最多的问题之一是非审计服务可能产生的影响。前美国证券交易委员会（SEC）主席 Arthur Levitts 在关于盈余管理问题的题为"数字游戏"的演讲中表示，"太多公司经理、审计师和分析师参与了点头和眨眼的游戏"。相关学者也证实了这一点，非审计费用的更快增长和购买非审计服务的时间更长可能会降低审计师与该客户的独立性（Cahan et al.，2014）。主要是因为，客户购买非审计服务可能损害独立性，二者相处时间长短会影响其关系的亲密程度。利用时间长短衡量其关系，是双方匹配的关系，对双方而言就是一种双向投入，类似于关系锁定。这样的匹配可以认为是客户占据了更多的社会资本，事务所只能妥协。

客户从其审计师处购买非审计服务（NAS）的时间越长，审计师就越依赖于该收入流，这可能会降低审计师的独立性，降低企业的盈余质量（Cahan et al.，2014）。当审计师和客户之间的经济联系因非审计服务而产生时，以及当客户更重要时，企业的盈余质量可能更低。

这里主要关注非审计服务对事务所独立性的损害，而较少关注事务所与客户双方社会资本谁可能损害审计质量。

### 二、地缘关系

在审计实践中，有些上市公司倾向于聘请地理位置邻近的本地会计师事务所提供审计服务，而有些上市公司却喜欢"舍近求远"聘请外地会计师事务所提供审计服务。这个现象说明，审计师的地理区位特征很可能是影响上市公司与审计师间交互行为的一个重要潜在因素。

罗进辉等（2016）基于实证分析发现，审计师与公司地理距离越近，客户公司的会计稳健性越低，即地理邻近性降低了客户公司的会计稳健性；与国际"四大"相比，非国际"四大"审计师与客户公司间的地理邻近性对客户公司会计稳健性的消极影响显著更强。这是由于审计师与客户在地理上的邻近便于其二者建立亲密的私人关系，从而产生进一步的"合谋"，削弱了审计师应有的专业怀疑精神与态度，从而导致客户的会计稳健性降低。

### 三、商业合作关系

一方面，审计师与客户的商业合作关系可能提高盈余质量。审计能够扮演客户外部治理的角色，这取决于客户与其利益相关者的关系。Ashbaugh 和 Warfield（2003）把德国审计市场分为两组，一组根据市场份额由前两名审计师组成，将其归类为占主导地位的审计师，另一组由其他审计师组成。德国公司对占主导地位的审计供应商的需求与用作债权人、分散股东和外国供应商利益相关者利益代理的变量正相关。德国公司和占主导地位的审计供应商选择与控股公司的利益相关者利益负相关。

审计师任期越长，意味着审计师和客户的合作时间越久，报告收益的稳健性越高（Jenkins and Velury，2008）。长期合作时审计师能够抑制发行公司 IPO 时的盈余管理程度。这种制约效果随合作次数的增加而加强，在约六次时达到最大值（孙亮等，2016）。

CPA 高管的经验、技能会限制客户的盈余管理行为（刘继红和章丽珠，2014）。但是，"事务所关联"赋予高管进行额外应计盈余管理的能力，能让审计师接受更高水平的应计盈余管理，使公司面临的审计监管更为宽松，客户不会转向成本更高的真实盈余管理，而转向更低水平的真实盈余管理。

另一方面，审计师与客户的商业合作关系可能降低盈余质量。客户雇用前审计师做高管的公司盈余质量更低，这意味着审计师与客户公司潜在的雇佣关系也会影响审计独立性（Menon and Williams，2004）。Jenkins 和 Velury（2008）发现审计师任期越长，报告收益的保守性可能性相对较高。

### 四、社会信任水平

社会信任可以塑造积极的企业行为，从而可以缓解其中一种不道德的管理行为——盈余管理。中国作为一个新兴经济体，在投资者保护、信息环境、政府监管等正规制度方面还比较落后。因此，非正式制度（如社会信任）更有可能取代正式制度并影响公司决策（Chen et al.，2021）。

社会资本可有效抑制大股东掏空，两者关系在较差的信息环境中表现更为明显（孟为和郭雪萌，2017）。社会资本促进处于财务困境的上市公司大股东向其提供关联抵押担保以渡过难关。关联方与客户处于同一地区加剧"掏空"，高社会资本区域客户滞后期应计项目盈余管理与"支持"正相关，并从信息理论与社会认同理论出发解释了社会资本作为一项重要的非正式制度可有效保护外部投资者利益，为客户改善内外部治理、建立外部中小股东的利益保障机制提供参考。

潘越等（2020）从微观视角实证研究我国各省社会资本水平差异对上市公司IPO盈余管理行为的影响，并进而深入探讨社会资本与法律保护这两种外部约束机制在影响公司盈余管理决策方面的相互替代作用。在社会资本水平较高的省份，上市公司更不可能进行IPO盈余管理，而且社会资本与法律保护在公司IPO盈余管理决策中所起的作用是可替代的。

在信任度高的国家，管理层更有可能发布盈利预测，因为这些自愿披露的信息被投资者视为有关公司未来盈利能力的更可靠的信息来源（Guan et al.，2020）。相反，在信任度较低的国家，经理人不太可能发布盈利预测，因为他们对投资者的可信度有限，因此投资者更有可能不相信这些信息。来自社会信任度较高国家的公司发布的管理层盈余预测更准确，包含更多关于多个项目的信息。Chen等（2021）发现，社会信任降低了盈余管理。高社会信任环境提高了道德管理行为，从而降低了公司盈余管理的可能性。社会信任对盈余管理的负面影响在法律环境较弱且媒体报道较多的公司中更为显著。社会信任作为一种社会规范，影响着企业的决策。社会信任促进企业利益相关者之间的相互信任。因此，强信任区域中的管理者是可信任的，并且不太可能参与组织中的不道德行为。高度信任环境中的公司的不当行为较少（Dong et al.，2018），如避税（Xia et al.，2017）、隐藏坏消息（Li et al.，2017）、审计师报告财团（Chen et al.，2016）、股价崩溃风险（Cao et al.，2016）、企业不当行为（Dong et al.，2018）和经济增长情况（Cui，2017）。

媒体报道作为外部治理，在一定程度上缓解了企业违规的可能性会计欺诈（Du et al.，2015）。然而，没有证据表明媒体报道是否能够缓和社会信任对盈余管理的影响。媒体报道增强了社会信任，盈余管理减少。

这里仅涉及外部社会资本对公司盈余质量的影响，事务所社会资本也是一种外部社会资本，在影响公司盈余质量方面也会起到同样的作用。既然一个地区社会资本可以影响公司治理，为什么事务所直接社会资本就不能影响公司治理呢？当然，这方面的研究成果并不多。

### 五、审计师工作背景

企业高管是否具有审计师（CPA）工作背景可能会对企业的盈余质量产生不同的影响。

一方面，"CPA 工作背景"的高管对企业盈余管理可能发挥监督治理效应。具有 CPA 工作背景的高管积累了较多的财务和交易经验，具有一定行业专长，能够显著提高企业财务报告质量，降低盈余管理程度，市场反应程度较强。另一方面，"CPA 工作背景"的高管可能致使企业增加盈余管理。这是因为"CPA 工作背景"赋予了其更多的社会资本和更加专业的知识，使高管具有潜在操纵盈余管理的能力（Geiger et al.，2005）。

Bilal 等（2018）研究表明，审计委员会的财务专业知识对审计的收入质量具有积极的作用，在限制管理层的机会主义行为方面更有效，因为他们相对于普通的审计委员会成员拥有更多的会计和财务知识。因此，相对于聘任"有 CPA 工作背景但无事务所关联"公司而言，"有事务所关联"的公司有更多的应计盈余。

然而，刘继红（2014）认为没有显著的证据显示 CPA 高管经验、技能会显著地监督和限制公司的盈余管理行为。但是，"事务所关联"赋予了高管进行额外应计盈余管理的能力，能让审计师接受更高水平的应计盈余管理，使公司面临的审计监管更为宽松，公司并未转向成本更高的真实盈余管理而有更低水平的真实盈余管理。

## 第三节　事务所与客户社会资本匹配对企业价值的影响

### 一、事务所与客户匹配

审计师与客户的不匹配关系可能影响企业商誉。王文姣和谭云（2020）发现，客户与审计师向上不匹配关系对并购商誉泡沫具有抑制效应，客户与审计师向下不匹配关系则加剧了企业商誉泡沫。随着内外部治理环境的改善，客户与审计师不匹配关系对企业并购商誉的影响有所削弱。这是因为，当客户向上匹配审计师时，审计师拥有的审计资源、审计手段、自身专业素养以及出于对自身声誉的维护，审计师通常能够客观、准确评估客户公司特征、经营风险，并对客户出现的盈余管理行为持较低的容忍态度，从而防止管理层出现盈余平滑或"洗大澡"行为。反之，则会加剧企业的商誉泡沫形成。除此之外，审计师与客户的匹配关系也会影响企业的股价崩盘风险（傅超等，2020）。这篇文章基于审计服务供求双方博弈的视角，考察客户与审计师匹配关系对公司股价崩盘风险的影响及其作用机理。主要结论表明，客户与审计师向下不匹配关系加剧了股价崩盘风险，但未证实客户与审计师向上不匹配关系抑制了股价崩盘风险的假说。向下不匹配关系对股价崩盘风险的影响主要来自审计监督治理的低效，没有直接证据证明客户与审计师向下不匹配是公司股价崩盘风险的信号表征。与王文姣和谭云（2020）论证的过程相似，为监督治理论提供了经验证据。

## 二、社会网络关系

在中国社会，"关系"是一个十分重要的文化和社会因素，对企业的生存发展以及商业运作具有重大影响。几个世纪以来，社会关系已经渗透到中国社会和组织活动的各个方面。近代中国社会仍然十分重视社交和商业关系的网络运作。因此，只要是中国的企业，无论是在国外还是在国内，都必须了解并正确利用社会关系，以便在竞争对手面前取得优势。企业之间的社会网络关系构建有助于其增加企业价值。Luo等（2012）考察了中国企业利用关系网络的组织实践以及关系对企业绩效的影响。基于组织和战略理论，开发了一个综合框架来解释在中国组织中关系网络的实践。结果表明，社会网络关系在市场扩张方面有助于企业价值的增加，但对提高净利润方面却没有显著关系。社会关系在建立外部网络、合法性和市场竞争定位方面比改善内部运作更为重要。这一发现支持了关系中的互惠法则。通过关系建立联系的公司有义务回报利益，以维护信任。Gu等（2008）的研究探讨了关系作为一种治理机制如何以及何时在中国经济转型中影响企业营销能力和绩效。企业可以通过关系网络提高市场准入程度，但管理者需要从个人到公司层面获取关系。因此，社会网络作为一种强大的治理结构需要被大众认识和理解。

在劳动力市场上，社会网络关系是否会影响员工创新呢？答案是肯定的。

TSeng（2006）的研究以期解决两个问题：①调查不同时期半导体行业的创新网络关系及其演变；②研究公司在创新网络中占据的网络地位是否会影响创新能力。实证结果表明，中心性较高、密度较高的企业创新能力更强，子集群（凝聚力）的连接更紧密。同时，Chen 等（2019）基于元分析的技术方法发现企业之间的社交网络会对创新产生滞后影响。且网络嵌入对绿色社会资本和绿色创新绩效有积极影响。

近期的研究发现，企业创新活动嵌入多网络中，其中中层经理发挥着重要作用。Xie（2021）利用问卷数据，测试了多网络，即行政网络、知识网络和社交网络对企业创新的影响，并讨论了中层管理人员的影响。结果表明，三重网络对企业创新绩效有重大影响，通过促进员工之间的情感共鸣、知识共享和行为共鸣，中层经理缓和了网络与创新的关系。文章推进了基于多网络嵌入式的企业创新机制研究，并就中层管理人员在企业中的创新作用提供了新见解。

### 三、校友关系

校友关系作为重要的社会资本，在企业的资源获取、信息传递中扮演着重要角色。

申宇等（2015）研究表明，CEO 的"小圈子"中存在着许多涉及商业机密的私有信息，只有"圈内人"才能共享。在某种意义上，圈子就是一堵围墙，在围墙之内是信息的自由流动，知无不言，言无不尽；在围墙之外，是无声的缄默。因此，高管校友关系作为一种较为亲密的私人关系，有助于高管个体降低企业创新失败的可能性，增加创新成功的概率。

现有研究发现高管构建的校友关系网络能够促进企业创新。众所周知，创新是一项高风险、高回报、长周期的投资，需要充足的资金和有利的创新环境，申宇等（2017）从"融资约束"和"信息匮乏"两方面，解释了高管之间的校友关系如何缓解企业创新面临的两大难题。游家兴和刘淳（2011）考察了企业家社会关系网络与融资成本之间的关系，结果表明，社会关系网络显著拓展了融资渠道，降低融资成本。Faleye 等（2014）从缓解高管信息不对称的角度，同样证实了社会关系网络能够提高高管创新积极性。

进一步地，校友关系的广度和深度均能够提升基金业绩（申宇等，2016）。具体表现在以下四个方面：第一，校友关系的广度和深度都能为基金带来业绩的正向提升；关系广度最高的基金组合每年获得的超额收益率比校友关系广度最低的基金组合高出 11.37%；校友关系深度最高的基金组合比校友关系深度最低的基金组合高出 9.12%。第二，校友关系存在"小圈子"效应，只有直接校友关系和亲密的校友关系能够影响基金业绩，间接校友关系对基金业绩的影响未能被证实。第三，校友关系网络对基金业绩正向影响的作用机制在于，关系网络能够享有更多的私有信息，从而进行更加积极的主动投资与隐形交易。第四，校友关系网络在股票买入时能够产生显著的正向影响，但是在卖出时却不显著，说明校友关系网络在好消息面前有福同享，但在坏消息面前却各自保守信息。

上述一系列有关高管校友圈子的研究反映出我国资本市场中直接关系网络的重要性，研究结果对我国资本市场的信息传递机制、关系网络经济效应都有理论和现实意义。

### 四、社会信任水平

相关文献表明社会信任水平可以促进企业创新。具体机制如下：第一，虽然一个地区社会资本的提升对于本地企业被外地企业侵权的风险影响不大，但是由于其降低了企业被本地企业侵权的风险，而后者是主要的侵权风险（Keller，2002），因此企业总体被侵权风险（本地加外地侵权风险）得到降低。进一步地，前人研究发现随着企业专利技术被侵权风险的降低，研发投入和专利技术所带来的技术垄断利润和专利授权费收益将会提高，这将提升企业的未来财务绩效（吴超鹏和唐菂，2016）。由此推知，一个地区的社会资本水平越高，企业创新对未来会计绩效的影响越大。第二，社会资本的提升，可以缓解信息不对称和减少外部性问题，不仅促进企业创新数量的增加，而且促进创新质量的提升。从会计利润的角度看，企业创新质量提升的一个重要衡量指标，就是同样一单位的专利数量和专利引用率（专利影响力），是否可以给企业带来更高的未来利润。因此，若社会资本可以提升创新质量，我们预期企业的创新产出可以在未来一段时期内给企业带来更多的利润。

吴超鹏和金溪（2020）从微观视角实证检验我国各省社会资本水平差异对企业创新及会计绩效的影响机制和作用效果，研究结果表明：在社会资本越高的省份，上市公司创新水平越高，具体表现为专利的产出和被引用次数越高；进一步研究发现，社会资本可以通过缓解融资约束和减少知识产权被侵权风险等途径来促进企业创新。

## 第四节　事务所与客户社会资本匹配对
## 薪酬治理的影响

### 一、社会网络关系

最近几十年里，董事会的薪酬有了显著的增长。董事会及其薪酬结构对公司决策的重要性与日俱增（Jensen and Zajac，2004；Pugliese et al.，2009）。那么，结交更多"朋友的朋友"的董事，其未来薪酬是否会显著增加？

（1）高管个人社会资本的增加会提升薪酬水平（曹廷求等，2012；张俊瑞等，2018；Ferris et al.，2019）。

依据资源依赖理论，人脉广泛的董事会可以为公司提供更好的建议，并提供更多获取稀缺资源的途径，因为它们"资源丰富"。社会联系在信息传播和资源获取方面起着重要作用（Ferris et al.，2017）。同时，董事会的资源贡献水平应该是董事会薪酬的一个重要决定因素（Hung，1998）。

根据林南的社会资源理论，跨越层级的社会网络将产生异质性资源，如交往者的权力、声望、财富等资源，这些资源具有较高的异质性。如果跨体制的社会网络异质性增加，嵌入其中的资源类别也必然增加，不同类别资源的整合，将产生收入效应。客户监督委员会和咨询委员会都可能从社会关系中受益。Horton 等（2012）通过整合高管与董事之间的网络关系发现，高管和外部董事的薪酬与其社会关系的特征相关。CEO、CFO 等执行董事和董事长等外部董事的亲密程度高，在经纪行业的地位越高，薪酬越高。这些产生公司连通性的总联系与未来业绩正相关。这一发现与管理层的权力和高管榨取租金的行为不一致，而与高管因给公司带来资源而获得报酬的行为一致。李四海等（2017）发现，具有跨体制社会资本的高管以及具有的跨体制社会资本在管理团队中越稀缺，其薪酬的绝对水平与相对水平越高。

依据委托代理理论，董事会社会资本加剧了董事和经理与声誉损失相关的成本。董事会具有较高的社会资本，更有利于其对企业进行监督，从而更好地缓解公司的代理问题。另外，Cronqvist 等（2009）研究表明，更高的薪酬可以使管理层免受董事审查。如果经理们付给董事们更多的钱来阻止他们进行积极的监督，那么对于这些公司的董事来说，社会资本的溢价就会降低。

（2）独立董事社会资本越高，越能起到公司治理作用。独董社会资本越多，意味着其所覆盖的稀缺资源越多。个体镶嵌在网络关系中的声誉激励也就越丰厚，声誉损失所连带的机会成本也就越大，内在自我超越需求和外部丰富资源馈赠，将不断激励着独立董事提高专业水准和职业道德感，更好地监督高管在职消费和天价薪酬等投机行为（Fama and Jensen，1983），降低代理成本，增强高管薪酬—绩效的敏感度。如果发生因治理不力被监管机构、投资者或媒体处罚或谴责等事情，那么声誉会有很大的损失，并有可能导致之前拥有的社会资本同时受损。为此，由于对社会声望和对精英圈子关系认同的重视，网络中心度高的独立董事基于声誉的考虑会更有动机去监督和激励管理层。陈运森和谢德仁（2012）发现，公司独立董事网络中心度越高，高管薪酬—业绩敏感性越强；与非国有上市公司相比，国有上市公司中独立董事网络中心度与高管薪酬—业绩敏感性的正相关关系更弱；用独立董事网络中心度解释的高管薪酬部分对未来业绩有促进作用。高凤莲和王志强（2016）发现，独立董事个人社会资本越高，高管薪酬与兼任公司绩效的敏感性越强；在法律保护或信任水平偏低的地区，独立董事社会资本对增强高管薪酬—绩效敏感性的作用更为显著，起到了积极的替代效应。

在对知识管理越来越重视的情况下，董事会面临着利用无形资产为股东创造价值和财富的挑战。以往对管理人员薪酬的研究倾向于关注他们的背景和性格（即管理者是谁）。随着企业之间的相互联系越来越紧密，竞争模式也趋向于基于网络的模式，高层管理者的社会资本很可能会成为一种越来越重要的管理资源。

根据委托代理理论，拥有更集中所有权的公司更容易监督 CEO 和防止机会主义。代理问题可能导致行政总裁薪酬中的管理租金抽取，导致过度偏袒行政总裁和较高薪酬水平的机会主义薪酬做法（Bebchuk and Fried，2003）。

在家族企业中，通常存在两种类型的激励控制：契约与关系治理。Young 和 Tsai（2008）发现，CEO 社会资本是决定非家族企业 CEO 薪酬水平的重要因素。在比较了家族与非家族 CEO 社会资本的激励相关性后得出，契约治理在激励非家族 CEO 时更加依赖，因此他们的社会资本应在薪酬契约中被隐含或明确地考虑。相比之下，对于家族型 CEO 而言，关系治理通过薪酬契约替代了控制权，因此社会资本衡量在决定其货币薪酬方面的相关性较小。当前研究的证据支持这一论点，即社会资本对非家族 CEO 的激励作用大于对家族企业集团中的家族 CEO 的激励作用。

通过比较非家族 CEO 集团内社会资本和集团外社会资本发现，董事会更重视家族企业集团外的董事关系，而不是家族控制的企业集团间的董事关系。家族企业往往难以吸引和留住拥有丰富社会资本的专业 CEO，原因是独家继承、职业成长潜力有限、缺乏职业化感知和财富转移的限制。因此，他们的管理团队通常缺乏异质性。为了增加异质性，家族企业的董事会对具有宝贵的集团外董事关系的非家族 CEO 招聘和支付更高的薪酬，这有助于公司增加不受家族经验支配的视角，从而提高决策质量。

### 二、校友关系

管理层对外具有更多校友关系有利于提升其薪酬，且企业更可能出现违规行为。张洽和袁天荣（2002）实证研究了并购双方 CEO 校友关系对并购决策与并购效果的影响，研究发现：当主并方和被并方 CEO 存在校友关系时，主并方 CEO 在并购中能够获得更高薪酬。如果基金经理与公司高管存在校友关系，则基金对限制管理层薪酬的提案投反对票的可能性更高；与基金经理有校友关系的高管薪酬显著高于无校友关系的高管（Butler and Gurun，2012）。Engelberg（2013）也证实了这一点，上市公司高管与其他上市公司高管存在的校友关系与薪酬正相关，并且高管的校友关系每增加一个，其薪酬增加 17000 美元。Shue（2013）发现 MBA 学生实习建立的关系网络不仅影响着他们的职业选择，而且当 MBA 学生成为高管后，他们所设计的薪酬计划以及并购战略与校友关系显著相关。具体机制如下：根据权力寻租理论，企业管理层控制权越大，其为薪酬利益推动并购的动机越大。当 CEO 与其他主体具有校友关系时，CEO 更有可能利用人情或权力机制进行寻租，这进一步加剧了 CEO 的违规行为，且违规的协调成本更低。

因为在不完全契约框架下，当交易双方对对方的行为无法做出确定性判断时，参与人彼此的不信任增加了交易结果的不确定性和发生机会主义行为的可能性，而契约签订和实施成本较高，此时信任和身份认同提高了行为人合作的可能性（Luo，2011）。主并方与被并方 CEO 之间基于校友关系形成的身份认同，提高了彼此的信任感，降低了合谋违规的协调成本（Khanna et al.，2015），从而使合谋获取私人利益的交易很容易达成，寻租的可能性更大。

### 三、社会信任水平

现有研究发现居住在社会资本水平较高地区（合作规范强、社会网络较为密集）的个人，不太可能参与机会主义和自私的行为。高社会资本能够降低个人犯罪行为、被他人贿赂的可能性（Buonanno et al.，2009）。Posner（1980）以非洲为例，发现村庄密集的社交网络减少了村民的机会主义行为。这是因为高度密集的社会网络伴随着频繁、重复的社会互动，有助于合作规范的制定。而个人机会主义行为和与合作规范相关的规定价值相矛盾。充分的社会互动能够培养行为准则，并阻止机会主义行为的产生。Hoi 等（2019）采用了一系列县级措施，以收入水平、人口增长、人口密度、纬度、经度、河流距离、年龄、教育水平、非白人人口百分比、选举结果中民主党/共和党的相对实力等因素的影响，以及宗教信仰，这是指一个县的人口中声称信仰有组织宗教的比例去衡量社会资本，发现社会资本通过抑制高管薪酬中管理租金的提取来缓解代理问题。

Coleman（1988）提出"社会资本存在于人与人之间的关系中"，因为社会网络提供了有效的信息共享、更好的沟通和规定规范的执行。因此，人们会认为，密集的社交网络会增加个人对实施机会主义行为的预期成本。一方面，这些成本包括外部社会制裁（Coleman，1988），如社会排斥（Uhlaner，1989）和污名化（Posner，2000）。另一方面，由于人具有道德自我概念，如内疚和羞愧。在社会资本水平较高的社区中，个体被强大的合作规范和密集的社会网络所捕捉到。一旦人们出现机会主义行为，可能会产生更高的边际成本。因此，社会资本能够降低企业的机会主义行为。

从这个角度看，如果社会资本能阻止个人机会主义行为，那么社会资本也应该限制企业的机会主义行为（Bertrand and Schoar，2003），主要原因：第一，社会资本可以被认为是基于社会相似性，共同的从属关系或活动，并增加了共同的社会属性。第二，社会资本可以被看作是一个人的个人网络和精英机构的附属。第三，虽然社会相似性和由庞大的个人网络和精英关系所表明的绝对社会资本应该产生积极的结果，但相对社会资本——个人相对于他人的地位可能影响其决策。

# 第六章 事务所与客户社会资本匹配
# 后果：对资本市场的影响

事务所对客户审计最终通过审计报告呈现在资本市场上，对资本市场的各方参与者如分析师、机构投资者、中小投资者、评级机构、媒体等产生影响。事务所与客户社会资本的匹配也会对此产生影响。本章选取分析师、媒体和投资者三个方面展开分析。

## 第一节 事务所与客户社会资本匹配对
## 分析师预测的影响[①]

证券分析师作为重要的利益相关者群体，通过收集、加工并分析企业相关信息，从而给出自身专业的评估建议。分析师关注作为分析师预测行为的基础，其是否关注企业的行为能够作为一种信号传递至外界。当分析师失去对企业跟进的意愿，很有可能表明企业正在面临较为严重的经营问题或潜在风险。企业的规模越大、市场竞争地位越高、成长潜力越大、经营风险越小、信息披露越多、治理结构越好（Haw et al., 2015；岳衡和林小驰，2008；白晓宇，2009），则会吸引更多的分析师关注。同时，分析师预测质量。现有文献主要探讨企业内部信息质量、公司经营战略以及分析师自身特征（Francis and Schipper, 1999）对分析师预测质量的影响。企业披露公司内部经营的信息越多，包括发布管理层内部讨论与管理层预测信息，预示着企业对自身经营充满着较强的信心（王雄元，2017），

---

① 本节主要内容来自陈宋生，刘青青. 外部审计师与卖方分析师相互影响及治理效应：一个文献综述［J］. 审计研究，2017（1）：59-68；有删减。

分析师无须再通过其他渠道获取有关企业内部的真实数据（王玉涛和王彦超，2012），因此，分析师的预测准确度也越高。此外，交通运输成本的降低也提高了分析师前往企业办公地调研的频率，降低了分析师获取私有信息的难度，分析师预测准确度进一步提升（杨青等，2019）。

从社会资本的角度，宋乐和张然（2010）考察了分析师的"关系资源"可能对其自身行为产生的影响。他们将对同一个上市公司进行盈余预测的分析师分为两类，一类分析师为该上市公司高管曾经或正在此类分析师所在的证券公司工作，称为关联分析师，另一类分析师不存在这种关联关系，称为非关联分析师。同非关联分析师相比，关联分析师盈余预测精准度更低。曹世蛟和王建琼（2021）发现企业的网络中心度显著提升分析师盈余预测精度；当企业的公开信息不充分时，其网络中心度对分析师盈余预测精度的提升效果更明显，当企业高管与连锁公司其他高管互动机会越多时，其网络中心度对分析师盈余预测精度的提升效果越明显。可见，企业的高管连锁网络上存在泄露的私人信息，这些信息能够被分析师捕获，最终丰富金融市场中的信息供给。

## 一、审计行为对分析师的影响

除此之外，审计师的审计行为、社会资本等也可能对分析师产生影响（见表6-1）。

表 6-1　分析师与审计行为分主题关联

| | 分析师关注/跟踪 | 分析师盈余预测准确度/离散度 | 分析师现金流预测 |
|---|---|---|---|
| 审计报告 | AU→AF（Bailey，1981） | — | — |
| 审计费用 | AF→AU（Gotti et al.，2012；Fang et al.，2014；周冬华等，2015；赵保卿等，2016）AU→AF（李志刚等，2015） | AF→AU（施先旺，2015） | AF→AU（Mao et al.，2015） |
| 审计质量 | AU→AF（李刚，2013） | AU→AF（Lawrence et al.，2011；Behn et al.，2008；李刚，2013；He et al.，2014） | — |
| 审计选择 | AF→AU（Sun et al.，2011） | — | — |
| 审计任期 | AU→AF（储一昀等，2011） | — | — |
| 审计声誉 | AU→AF（Barton，2003） | AU→AF（吕伟，2010；Cahan et al.，2012；石玉等，2014） | — |
| 审计意见 | AF→AU（李晓玲等，2013） | AF→AU（李琰等，2015） | — |

| | 分析师关注/跟踪 | 分析师盈余预测准确度/离散度 | 分析师现金流预测 |
|---|---|---|---|
| 审计时长 | AF→AU（Chun et al.，2015） | — | AF→AU（Mao et al.，2015） |
| 内部审计鉴证 | — | AU→AF（徐虹等，2014） | — |
| 事务所 | | | |
| 行业专长 | — | AU→AF（Behn et al.，2008；Payne，2008） | — |
| 事务所规模 | — | AU→AF（吕伟，2009） | — |

（1）审计投入对分析师的影响。一是审计声誉。分析师预测高声誉事务所"四大"审计的企业时精确度较高、分歧度较低（Behn et al.，2008）；对声誉受损事务所审计的上市公司的分析效率有所下降。安然事件中安达信声誉受损加剧其余由安达信审计的财报不确定性，影响分析师预测的准确度。可见，分析师行为受感知到的审计质量影响（Cahan et al.，2012）。在分析 2008~2012 年中国证监会公告的五起重大会计师事务所处罚案件后，分析师对声誉受损客户的盈余预测质量下降（石玉等，2014）。

二是事务所行业专长。分析师与具有行业专长的事务所具有一定的竞争关系，分析师跟踪较多的公司倾向于不聘请有行业专长的事务所（Sun et al.，2011）；管理层为迎合分析师预测而向审计师施加压力，有行业专长的事务所则不易屈服，如 Payne（2008）发现在某行业拥有较大市场份额（客户量和收入）的事务所会提升分析师预测偏差程度，并且较少做出迎合分析师的行为。

（2）审计产出对分析师的影响。财务报告是分析师重要的信息来源之一（Lees，1981），它是否可信是分析师预测准确性的重要前提，需要通过了解审计报告确证财务报告的可信度（Bailey，1981）。审计意见类型则与预测误差负相关（王秀秀，2011）。研究较少关注审计产出对分析师的影响。这是因为审计报告伴随着财务报告一起公布，较难单独解释分析师是如何解读审计报告的；审计报告中可用于单独观察的非标准审计意见或用于表征审计质量较低的财务重述样本量较小，难以进行大样本实证研究。

（3）审计环境对分析师的影响。一是审计任期。分析师捕捉并解读审计任期所传递的审计质量信息。尽管审计任期与质量的关系本身还是个悬而未决的议题，但在分析师眼中，审计任期越长则审计质量越高，审计任期对分析师预测盈余的持续性具有正向影响（储一昀等，2011），这佐证分析师决策受审计信息的影响。

二是异常审计费用。异常审计费用可能暗示审计师与客户的合谋行为。分析师跟踪人数随异常审计费用增加而减少，说明分析师能觉察到可能的审计合谋带来的风险，并通过放弃跟踪的方式向市场传递信息（李志刚等，2015）。

此外，事务所合伙人薪酬、非审计费用、审计费用溢价也是审计环境重要议题，目前较少研究它们对分析师的影响。

### 二、审计师与分析师关联路径

（1）审计师与分析师的信息传递步骤。由于审计师与分析师没有直接的利益关系，二者发生关联的渠道可理解为公开信息的捕捉与传播。以下从时间轴角度分析二者信息传递的简化步骤（见图6-1）。

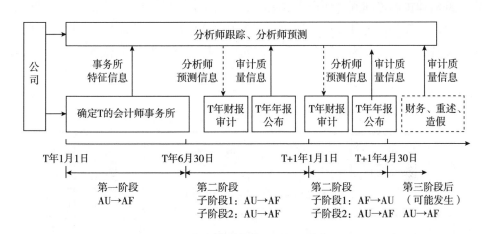

**图6-1　审计师与分析师的信息传递步骤**

假设 T 年年初为分析初始时刻，在 T 年 1 月 1 日到 T+1 年 4 月 30 日期间，将审计师与分析师的信息传递分为三个阶段。

第一阶段：审计信息影响分析师决策（AU→AF）。上市公司应于上一会计年度结束后 6 个月之内召开股东大会，确定公司 T 年的审计机构，将事务所特征信息（如规模、行业专长、声誉等）传递至分析师，对其决策提供一定参考。

第二阶段：分为中报审计与发布两个子阶段。前者为分析师影响审计师行为（AF→AU）；后者则是审计师影响分析师活动（AU→AF）。子阶段 1 为 T 年中报审计，分析师在上半年对公司事件的挖掘和解读的信息传递给审计师，以助其更好了解公司；子阶段 2 为 6 月 30 日后，T 年中报发布，分析师为下半年的预测收集中报财务信息、审计信息。

第三阶段：分为年报审计与公布两个子阶段。前者为分析师影响审计师行为（AF→AU）；后者则为审计师影响分析师活动（AU→AF）。子阶段 1 为 T+1 年年初，审计师对上市公司 T 年年报审计。分析师对公司的评价作为直接的信息为审计师决策提供参考，并可能通过管理层的间接作用影响审计师的决策。子阶段 2 为 T+1 年 4 月 30 日前的年报公布期，与第二阶段中所述类似。

之后也可能发生财务重述等事件，这些新的审计质量信息也会随时被分析师捕捉并运用于预测的更新或修订（AU→AF）。

多数文献仅关注单维单向影响，可考虑探索多阶段互动所形成的均衡问题。

（2）审计师与分析师治理路径。分析审计师与分析师同为外部治理的中介机构，其关联方式有两种：一种为两者在外部治理环境中的相互影响；另一种为内外部治理机制之间互动而产生的关联。

第一，外部治理环境中审计师与分析师关联路径。审计师与分析师在时间轴上会交替影响对方，需要区分行为人的先后顺序，其中路径 1 和路径 2 是分析师先行动对审计师的决策影响，路径 3 和路径 4 是审计师先行动对分析师的信号作用（见图 6-2）。

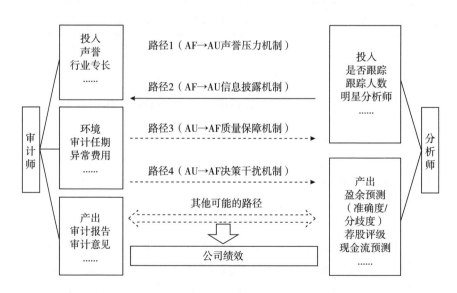

**图 6-2　外部治理机制中审计师与分析师关联路径**

路径 1 为声誉压力机制，表现为分析师活动引致增加审计投入，分析师会向资本市场传递公司动向。如果出现审计失败（如上市公司财务重述或者被查出有会计舞弊行为），投资者将通过分析师报告来获悉审计师的失职行为，使审计师承受更多的舆论压力甚至是职业生涯危机，因此事务所会投入更多的时间和人力成本以降低审计失败的概率。大多数国家的审计投入都是非公开信息，研究中以审计收费的增加间接表征审计投入的增加（Yim，2012；Keune and Johnstone，2011），也可利用公开的审计时长数据，更为直观地反映分析师跟踪带来的审计投入增长（Chun et al.，2015）。

路径 2 为信息披露机制。与路径 1 相反，路径 2 反映出分析师活动会降低审计投入。分析师的工作有利于审计师全面了解企业的经营状况以及行业整体水平，更有效率地识别财务数据的真实性和合理性，有助于降低审计的检查风险，进而降低审计投入。与路径 1 类似，学者大都使用审计费用间接表征审计投入（Fang et al.，2014；施先旺，2015；赵保卿等，2016），也有关注审计延误时长（Mao，2015）；分析师现金流预测比盈余预测更能反映企业的健康状况，因此考察现金流预测与审计费用及时长的负向关系（Mao，2015）。

路径 3 为质量保障机制。分析师的重要信息来源之一是财务报告（Les，1981），分析师会通过审计报告以鉴别财报质量（Bailey，1981）。审计师是企业财务信息的"质量监察员"，高质量的审计活动将为分析师提供可靠信息来源，提升其分析效率。分析师从财报中无法直接判断审计质量的高低，于是事务所的规模、声誉、行业专长（Behn et al.，2008；吕伟等，2016）或任期（储一昀等，2011）成为其判断审计质量的重要信号，并依据这些信号做出相应的反应。

路径 4 为决策干扰机制。负面的审计投入成为分析师预测的障碍，主要为不良的审计声誉加剧其余由声誉受损事务所审计财务报告的不确定性，对分析师的预测造成干扰（Cahan et al.，2012）。

除上述四条关联路径外，可能还存在其他路径。一方面，可探究过程导向的路径。根据 Knecht（2013），审计要素可分为审计投入、过程、要素、产出和环境。研究中尚未探究审计过程与分析师行为之间的互相作用，审计过程或许比投入、产出和背景更能反映审计行为的动机；同时，分析师盈余预测的过程也仍然处于黑箱状态，从投入和产出只能间接观察其影响效果，因此从过程角度探究两者互相作用似乎更能揭示出经济主体中人的行为所带来的治理效应，后续的研究可考虑完善。另一方面，可剖析其他外部治理机制的中介或调节路径。审计师与分析师在外部治理环境中的相互关注很可能是通过媒体行为的中介作用，或者分析师对审计风险的影响或许会受到法律环境的调节。分析媒体、法律环境、政府

等其他外部治理机制的作用，有助于更加深入地理解审计师与分析师在外部环境
中的互动机理。

第二，内外治理机制交互作用下，审计师与分析师关联路径现有内部治理机
制研究关注经理层、董事会以及股权结构三个部分（Aguilera et al.，2015）。关
于审计师与分析师的文献很少涉及股权结构，下文讨论经理层和董事会两部分。

（1）引入经理层行为的治理路径。有关审计师、分析师与内部治理机制之
间互动的文献，多数都集中于与经理层行为有关的议题，主要有三条路径（见
图6-3）。

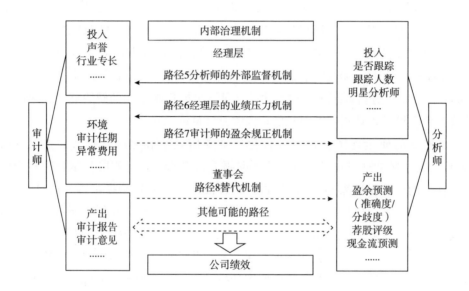

**图6-3　内外部治理机制互动下审计师与分析师关联路径**

路径5是分析师的外部监督机制。一方面，分析师外部监督可协助并补充
审计工作。分析师关注可约束经理层的盈余管理行为，减轻审计工作量（Coti
et al.，2012；Haw et al.，2012）。另一方面，分析师作为服务于投资者的中介机
构，会对上市公司的违规行为保持一定的敏感度（李志刚等，2015）。

路径6反映了经理层为实现分析师预测盈余而向审计师施加的压力。经理层
为了达到或超过分析师预测并获得资本市场的正面评价而产生盈余管理动机
（Doyle，2011），审计师的调整行为会削弱经理层的盈余管理程度，经理层有动
机干预审计调整额。审计方出于维持客户关系等目的而做出让步，使最终公告的
盈余不至于偏离预测值太远（Liby et al.，1999）。来源于分析师的业绩压力最终

转移到审计方（李琰等，2015），使分析师与审计师产生间接关联。

路径 7 为审计师的盈余规正机制。分析师与经理层之间存在依存关系，分析师维护与经理层关系以获得更多私人信息，而经理层也需要分析师传递公司正面信息。分析师的盈余预测反映了经理层预期达到的盈余水平，然而，审计师可能以诉讼风险或者声誉风险为虑，拒绝做出让步，使最终公告的盈余与预期盈余（即分析师预测的盈余）有较大偏差，表现为分析师盈余预测的准确度降低。

（2）引入董事会行为的治理路径。目前对于董事会、审计师与分析师三方关联的文献较少。Sun 等（2011）研究具有行业专长的审计师与分析师具有一定的竞争关系，即图 6-3 中路径 8 替代机制。首先，内部治理机制中的股权结构与外部治理机制的互动路径研究尚少，可考虑填补。其次，在内外部治理机制互动中，关注过程导向的路径也不失为新的研究契机。审计产出是审计师与公司管理层多方多轮博弈过程的结果，分析师研究报告发布也同样来源于分析师的多次路演、调研、电话会议以至于明星分析师竞选等活动，内外部治理机制互动的过程路径可能更加引人入胜。最后，引入动机和心理分析路径，管理层利己动机、审计师的权衡举措、分析师的"唱涨"行为，其背后都有深刻的群体或个人动因。

机制间的作用追本溯源是人的动机和行为的互动，找出这些潜在的路径有利于帮助我们理解在什么因素和条件下，可能会有更好的公司治理。

分析师和审计师都是公司治理的一种外部治理机制。通过其自身的活动，对公司治理产生影响，并最终影响公司绩效。从审计师和分析师这两大外部治理中介机制对公司治理目标及绩效的影响机理看：一是某一外部治理机制直接影响公司目标及绩效；二是某一外部治理机制通过内部治理机制影响公司目标及绩效；三是审计师与分析师在外部治理机制中发生关联并作用于公司目标及绩效；四是审计师、分析师与内部治理机制互动后作用于公司目标及绩效。现有文献中较多讨论前两种机理，而对后两种机理未做深入探索。

### 三、企业社会责任对分析师预测的影响

企业社会责任作为社会资本的一种衡量方式（Lins et al.，2017），对资本市场往往也会产生重要的影响。"企业社会责任"（Corporate Social Responsibility，CSR）最早由 Sheldon（1924）提出。Sheldon（1924）认为，企业应该将企业的社会责任与企业经营者满足消费者需求的各种责任联系起来；企业社会责任含有道德因素，企业对社区的服务有利于增进社区利益。随后的几十年中，在学术界不断深化对企业社会责任研究的同时，社会各界开始普遍接受企业应该承担社会

责任的观点，企业界则开始注重承担社会责任（Karnani，2010）。本节重点关注企业社会责任对分析师的影响，并展望事务所—客户资本匹配可能对分析师的作用。在探讨社会责任对分析师的影响之前，首先应当明白企业社会责任的内涵。李国平和韦晓茜（2014）对企业社会责任内涵做出了较为详细的整理。

关于"企业社会责任"的定义有很多，但如 Carroll（1999）所指出的，在20 世纪 50 年代及以前，关于企业社会责任的研究并不多。而且，直到 20 世纪60 年代中期，人们常用仍然是商人的社会责任，而不是企业社会责任。这表明当时的人们更多的是把企业家而非企业视为社会责任的承担者，并将企业社会责任等同于商人的伦理观和价值观。

Sheldon（1924）在 1924 年提出企业社会责任的概念，而 1932 年著名公司法学家 Adolf Berle 与 E. Merrick Dodo 就企业是否应该服务于社会进行的经典辩论中，双方都提出企业的社会责任问题（Berle，1932；Dod，1932）。但是一般认为，最早系统性地定义企业社会责任的是 Bowen。Bowen（1953）提出，商人的社会责任是指商人有义务按照社会的目标和价值观所期望制定政策和决策。虽然社会责任并非解决社会问题的万灵药，但它蕴含着未来引导企业方向的重要宗旨。因为他在这方面开创性工作，有人将他称为"企业社会责任之父"（Carroll，1999）。

20 世纪 60 年代出现大量社会责任研究，提出各种定义。其中，Davis（1960）提出，商人在做出决策或采取行动时，至少有部分原因超出了公司的直接经济或技术利益。在经过长期而复杂的过程后，一些对社会负责的商业决策能给公司带来长期经济利益。这一"长期经济利益"的观点在 20 世纪后期被广泛认同。然后 Davis（1960）提出著名"责任铁律"（Iron Law of Responsibility），即"商人的社会责任要与他们的社会能力相匹配"。

20 世纪 70 年代，学者们试图对企业的社会责任进行更准确定义（Carroll，1979；CED，1971；Johnson，1971；Murray，1976；Voaw，1973）。其中，Johnson（1971）对企业社会责任的四种观点分析，分别涉及企业的利益相关者、长期利润最大化、效用最大化等问题。但是正如 Votaw（1973）所指出的，这一时期几乎每个人对企业社会责任的定义都互不相同：企业社会责任是指法律责任；企业行为要符合社会伦理；企业应该对某些事情"负责"；企业社会责任等同于慈善捐款；等等。这一时期还有一个特点是，Murray（1976）提出 Social Responsibility（社会责任）、Social Responsiveness（社会响应）与 Social Performance（社会绩效）三个概念。关键并非企业承担什么责任，而是企业对社会环境响应程度，以及取得什么样的结果。这些以结果为导向的研究改变了关于企业社会责任研究的方向，即将相关研究引向了对衡量企业社会责任的实证研究。

自20世纪80年代以来，有了一些新见解（Drucker，1984；Jones，1980；Wood，1991）。著名管理学家彼得·德鲁克（Peter Drucker）认为，社会责任与盈利是兼容的，企业应该将社会责任转化为商业机会与利润（Drucker，1984）。Jones（1980）则提出，企业社会责任必须具有两个关键特征：第一，企业社会责任必须是自愿性的；第二，它是企业对股东的传统责任之外，对消费者、雇员、供应商与企业所在社区等社会群体的责任。但如同 Carrol（1999）以及 Carroll 和 Shabana（2010）所指出的，20世纪80年代以后少有就企业社会责任的定义提出创新性的观点，重要原因在于，研究者不仅将注意力转向企业社会责任的具体内容、实证研究等，而且将相关研究扩展到商业伦理、利益相关者理论、可持续发展等问题的研究（Carroll and Shabana，2010）。

近年来，实务界加大对企业社会责任问题的关注，许多公司开始承担各类企业社会责任（CSR）倡议。欧盟委员会在2001年倡议企业自愿将社会和环境问题纳入商业模式和运营，旨在满足股东及其他利益相关者的需求和期望。同时，许多信息中介机构已经开始收集和公开企业社会责任举措的信息，在环境、社会和公司治理绩效的多个维度上对企业评级和排名，给出相关"企业社会责任评级"或"企业社会责任得分"。此外，企业自愿披露社会报告标准使信息中介机构给出的"企业社会责任评级"或"企业社会责任得分"可信度越来越高，也更容易在不同行业和地区比较。Du 和 Yu（2021）考察企业社会责任报告的可读性和语气对未来企业社会责任绩效的影响，以及围绕企业社会责任报告发布的市场反应如何。企业社会责任报告（CSR）中文可读性越高、语气更乐观，企业未来的社会责任表现会越好。那么，CSR 是否会影响资本市场？尤其是像分析师这样专业的信息收集、处理与传播者，企业社会责任可能会对分析师行为产生两种截然不同的效应。

一方面，企业的社会责任披露会降低分析师预测偏差（Dan et al.，2012）。"道德关注"假说认为，注重社会道德是企业社会责任的重要要求，企业在追求经济利益最大化的同时，构架符合社会道德的企业文化是对社会负责任行为。通过提供特质信息降低企业和外部利益相关者之间的信息不对称程度，发挥社会责任的"沟通效应"。依据利益相关者理论，企业的生存依赖于其环境资源。因此，企业应当更加关注可能影响其运营的资源供应体。在更加注重利益相关者的国家，企业社会责任报告（CSR）与绩效更能对其财务绩效产生积极影响。在这些国家，与企业社会责任相关的披露（如企业环境信息、社会和治理绩效评估信息）将更有助于分析师做出预测。

从企业层面上看，企业社会责任信息是分析师预测时所考虑的重要因素。

第一，CSR 影响经营活动。企业社会责任活动可以通过各种渠道影响财务绩效，包括销售、成本、运营效率、融资和诉讼风险。在消费者对企业社会责任问题高度敏感的市场中，卓越的企业社会责任绩效可以提高企业品牌价值和声誉，提高消费者对企业产品的评价（Brown and Dacin，1997）。因此，企业社会责任活动是降低成本和实现运营效率的驱动因素。

第二，CSR 有利于吸引人才。高声誉与高福利的公司能够帮助公司吸引并保留更多的人才，并激励员工提高生产力（Waddock and Graves，1997；Roberts and Dowling，2002；Edmans，2011），而更高的员工满意度可能会为公司带来更好的财务绩效（Banker and Mashruwala，2007）。

第三，CSR 影响媒体报道。如果企业所在的行业受到的监管较为严格，那么，企业社会责任所带来的高声誉可以吸引更多正面媒体报道，并获得监管机构和政策制定者给予的有利待遇（Brown et al.，2006）。

第四，CSR 能够提升盈余质量。企业承担社会责任后减少了操纵应计，强制披露企业社会责任报告能够抑制真实盈余管理（刘华等，2016），发债企业承担社会责任能够显著降低其债券信用利差（周宏等，2016）。

第五，CSR 影响分析师准确性。分析师作为资本市场有效的"信息桥梁"，能够在一定程度上缓解企业与投资者的信息不对称。较高的企业社会责任质量有助于降低分析师预测误差，提高分析师的预测质量（Becchetti et al.，2013），分析师的预测结果会更加准确（李晚金和张莉，2014）。Muslu 等（2017）根据企业社会责任报告叙述的语气、可读性、长度、数字和水平内容制定了披露分数，检验企业社会责任披露分数与分析师预测之间的关系。研究发现与未发布企业社会责任报告的公司相比，企业社会责任报告披露分数越高，分析师预测更加准确。CSR 的内容有助于提高分析师预测的准确性，而这种关系对于内容更丰富的企业社会责任报告更为明显。

然而，由于缺乏强制执行的 CSR 框架，使每个企业的 CSR 中包含的信息在数量和格式上各不相同（Sethi et al.，2015）。同时，管理者可能会产生歪曲企业信息的机会主义动机，加之 CSR 自愿性质，这可能会妨碍 CSR 的可信度（Mishra and Modi，2013），并对资本市场产生负面的影响和反应。Hummel 和 Schlick（2015）曾就如何增强 CSR 的可信度，提出企业应当致力于高质量的财务报告，同时施行有效的企业社会责任活动。企业能否利用 CSR 中的叙述话语来提高可信度？除了发布 CSR 对资本市场产生的已有效益外，这些叙述是否还会影响 CSR 的可信度和对资本市场影响尚不清楚（Dhaliwal et al.，2011）。

另一方面，企业的社会责任披露会提高分析师预测偏差。Ioannou 和 Serafeim（2015）发现，在 20 世纪 90 年代初，基于代理理论，企业社会责任举措被视为服务于管理层，而不是服务于股东（Galaskiewicz，1997），因此，企业社会责任得分越高，分析师对投资建议形式的反应将越悲观。直到 2007 年，分析师对企业社会责任得分较高公司的态度发生了变化，预测也越来越乐观。该结论表明，在主流制度逻辑发生变化时，分析师对企业社会责任得分高的企业的认知和评估相关的社会学过程有更细致的理解。"风险策略"假说认为，企业自愿承担社会责任是管理者为了赢得利益相关者支持，减少盈余管理风险。即社会责任信息作为掩盖败德行为的自利工具，在一定程度上发挥了社会责任的"掩盖效应"。CSR 的净正面语调与股价崩盘风险呈现正相关，通过正面语调离差策略来隐匿企业的负面信息（黄萍萍和李四海，2020）。李新丽和万寿义（2019）同样发现，CSR 披露显著提高了股价同步性，而分析师关注在两者关系中发挥了显著正向调节作用。

鲜有学者关注事务所—客户社会资本匹配可能对分析师预测产生的影响，未来可以从该角度进行探讨与研究。

从事务所—客户社会资本匹配的角度看，基于约束假说，客户向上匹配事务所，能够降低股东与管理层的委托代理成本，缓解代理冲突。严格的公司内控制度促使企业追求高质量的审计。因此，客户向上匹配事务所，通过增加信息有用性更能够增加分析师预测准确度，降低分析师预测乐观度与分歧度。基于信息不透明假说，客户向下匹配事务所，可能是为了掩盖企业较高的财务风险、诉讼风险、盈余操纵风险与较差的公司治理，事务所此时处于劣势地位。因此，客户向下匹配事务所可能会对分析师预测产生消极的溢出效应，即降低分析师预测准确度，进一步提高分析师之间预测的分歧度。

## 第二节　事务所与客户社会资本匹配对媒体关注的影响

媒体作为一种外部公司治理力量，在资本市场中扮演着越来越重要的角色，但是较少从事务所与客户社会资本匹配对媒体的影响方面展开研究。

## 一、企业社会责任对媒体关注的影响

一方面，媒体发挥了公司治理的作用。媒体作为信息中介，能够曝光企业面临的潜在风险，进而引起监管部门的介入（姚益龙，2011），发挥公司治理效应。Dyck 等（2008）从声誉机制出发，认为媒体报道能够通过影响管理层和董事会成员的声誉，规范企业的违规行为。可见，媒体关注作为不可或缺的资本市场信息中介，时刻影响着企业的信息环境和行为决策。

另一方面，企业的行为也可能影响媒体报道。已有研究均假设媒体报道是外生，然而，Ahern 和 Sosyura（2014）认为，因果关系也可能朝着反方向发展。媒体会因当地广告商的压力做出反应和报道（Gurun and Butler，2012），媒体对利用投资者关系的公司更有利（Solomon，2012），具有固定股票兑换率的公司在设定兑换率期间发布的负面新闻稿较少（Ahern and Sosyura，2014）。这表明，媒体会根据企业的行为判断企业风险并做出一定反应和判断。

实务中，商业媒体关注企业社会责任。依据信号传递理论和利益相关者理论，第一，独立的企业社会责任报告（CSR）能够通过传递"信号"来缓解企业与外部资本市场的信息不对称，抑制企业的盈余管理行为（陈国辉等，2018），从而区分高质量与低质量的企业（Bergh et al.，2014）。第二，社会责任报告（CSR）能够向外界传递出更丰富的财务信息、更高质量的财务报告。第三，披露社会责任报告（CSR）提升了自身的合法形象，为企业获得了更多的商业信用，缓解了企业的融资约束（刘柏和刘畅，2019）。

企业社会责任（CSR）信号的预期受众广泛，包括客户、股东、影响者、倡导者、媒体、非政府组织、决策者、政府组织和公民（Connelly et al.，2011）。在缺乏充分沟通的情况下，可能会出现信息不对称，从而导致对企业的负面看法（Eberle et al.，2013）。在前社交媒体时代，由于强调通过年度报告和新闻稿进行传统报道，利益相关者对公司的企业社会责任概况的认识普遍较低。更糟糕的是，企业一系列误导性的沟通实践，如漂绿行为，可能会使公众对利益相关者产生怀疑并对企业社会责任努力产生怀疑（Du et al.，2010）。

这些受众不仅在寻找有关环境或可持续性绩效等具体信息，而且在寻找上述基于感知的"软"素质，如诚实、同理心、透明度、包容、宽容和信任（Du et al.，2010）。他们在寻找公司易于接近、开放、愿意参与和授权选民并进行双向沟通的信号（Eberle et al.，2013；Colleoni，2013）。公司本身将寻求包括外部企业社会责任传播者，如倡导者、影响者、媒体和不完全由公司控制的客户群体。此类外部传播者有助于传播信息，减少信息不对称，而且作为外部声音，还帮助增强对真实性和可信度的认知，从而促进更积极和真实的企业社会责任形象（Lee et al.，2013）。因此，企业有一些动机建立其企业社会责任沟通渠道，以便在受众数量和类型方面尽可能广泛。

Cahan 等（2015）在此基础之上探讨了三个问题：①良好的企业公民意识和良好的媒体报道之间有联系吗？②在某种程度上，企业是否积极管理企业社会责任以获得更有利的媒体报道？③考虑激励这种行为的经济动机，就更高的公司价值或更低的资本成本而言，更好的企业社会责任绩效和更有利的媒体报道会带来好处吗？社会责任较高的企业，越能获得更有利的新闻报道，媒体形象越好。进一步地，Saxton 等（2019）检验了传达企业社会责任相关主题的信息是否以及如何与公众产生共鸣，如果是，哪些企业社会责任主题和信号质量最有效，结果是建立在信号理论基础上的企业社会责任信息促进更高的利益相关者共鸣和参与。

## 二、事务所与客户社会资本匹配可能对媒体关注产生的影响

综上所述，较少研究企业社会关系对媒体关注产生的影响，也鲜有学者关注事务所—客户的社会资本匹配可能对媒体关注产生的影响。根据信号传递理论，客户向上匹配事务所，能够向外界传递出企业经营能力良好、企业成长性较强等积极的信号，因此，客户更有可能获得更有利的媒体报道。

而相较于客户向下匹配事务所，由于外界无法判断其审计的专业能力与审计质量等，更有关注企业自身存在的一系列经营问题，引发媒体的负面报道和猜测。如深圳堂堂是新证券法实施后，首家承接上市公司年报审计的非证券资格会计师事务所，证监会观察到深圳堂堂已承接多单 ST 及＊ST 上市公司的审计工作，并发现其在执业过程中存在诸多问题。证监会已对＊ST 新亿及深圳堂堂涉嫌违法违规行为立案调查。根据 Wind 数据统计发现，2019 年在 227 家 ST 及＊ST 上市公司中，共涉及 35 家审计机构。其中，大华会计师事务所（24 家）、大信会计师事务所（19 家）、中兴财光华会计师事务所（19 家）、亚太集团会计师事务所（16 家）承接数量位列前四。此外，立信会计师事务所、天健会计师事务所、中审众环会计师事务所、中兴华会计师事务所的承接数量超 10 家。这 8 家会计师事务所承接的 ST 上市公司业务占总业务的一半以上。具体来看，根据中注协"2019 年度综合评价前 100 家会计师事务所信息"，承接数量位列前八的会计师事务所排名均在 5~15 名。从 227 家 ST 及＊ST 上市公司来看，仅有 4 家

选择了"四大"会计所之一的普华永道,基本上所有的 ST 及 * ST 选择的审计机构都榜上有名,且位列 50 名以内。深圳堂堂是唯一一个不在 2019 年综合评价前 100 名的会计师事务所。Wind 数据显示,深圳堂堂承接的 ST 及 * ST 上市公司包括 ST 仁智、* ST 勤上、ST 加加和 ST 摩登 4 家。之后,深圳堂堂与其所审计的客户频频出现在媒体报道的名单中,为堂堂事务所审计质量是否有隐患而担忧。由此可见,客户—事务所社会资本匹配对媒体关注的影响也许是未来有待研究的一个问题。(新闻来自证券报)

## 第三节　事务所与客户社会资本匹配对投资者债权人的影响

资本市场上投资者可能关注上市公司的审计报告,进而对事务所与客户的相关情况包括其社会资本也可能产生兴趣。如某事务所签字 CPA 是全国人大代表或政协委员,投资者可能对该事务所出具的审计报告给予更多的信任,股价产生更高的溢价。当然,在这方面的相关研究成果较少,投资者主要关注的是基金公司本身的社会资本。因而有必要首先分析社会资本在基金市场中产生什么样的影响,今后在开展事务所与客户社会资本的研究中,可以有所借鉴。

### 一、客户之间社会资本匹配对投资者的影响

基于利益相关者理论,第一,社会责任能够降低管理层与股东之间的代理成本,缓解信息不对称问题;第二,积极承担社会责任的企业往往能够获得更多的商业信用;第三,企业通过行使社会责任迎合了政府需求,进一步缓解了融资约束。同时,企业社会责任报告作为一种信号传递机制,向资本市场传递企业在社会责任方面的履行情况。企业社会责任满足关键利益相关者需求,防止隐性成本的提高和显性成本的产生,降低投资风险。机构投资者的持股特征、理性决策和信息价值规模经济效应,使其更有可能收集和分析社会责任信息,做出更准确的决策。Saleh 等(2010)研究发现,企业社会责任信息披露将维持和吸引机构投资者的投资。

同城经理之间的相互交流有利于培养社会资本,投资手法趋于一致。Hong 等(2005)利用 1635 只基金的持股变动数据研究了同城关系对基金经理投资决

策的影响，相同城市的机构投资者的投资操作趋于一致。同城的机构投资者能够通过口头交流（Word-of-Mouth）的方式将信息和投资思路直接传递给对方。Pool 等（2015）发现，有社交关系的基金经理拥有相似的持股和交易风格，居住在相同社区的基金经理，投资组合的重合度比居住在同一个城市不同社区的经理高出 12%，对于具有相同的民族背景基金经理，这种效应更显著，主要在于其基于社会关系网络的信息交流。除了基金之间的地理位置关系，Staisiunas（2013）发现，券商研究所附近的基金公司的股票配置比例与该券商分析师的评级呈显著正相关，而且对于证券分析师以前工作或者居住过的城市的基金公司，他们的股票配置权重亦与该分析师的评级正相关，这可能是同城关系加强了双方的互相了解。根据这种情况，是否可以认为，如果基金经理与事务所之间的相互交流，更有利于相互之间产生社会资本，投资者将掌握更多的信息，减少失误呢？当然，基金经理与事务所或客户交流的机会不多，已有研究发现，主要是通过校友、老乡、曾经的同事进行交流。是否也可以观察，他们是否参加同样的培训、加入同样的社会中介组织或协会，也会增进其相互交流呢？如果能够收集到这方面的资料，或许会有新的发现。

在社会关系网对个人投资者行为决策影响的实证研究方面，Kaustia 和 Knupfer（2012）考察了身边朋友的股票投资收益对于个人投资者参与股市的影响。研究发现，身边朋友如果从股市投资获得正收益会提高个人投资者入市的意愿，而负收益却对个人投资者是否入市没有显著影响。这个结果说明个人投资者参与股票投资具有明显的跟风效应。Ozsoylev 等（2014）利用土耳其伊斯坦布尔2005 年全年 303 只股票的交易数据，研究了个人投资者在股票市场的交易行为，在信息利用方面，处于投资者关系网络（EIN）中心的投资者通常比处于周围的投资者更早地选择了正确方向，获得了比周围的投资者更高的超额收益，而且中心投资者的交易每推迟一天，这种超额收益将减少 30%。因此，可以认为信息在投资者之间的传播路径将会影响交易表现和收益，人脉资源丰富的个人投资者具有显著的信息优势。此外，这种社会关系网还会影响投资者社交活动时的心理状况，进而传导到投资行为上。

**二、事务所与客户社会资本匹配对投资者的影响**

事务所—客户之间的社会（商业）关系是否会引起投资者较大的关注，现有研究并未形成统一结论。

**（一）商业关系**

审计师的作用是增加财务信息的可信度，降低管理层操纵或隐瞒的风险。审计师独立于公司管理层是至关重要的。然而，在实践中，各种情况可能对审计师的独立性构成潜在威胁。其中一个重要威胁是客户公司与事务所之间的商业关系。Khurana 和 Raman（2006）调查了审计师—客户经济依赖性与投资者对审计报告反应之间的关系。审计师—客户依赖性通过非审计以及支付给现任审计师的总（审计和非审计）费用来衡量。研究结果表明，支付给审计师的费用越高，对审计师独立性的潜在威胁越大，投资者对五大审计报告的可信度越低。与此同时，由于监管限制，非审计服务收入的下降正被审计费用的大幅增加所抵消。在其他条件相同的情况下，审计费用上升意味着审计服务的利润率更高。因此，在投资者对总审计费用持消极观点的情况下，最近限制非审计费用的监管举措可能没有充分解决费用对审计独立性的感知威胁。

然而，Dart 和 Chandler（2013）通过调查投资者对审计客户雇用前审计师对事务所独立性的看法发现，机构投资者对加入前客户公司的审计师所带来的风险几乎没有关注。但是私人投资者对审计师独立性相关问题的关注程度明显提高。尽管机构投资者和私人投资者的观点存在差异，但受访者似乎没有强烈要求对审计师从审计师事务所到审计客户的流动施加更严格的限制。Krishnan 和 Zhang（2019）重点关注投资者是否会重视审计合伙人的轮换。研究发现，实施审计轮换后，盈余信息含量显著增加，卖空者认为轮换后的盈利质量高于轮换前的盈利质量，股权资本成本在合伙人轮换后也会更低。

（二）审计师个人信息

2015 年，美国公众公司会计监督委员会（以下简称 PCAOB）批准了要求审计师事务所公开披露某些审计参与者信息的标准。具体而言，PCAOB 规则"特定审计参与人的审计师报告"要求审计师就 2017 年 1 月 31 日或之后发布的审计报告向 PCAOB 提交审计业务参与者新表格（AP 表）。AP 表披露了审计业务合伙人的姓名，对于 2017 年 6 月 30 日或之后发布的审计报告，还披露了参与审计的其他审计师事务所的名称、地点以及审计工作的范围。AP 表最初是一项合作伙伴签名要求（PCAOB，2009），旨在提高合作伙伴对审计的所有权意识、对利益相关者的责任感，并最终提高审计质量。PCAOB（2009）特别指出，"这可能会增加审计业务合伙人对财务报表使用者的责任感，从而使其在执行审计时更加谨慎"（Doxey et al.，2021）。

但是，反对者认为，鉴于已经实施了严格的外部和内部质量控制［例如：德勤（2009）、安永（2009）］，合伙人签名要求不会提高审计质量。首先，由于审计是团队的工作，而不是个人的工作。因此，会计师事务所声称，无论委托给客户的审计业务合伙人是谁，审计质量都是相似的（安永，2009）。最终的 AP 表包括两项主要披露：主要审计业务合作伙伴的身份和参与审计的组成部分注册会计师的信息。然而，由于缺乏审计师及合伙人的历史信息，这些信息不易收集和获取，投资者似乎不太可能对最初的合作伙伴身份披露做出反应。其次，投资者对审计报告的反应并不敏感。Doxey 等（2019）发现要求披露前三年合伙人身份或团队部分注册会计师参与后，几乎没有证据表明投资者做出了重大反应。Czerney 等（2019）使用三天异常回报及异常交易量来衡量投资者对 2000~2014 年出具的无保留意见审计报告中的解释语言的反应，发现投资者并不太会对审计报告中的无保留意见做出反应。

### 三、事务所与客户社会资本匹配对债权人的影响

（一）客户之间社会资本融资成本的影响

企业融资约束问题已成为中国经济转型和经济结构优化的重要障碍，董事网络作为目前一种普遍的社会现象，能否缓解企业面临的融资约束成为重要议题。尹筑嘉等（2018）检验了企业的董事网络对其融资约束的影响，发现企业的董事网络中心度越高、结构度越丰富，对投资—现金流敏感性的缓解作用就越强，董事网络缓解企业融资约束的途径在于治理效应（抑制代理问题）与信息效应（减少信息不对称）。

（二）客户社会责任报告对企业资本成本的影响

不仅是企业所涉及的社会关系，企业披露的社会责任报告也会对企业资本成本产生影响。

慈善捐赠作为社会资本的替代变量，可能会降低企业的融资约束程度，并对审计师的主观职业判断产生积极影响。慈善捐赠作为企业经营状况良好的信号，审计师在审计过程中基于客户的经营状况审计投入更少，企业慈善捐赠程度越高，审计师面临的风险越低。彭镇和戴亦一（2015）以企业进行慈善捐赠作为社会资本标志，发现企业慈善捐赠能够显著降低其融资约束程度；并且捐赠金额越高，融资约束程度越低；同时发现，慈善捐赠有助于企业获取长期信贷。刘柏和刘畅（2019）发现同样结果。公司承担的社会责任越多，受到的融资约束越小；地区的社会信任会加强企业承担社会责任和融资约束之间的关系；社会信任对社会责任和融资约束的调节效应只存在于非延续性社会责任策略的企业。Dhaliwal 等（2011）发现，企业社会责任缓解了企业与投资者之间的信息不对称，改善了企业的风险程度，降低了权益资本成本，并使机构投资者和分析师对其的关注度

增加。李姝（2013）发现同样结果。企业社会责任报告减少了内部信息拥有者和外部投资者之间的信息不对称，使投资者对于企业预期回报的风险评估降低；不同的投资者之间获得的信息水平趋于一致，减少了不同投资者之间的信息不对称，增加了股票的流动性以及对证券的需求，降低企业权益资本成本。Ferris 等（2017）发现，社会资本对股权成本存在负面影响。在不发达的金融市场和法律保护薄弱的金融市场中，社会资本与权益资本成本之间的关联性更强。对于有盈利投资机会的受限企业，社会资本的边际效应也更强。这是因为社会资本能够通过声誉损失，提高信息共享和惩罚机制，促进诚实交易。社会资本还通过增加预期征用成本降低了企业与其投资者之间的代理成本。Gupta 等（2018）发现，当公司将总部从社会资本较低的州转移到社会资本较高的州时，股本成本会下降。邓博夫等（2016）同样发现，社会责任信息披露能够降低股权资本成本。企业社会责任报告通过满足关键利益相关者需求，防止隐形成本的提高和显性成本的产生，从而降低投资风险。Ghoul 等（2018）考察了 30 个国家的企业环境责任（CER）对制造业企业权益资本成本的影响，研究发现企业环境责任（CER）会对股权资本成本产生负向影响。

女性 CEO 通常比男性 CEO 更倾向于规避风险，较少参与机会主义行为，并能提供更高质量的收益。Luo 等（2018）认为拥有女性 CEO 的公司可能面临更低的运营和信息风险，从而享受更低的外部资金成本。研究发现中国银行倾向于对拥有女性 CEO 的公司施加比拥有男性 CEO 的公司更低的贷款成本。非国有企业比国有企业更为明显；以及在非危机时期，女性担任董事长、首席财务官或董事的公司不会受到任何重大影响。

相较于 CEO，CFO 的社会资本在公司治理中可能发挥更大的作用。20 世纪末 21 世纪初，随着几家大型上市公司被控欺诈并宣布破产，相较于 CEO，CFO 越来越受到关注，这些事件导致了美国国会通过 2002 年《萨班斯—奥斯利法案》（Sarbanes-Oxley Act），在报告责任方面，将 CFO 与 CEO 置于同等位置。越来越多的文献关注 CFO 在制定和报告公司财务政策方面的作用和影响。Graham 等（2005）发现，CFO 的职业和声誉问题要比债务契约限制下的收益管理问题更为重要。无论披露重大信息和谨慎管理会计盈余的主要动机如何，贷款人都会从信息不对称减少和激励一致中受益。Jiang 等（2010）发现，相对于 CEO 的权益动机，CFO 的权益动机会导致可操控应计程度更大幅度的增长，这是由于 CFO 对财务系统的管理负有最终责任，包括财务报告的编制，这种影响超过了 CEO 薪酬契约安排动机对财务报告质量的影响。Fogel 等（2018）发现 CFO 的社会资本越高，企业越能够以较低的利差和较少的契约限制发行新贷款。

在法制健全国家，制度约束起着重要作用，社会资本起更小的作用。Álvarez-Botas 和 González（2021）发现，在法律制度效率较高的国家或经济较发达的国家，信任不会影响银行贷款成本。然而，在法律制度效率低下和经济发展水平低下的情况下，高信任环境往往会降低贷款利差。与保护个人和企业免受经济交易剥削相关的高度信任社会的好处只出现在正规机构较弱的国家。

除了企业的社会责任披露，Guindy（2021）调查了企业是否能够利用社交媒体（Twitter）降低股本成本。基于信息不对称理论，社交媒体显著地提高了企业的信息披露和传播，降低了股本成本。

（三）审计师过去失败经历影响客户融资决策

审计师过去的失败经历会影响审计师与客户之间的信任关系，将进一步影响客户的融资决策。

多项研究调查了聘用审计师过去的审计失败经历对实际审计质量的影响，然而并未得出统一结论。一方面，审计人员过去的审计失败经历会对其未来的审计行为产生负面影响。Li 等（2017）发现失败的项目审计师在随后 4 年中有更高的可能性仍然发生审计失败。失败的委聘审计师的客户具有更高的异常应计费用。Wang 等（2015）发现审计师审计失败与审计师当前年度报告随后被重述的概率正相关。因此，委聘审计师以往的审计失败经历可能会动摇投资者对财务报告可靠性的信心，损害审计师的信号功能。此外，审计师以往的审计失败也可能引起评级机构对审计质量的怀疑，增加了获得较低信用评级的可能性。因此，债券投资者亦会观察到委聘核数师的审计失败经历，并产生一定负面影响。Gong 等（2017）发现，委聘审计师的负面经历与公司债券成本之间存在正相关，其负面经历通过影响信用评级进一步作用于债券成本。这表明投资者的确会关注审计师的负面经历。Chen 等（2017）发现与没有私人合作伙伴—客户关系的客户相比，具有私人合作伙伴—客户关系的客户往往具有更高的股权资本成本、更低的公司价值以及更差的未来股票和会计业绩。

另一方面，审计师的失败经历也可以转化为一定的"经验"。审计师可以从他们审计失败的经验中吸取教训，并完善他们未来的行动。审计失败会向市场传递一个负面信号，即审计师不道德或不专业，从而损害其声誉和留住客户的能力。此时，敬业的审计师更有可能通过提供更高的审计质量重建自己的声誉，避免在未来产生更为严重的审计失败。因此，债券投资者预期那些有审计失败经验的审计师随后会出现积极变化，并相信这些审计师在未来的审计中将对客户有着更为严格的要求。因此，债券投资者会对具有审计失败经验的审计师审计的公司债券收取较低风险溢价。

Cheng 等（2020）检验了个别审计伙伴声誉的披露是否会影响客户公司的外部融资选择。当审计合伙人被认为是低质量合伙人时，公司是否会改变其融资选择，这取决于审计合伙人的其他客户是否因财务误报而受到制裁。在发现个别审计合伙人的质量后，处理公司从股权融资转向信用融资。此外，股权融资减少主要集中在选择保留低质量合作伙伴的公司。投资者可以利用审计师层面的信息推断外部审计的质量，从而从经验上支持要求披露合伙人层面信息的美国公众公司会计监督委员会（PCAOB）新规则。

国内学界对于商业信任与融资成本的影响做了大量研究。刘凤委等（2009）发现，社会资本水平高的地区，企业签约成本相对较低，更容易获得商业信用，而在行信贷资源有限的情况下，民营企业可能会更多使用商业信用来缓解融资约束。徐业坤和李维安（2016）发现社会资本丰富的地区，民营企业债务融资中银行借款的数量相对较少，而商业信用的比重相对较高，商业信用能够替代有限的银行信贷资源。

高管权力作为社会资本的另一种衡量方式，同样会对企业的资本成本产生影响。委托代理理论认为，现代企业所有权和经营权分离导致了严重的"内部人控制"问题。我国企业股东普遍"缺位"，无法对管理者形成有效的监督，导致高管权力凌驾于公司治理机制之上。当高管拥有的权力过大时，公司的经营活动、战略决策会大多反映高管的个人意志，高管可能会更加关注自身所获得的利益而忽略其中的风险。权力配置结构属于公司治理机制的重要环节，直接影响企业的投融资决策、经营业绩等各个方面，进而影响市场投资者的风险估计。

高管权力过大往往会产生诸多消极的经济后果。第一，高管权力过大可能会加剧企业的经营风险。管理者为了追求个人利益可能做出不利于提升公司价值的决策，超额在职消费。第二，高管权力过大会造成会计信息质量下降。第三，高管权力的提高，可能减弱其受到的制约与监督，企业的治理机制可能会失去一定作用。当投资者面临的风险加剧，最终导致融资融券成本提高。俞静和徐小清（2019）发现，随着高管权力的增强，债券融资成本会随之增加，其中组织力、所有权权力与债券融资成本正相关，个人能力权力与债券融资成本负相关但不显著。

# 第七章　大数据审计对事务所—客户社会资本匹配的影响

全球知名咨询公司麦肯锡称："数据化技术已经渗透到当今每一个行业和业务职能领域，大数据成为重要的生产因素。"人们不再认为数据是静止和陈旧的，并对海量数据进行挖掘和运用，产生所谓的数据治理。大数据被广泛应用于环境优化（Tamazian et al.，2009）、经济预测（Bollen et al.，2011）、教育治理（Williamson，2016）、医疗健康（Michie et al.，2017）以及智慧城市（Silva et al.，2018）等社会治理领域中。可见，大数据通过"量化数据"的方式，形成全新的大数据生态系统与大数据世界观，这将彻底改变个人的思维、企业的发展、国家的治理以及国家之间的博弈方式和游戏规则。

## 第一节　大数据概述及其对审计市场社会资本的影响

### 一、大数据定义

2008 年 9 月 *Nature* 杂志首次正式提出大数据的概念（Lynch，2008）。麦肯锡全球研究所在其报告《大数据：下一个创新、竞争和生产力的前沿》（"Big data：The next frontier for innovation，competition，and productivity"）中对大数据给出的定义是：一种规模大到在获取、存储、管理、分析方面远远超出了传统数据库软件工具能力范围的数据集合，具有海量的数据规模（Volume）、快速的数据流转（Velocity）、多样的数据类型（Variety）和数据有价值（Value）四大特征（2011）。Gartner Researcher（2012）对于"大数据"（Big Data）给出了这样的定义，"大数据"是需要新处理模式才能具有更强的决策力、洞察发现力和流程优化能力来适应海量、高增长率和多样化的信息资产。业界人士在此基础之上陆续提出更多大数据的特征，如真实性（Veracity）、可验证性（Validity）以及可视化（Visibility）等。

如今，大数据技术不仅能够帮助我们获得庞大的信息数据，而且能够对已获得的大数据进行专业化处理。换而言之，从"清洗"到"加工"再到"处理"大数据，从而实现数据"增值"的能力十分重要。在过去，我们更多基于自身的直觉与经验做出决策，而现在，大数据从本质上为我们提供了另一种看待世界的方式，即依据数据分析做出更佳的决策。

大数据带给我们三个颠覆性观念转变：①不是随机样本，而是全体数据。大数据打破人为限制，使得现代人利用技术获得海量数据变为可能。②不是完全精确，而是复杂性。在获取数据后，基于海量性特征，我们无法对数据进行一一核查和校正，因此掌握数据的大致方向即可，追求数据的准确性并不现实，可以适当忽略微观精确度，更好掌握宏观层面。③不是因果关系，而是相关性。在过去，我们通常想找出事物之间因果性，而现在，我们追求更多事物的相关性，这对了解事物可能释放的潜在价值具有很大帮助。

在现实生活中，大数据正在重构着许多传统行业。如诸多快餐店（麦当劳、肯德基等）均基于数据分析进行选址。沃尔玛零售超市更是通过数据挖掘对自身拥有的海量数据进行分析，为客户提供定制服务，从而形成无可替代的专业优势。

大数据在社会建设方面的作为同样令人惊叹，智慧交通、智能电网、智慧医疗、智慧环保、智慧城市等的兴起，都与大数据技术与应用相关。以下一些案例或许能够给事务所一些启发。

（1）事务所可以利用大数据预测客户或顾客行为。人口统计和天气数据逐渐被用来预测顾客行为。OfficeMax 是一家大型办公用品零售商，它使用在线技术提供商 Monetate 构建的 LivePredict 系统，根据人口统计数据对在线登录页面进行个性化设置。该系统可以预测客户的个人喜好并对其购买偏好进行预测。使用 IP 地址识别客户位置，利用美国人口普查数据创建人口统计资料。利用这一技术，沃尔玛在确定当恶劣天气飓风即将来袭时，客户不仅会对手电筒的需求增加，对草莓馅饼的需求量也会攀升。这一点有助于沃尔玛更好地管理库存。可见，地理和人口统计数据能够合理预测各个营业地点的收入和销售额。由此将产生的估计值可作为基准，用于按地点评估销售额。事务所是否也可以利用大数据预测客户网站发布的消息或新闻媒体上的各种消息，预测客户在某种行为，是否会影响盈余质量，进而在审计过程中更多关注客户某一行为？

（2）审计师利用大数据预测客户股价平均值。Bollen 等（2011）利用 OpinionFinder 和 Google-Profile of Mood States（GPOMS）这两种情绪分析模型，针对公众的情绪变化抓取并对数据进行分析。其中 OpinionFinder 是将人的情绪区分为正面和负面两种模式，而 GPOMS 将情绪分成更细致的六类，分别是镇静（Calm）、警觉（Alert）、自信（Sure）、生机勃勃（Vital）、善良（Kind）和快乐（Happy），并成功预测道琼斯工业平均指数（DJIA）的波动情况。尤其是 GPOMS 中的镇静（Calm）指标，在提前 2 天到 6 天的范围内，可以对指数变动做出有效反应。因此，公众情绪某些指标可以有效预测未来股价的变动。文章在一个自组织模糊神经网络模型（Self-organizing Fuzzy Neural Network ［SOFNN］ Model）的基础上，将公众情绪时间序列作为一个自变量输入到该模型中，通过这样的改进，使得预测的效果有明显的改进。该模型有效地预测 DJIA 指数收盘价的涨和跌，其准确率高达 86.7%，而预测失误的平均百分比下降 6%。审计师是否也可以对上市公司审计过程中，根据相关资料，预测客户的某种情绪，进而观察其可能的行为变化，相应调整审计策略呢？

"大数据"可能带来的巨大价值正渐渐被人们认可，它通过技术的创新与发展，以及数据的全面感知、收集、分析、共享，可以为事务所提供一种全新的搜集数据的方法。更多地基于事实与数据做出决策，这样的思维方式，可以预见，将推动一些习惯于靠"经验直觉"运行的社会发生巨大变革。针对大数据技术，事务所或审计师将面临着如何适应大数据技术带来的巨大变革，然而，无论是国际"四大"还是中小事务所，这方面的准备还明显不足，需要进一步努力。

### 二、大数据对审计市场社会资本的影响

社会资本作为一种非制度因素，在产生及发挥作用过程中，也会受大数据技术的影响。

（一）大数据影响客户——事务所社会资本的产生

大数据改变了社会资本产生的方式，并加速个体之间社会资本的产生，在一定程度上加强了社会资本之间的关系。大数据是如何促进社交媒体发展从而构建社会资本的呢？

社交媒体的普及有利于社会资本的构建。罗伯特·普特南（Robert Putnam，1995）将社会资本描述为"促进互利协调与合作的社会组织特征，如网络、规范

和社会信任"。Brehm 和 Rahn 在 1997 年的研究进一步证实了 Putnam 的观点，社会理论提供了一个有用的框架来研究医生是如何通过社会媒体来提高社区参与度的。并发现公民参与和人际信任驱动会对医疗专业人员产生积极的影响。Taylor（2021）通过使用大数据的方法，收集了 3378285 条 Twitter 信息，对其内容、标签使用、移动设备使用、频率、寿命、医疗相关性、医疗专业、性别和大致年龄进行了细致的分析，其目的是探究医生如何通过与同事分享研究成果、如何与患者和潜在患者建立联系以及将个人和雇主品牌延伸至消费者，最终构建出医生与患者之间的社会资本。

可见，社交媒体已经成为医护人员与患者之间进行沟通、建立信任与知名度以及更好地帮助患者恢复健康的手段和方式。患者在预约医生之前通常会在网上查询与自身相关的症状，并将医疗新闻与信息分享在网上（Eytan and Stein，2011；Dallavalle，2009）。Cooper 等（2012）的研究发现，35～44 岁的医生报告使用移动电子设备（如手机）上网的概率高于 35 岁以下的医生。此外，2011年，87%的美国医生表示他们会出于个人目的使用社交网络，而 67%的医生会将社交媒体应用于专业用途。

近年来，凯撒医疗机构（Kaiser Permanente）备受媒体和社会的关注。凯撒医疗集团是美国最大的集医疗服务和经费管理于一体的健康维护组织（HMO），并且是全球第一个拥有人造卫星的医院，患者可以依据精准的选择标准来自主决定医疗服务提供者（医院、诊所、医生），通过整合"医院—保险—患者"共同价值体系。形成医疗健康服务闭环。不仅医疗机构，医护人员也已经开始利用社交媒体向大众传播公共卫生信息，但如何保障患者的隐私不被泄露仍是一大挑战。未来，医院需要通过清晰的社交媒体策略来消除患者对医疗事故、自身隐私和法律问题的担忧。

事务所在审计过程中，是否可以与客户之间通过社交媒体的交流来增进双方相互了解，并形成社会资本呢？如通过微信聊天、语音交流、微信群的构建，增进双方相互之间的交流与互动，解决信息不对称问题，增进互信，形成社会资本。可以通过搜集事务所与客户之间的微信聊天记录整合数据，或者如果无法获取这些数据，可以通过仿真实验来检验事务所—客户社会资本是如何形成与发展的。

（二）大数据影响社会资本发展

大数据丰富了社会资本的测量方法。赵延东和罗家德（2005）详细探讨了社会资本的测度方式。在测量个人"拥有的社会资本"时，先前研究主要采取网络成员生成法。包括提名生成法和位置生成法。提名生成较为传统，根据被访者提供的相关信息（社会网络成员的姓名、个人特征以及成员间的相互关系），对其社会资本情况进行测量。缺点是弱关系容易被遗漏。位置生成法主要考察网络成员所拥有的社会资源情况，并隐含一个前提假设：社会资源是根据社会地位的高低分布的。它的缺陷主要是只能测量社会资本，但无法明确被调查者的社会网络的具体构成情况。除此之外，个体在社会资本中的中心位置与居间位置等结构位置也具有更多带有资源的能力。现有研究普遍认为中心位置是更值得信赖的，居间位置更能够产生社会资本。在大数据时代，应当考虑除上述指标外的更多测度指标。

在测量个人"使用的社会资本"时，研究者们主要集中对于非正式网络途径的选择、社会网络中流动的资源以及关系人的特征。大数据丰富了个体对非正式网络途径的选择，且更能观测到社会资本的建立和消失，并构建与关系人的关系强度。关系的强度是一个多维度指标，"是概述关系特征的时间量、情感紧密性、相互信任和交互服务"，未来我们可以利用大数据，对事务所与客户关系强度进行更为精准的识别，而非仅仅采取单一或二者之间交往频繁程度对其具有的社会关系指标测度。同时，企业可以建立其社会资本的全方位综合测度指标，不仅局限于其自身具有价值，更应当包含客户与银行、评级机构、供应商、经销商、分析师、投资者、媒体、事务所（审计师）等之间的社会资本，建立全方位社会资本指标。其中，社会资本指标包括 6 个维度：社区价值观；集体行动、社会结构和利益实现；信任、互惠和合作；个体和群体的关系资源；公民参与和自发协助；社会关系和网络。因此，如何利用大数据进一步丰富社会资本指标可能是需要研究的问题。

在上述客户的社会资本测度后，事务所也应当建立类似的社会资本测度指标，类似于构建客户的 6 个维度然后是事务所——客户之间的匹配程度与审计质量关系，与盈余质量关系等，可以做出一系列的探索工作。

大数据在缓解社会资本中的不平等现象中发挥了重要的作用。强大的社会关系网会影响个体的职业发展。个人的社会关系网越广，其职业发展速度比同龄人更快。其所拥有的社会关系网络能够快速帮助自身与他人建立信任，获取信息，从而更好地巩固自身地位，同时发达的社会关系网络能够降低他人对合作伙伴中风险的感知。这是因为，社会关系在某些情形下能够作为个人能力的"强大的背书"。虽然复杂的社会关系网络对个体的职业成功至关重要，但对于一直处在低收入家庭或在独特地理环境中成长的个体来说，又是否公平呢？

益普索（IPSOS）市场研究集团代表领英（LinkedIn）收集到的数据显示，在美国劳动力市场中，高收入家庭长大的人拥有强大关系网的可能性是在低收入家庭长大的人的三倍。这意味着这些人在社会和金融资本方面将具有双重优势。拥有更强大社会资本的个人可以获得更多的信息，从而为其创建更多的机会，这反过来又会让他们更有生产力和创新能力。领英（LinkedIn）数据科学家追踪了2011~2019年活跃在他们平台上的美国雇员的实力和资历。发现相比人脉较弱的人，人脉较强的人更有可能被聘用到管理岗位，进一步的研究发现，生活在美国较为发达的地区（如美国首都哥伦比亚特区，以及马萨诸塞州、纽约州、康涅狄格州、新泽西州和加利福尼亚州）的个人，更可能获得社会资源网络优势。而与之相对应的是一组经济水平较弱的地区——如堪萨斯州、西弗吉尼亚州、密西西比州和阿肯色州，其个人网络优势较弱。调查结果呼吁人们应当关注因地理位置所导致的资源分配不平等问题。

基于上述理论，可以就事务所在获取客户、收取审计费用方面，是否也存在因为地理位置分布于不同城市，而产生不同规模的事务所或审计质量等。事实上，原有的从事证券审计业务的事务所其总部主要处于北上广深，或许也是因为处于大城市，社会网络更丰富，因而更可能获得社会资本，在与客户交往中，获得更多的优势。可以研究大城市的事务所与小城市的事务所相比，在获得更多社会资本方面，通过何种渠道增强了其社会资本，可以通过问卷调查或实地访问、案例研究，特别是仿真研究，获得更有意义的结论。作为事务所监管部门，应当研究其如何通过政策引导，使大城市与中小城市的事务所能够获得同样的社会资本，这可能也是解决城市问题的一个重要方面。

（三）大数据影响社会资本运用

以大数据促成绿色社会资本的形成与运用为例，分析其可能对环境治理产生的积极促进作用。

Xu 和 Zhang（2002）基于社会资本理论和实证案例研究的证据，阐述了环境非政府组织（Environmental NGOs）如何利用大数据促进环境治理。研究表明，在环境非政府组织中采用大数据有助于建立绿色社会资本。当前，公众环境研究中心（Institute of Public and Environmental Affairs，IPE）充分利用大数据去解决环境问题，其本质在于搜索、聚合和交叉引用大型环境数据集。IPE 的环境地图数据库极大促进了 IPE、跨国公司和供应商之间社会资本桥梁的发展，三者相互作用，构成了一个不同类型间的社会关系网络，以期建立一套共同的原则，即对跨国公司的供应链采取绿色管理方式。包括运用市场力量、推动自愿行动记忆注重沟通合作参与，构建网络参与者的适当行为和认知，并积极促进他们的协调与合作。

社会资本协同有利于企业在竞争的商业环境中获取更多的信息资源，从而形成独特的竞争优势。

激烈的商业环境，使得企业无时无刻不在面临创新的问题。流程再造、产品销售以及售后服务部门也将面临更大的压力。起初创新通常被视为内部研发行为，如今企业越来越依赖于从外部获取想法和信息（如客户、供应商和业务合作伙伴）。然而从外部获取资源可能导致其识别信息、吸收信息和应用信息有限等问题，因而，越来越多的企业将"大数据"视为一种宝贵的信息资源以及一种高价值能力的投资。可见，传统与新技术的融合往往能够为企业提供独特的视角，从而帮助企业提高制造效率和绩效（Malgonde and Bhattacherjee，2014）。企业也许能够利用大数据影响社会资本的运用，通过大数据获取有关其产品宣传、客户维护、市场推广以及竞争对手的各类信息。Malgonde 和 Bhattacherjee（2014）提及三个有趣的案例：第一，手袋配件公司维拉·布拉德利（Vera Brad-ley）通过分析客户在网上的购买历史，从而对客户群进行细化，并有针对性地对其进行电子邮件营销，不仅使得员工工作效率大幅提升，其绩效也稳步提高。第二，中国工商银行（ICBC）在试图增加其业务和客户基础时，使用大数据为其新分行的战略位置进行选址，使得客户存款多增加了 10.4 亿美元。第三，深信服科技股份有限公司（Roadnet Technologies Inc.）使用了来自 1 亿多辆汽车和移动设备的实时数据，并将其与天气报告、历史交通报告和体育赛事等其他数据相结合，以帮助卡车运输公司节省大量的燃料、时间和成本。

通过以上的案例，大数据技术正在潜移默化地影响着社会资本的产生、形成与运用方式，并渗透在人们经济、社会及生活的各个方面。大数据所解析的复杂网络，是一种无处不在、无所不包、无边界的社会资本。因此，全球化、数字化和社会网络资本化推动了大数据，大数据反过来成为挖掘复杂网络社会资本价值的重要工具，其未来的趋势将是推动社会资本的全球流动，实现技术特别是 IT 在业务中的"消融"（李国杰，2022）。

事务所在获取客户方面，是否会利用大数据技术搜集整理客户数据，更好地投标以获得客户呢？客户在审计过程中，是否利用大数据技术，有针对性地获得事务所相关信息，甚至是签字注册会计师个人特征，有针对性地应对审计人员，从而获得更有利的审计报告呢？这种可能性是存在的，关键是如何获取数据，这可能又是大数据技术的问题。这方面研究，有利于弥补目前事务所如何利用社会资本方面的空白。

# 第二节 大数据审计概述及其对社会资本的影响

大数据审计目标是揭露深层问题，揭示宏观经济社会运行风险，助力实现审计全覆盖。开展大数据审计，不仅分析被审计单位的财务数据、业务数据和管理数据，而且会对与之相关的其他部门单位的数据或网络数据等进行综合关联分析，所分析的数据涉及结构化数据、半结构化数据和非结构化数据。随着非结构化数据的日益增多，审计工作会越来越多地面对非结构化数据的影响和挑战，应对这些挑战，把非结构化数据整理为审计工作中能够处理的信息，是大数据审计不可逃避、必须面对的现实（鲁清仿等，2018）。大数据审计能提供更好的信息，还有助于审计职业向价值链上游发展，成为真正的商业伙伴（Hagel，2013；Smith，2015）。

## 一、大数据审计定义[①]

大数据审计最早可以追溯至 1936 年。20 世纪就有将神经网络（Haykin，1998）、线性判别方法（Fisher，1936）等方法用于审计过程。2020 年初袭击全球的新型冠状病毒肺炎疫情暴发以来，日益重视利用大数据技术开展非现场审计。《中国注册会计师协会关于在新冠肺炎疫情下执行审计工作的指导意见（2020-3-20）》提出，审计师应及时了解被审计单位的情况，调整审计计划，利用线上远程等非现场方式开展审计，也要确保被审计单位的数据信息安全并严格按照要求履行保密义务。大数据审计作为计算机辅助审计的升华，其对审计理论与实务均有深远影响。虽然审计过程中正在逐步纳入大数据技术（Vasarhelyi et al.，2015），新的环境增强了审计的保证能力，审计方式发生了大的改变。但是这些创新性技术尚未有效应用于审计工作，致使审计技术更新上落后于其他行业。

大数据审计有别于计算机辅助审计，前者是指审计人员将大数据技术运用于审计全过程，包括审查、分析与评价客户的经济活动情况，收集证据，出具审计

---

① 本节部分内容来自陈宋生，郭桐羽 . 大数据审计应用的制约因素分析 ［D］. 北京理工大学，2022.

报告都会用到大数据技术，可能利用包括计算机、无人机、文本分析软件等进行大数据技术分析。后者是指审计人员在审计全过程中，主要以计算机为工具，来执行和完成某些审计程序和任务的一种新兴审计技术。

大数据审计是计算机辅助审计的升华，其对审计理论与实务界产生深远的影响。它是指审计人员基于大数据资源，运用大数据思维和方法，进行大范围、多角度数据关联分析，以验证被审计单位经济活动的真实性、合法性、合规性及效益性（李成艾和何小宝，2019）。袁野（2020）认为大数据审计不仅是信息、数字、网络、智能相关技术在审计中的应用，更重要的是一种审计理念。审计机关运用大数据技术方法，利用数量巨大、来源分散、格式多样的国家经济社会运行数据，开展跨层级、跨地域、跨系统、跨部门和跨业务的深入挖掘与分析，能有效提升审计发现问题、评价判断、宏观分析的能力。关于大数据审计的内涵，王彪华（2020）指出，狭义上，大数据审计又被看作"国家审计机关组织，由计算机审计人员和业务审计人员依据国家法律法规、条例、审计准则等，运用云计算、数据挖掘、人工智能等大数据审计技术，对与审计事项相关的跨地区、跨行业、跨领域、跨年度的巨量电子数据进行采集、整理和关联分析挖掘，从中把握总体情况，判断发展趋势，发现审计线索，获取审计证据，揭示审计问题的独立经济监督活动"。广义上，大数据审计还应包括与审计事项实施相关的制度建设、组织架构、系统建设、质量控制和安全防范等一系列相关工作。结合工作实际，大数据审计工作的组织形式可根据实施载体的不同，分为"不以审计项目为载体的日常式大数据综合分析"和"以特定审计项目为载体的大数据审计项目开展"两种，日常式大数据综合分析中发现的审计疑点可以为大数据审计项目开展立项提供依据，大数据审计项目开展中发现的暂时无法查证的苗头性问题，可以通过日常式大数据综合分析持续跟踪，两者相辅相成、互相促进。还有学者认为，可以将大数据审计的内涵理解为审计人员遵循大数据理念，利用规模大、传播高效、来源广泛并且格式多样等经济社会各领域有关数据，运用大数据技术方法和工具，进行跨层级、跨地域、跨系统、跨部门的挖掘分析，在审计中发现问题，经过综合分析，最终作出评价判断和达成审计目标的过程。大数据审计会对审计主体和客体带来改变，也会改变审计的思维方式、组织方式、实施方式、运作方式等。

国内外大数据审计研究近年来受到学术界重视。2015 年 6 月至 2021 年 12 月 SSCI 检索系统，检索"audit"和"big data"，共计 155 篇文献。2013 年 3 月至 2021 年 12 月搜索中国知网"审计"和"大数据"关键词，共计 319 篇文献。一方面，SSCI 检索文献中，涉及大数据审计的文献发表起始于 2015 年，直至 2018 年数量较少且相对稳定，2019 年有一定幅度提升，这与 2016 年大数据相关软件的流行不无关系。另一方面，国内大数据审计的文章则于 2016 年快速增加，这在一定程度上是由于国务院于 2015 年 9 月发布的《促进大数据发展行动纲要》引发了国内学者们对大数据应用的深入思考。

## 二、大数据审计分析类型

大数据的精髓不在于使用种类更加丰富的数据类型，而是走在数据的前面，审计师要懂得利用"信号数据"预测未来的事情（Alles and Gray，2016），数据只是工具，目的是分析。应该建立集客户的财务业务数据、事务所审计结果数据、第三方信息数据于一体的实时大数据审计平台。审计人员需要掌握大数据技术，避免与技术人员之间的信息误差，提高审计的效率和质量。它有助于降低审计师取证成本，打破取证技术限制，证据更加充分适当，减少审计风险（鲁清仿等，2018）。

由于数据的保密性，大数据审计最严峻的挑战之一就是数据的获取（易德鹤，2020）。数据平台的建立需要大量原始的数据作为支撑，多渠道和多形式的数据在获取后还需要进一步加工处理，使其做到标准化，而且大数据的特点之一就是价值低，从上亿的数据中提取符合可靠性、相关性及合理性的信息是大数据审计实施的另一个瓶颈。

分析大数据的工具越来越多（Chen，2014；Melnik，2010；Gulisano，2012）。大数据审计也依托于大数据分析，可分为数据可视化分析、文本分析、网页数据分析、多媒体数据分析、社会网络分析等。

（1）数据可视化。其基本思想是将数据库中每一个数据项作为单个图元元素表示，大量的数据集构成数据图像，同时将数据的各个属性值以多维数据的形式表示，从不同的维度观察数据，更深入地观察和分析数据（Julie，2011）。通过图形化手段，将复杂的数据模型表达出来，有效地表达数据中的信息，用户通过数据可视化可以洞察数据中的规律（陈伟，2017）。它包括开源的、可编程的工具，如 R 语言、D3. js、Leaflet、Python、Processing. js 等；商业化软件工具，如 Tableau、Qlikview、SAS、SAP Business Object 水晶易表、IBM Cognos 等。其可以更简洁地表达大数据环境下海量的被审计数据信息，"洞察"被审计数据信息中内在因素的模式和关联，从大数据中发现问题。但是 Rose 等（2017）发现，审计师可能会忽略或无法识别大数据可视化中的结果，影响审计师的判断。

（2）文本分析。它属于有监督的学习。首先，对文档的类别设定主题，根据主题对文本分类，将符合同一主题文本作为相同的类别。描述预先设定的文本类别，建立分类模型，对训练文本分类训练和准确率评估，利用确定好的模型分析测试样本。其次，将这一技术运用到审计数据分析中，帮助审计师针对不同的审计需求和目的，分析文本。王永海等（2019）以分析师报告语调进行分类，发现当公司存在异常审计费用时，分析师会在后一年降低分析报告中的积极语调，表明分析师对异常审计费用持消极态度。

（3）网页数据分析。它分为三个部分：内容挖掘、结构挖掘和用法挖掘。利用软件提取网页信息，详细研究和概括总结信息。精准采集客户互联网上的海量相关信息，精准化和非结构化挖掘分析，扩充审计信息来源。陈伟和孙梦蝶（2018）以某审计项目为例分析了如何采用基于 Python 的网络爬虫技术实现所需要审计数据的采集。

（4）多媒体数据。它包括图像、音频、视频等也应用到审计中。利用人工智能等技术对审计过程中获取的多媒体数据进行处理、分析和理解。山东省潍坊市审计局在某水库改扩建项目中，综合运用无人机航拍、水下探测等新技术对水库扩容工程地貌、地物和地形进行精准测量获取原始数据，利用计算机三维建模等大数据技术计算水库扩建工程土方量（山东省审计学会课题组等，2020）。

（5）社会网络。任何具有个人之间联系的网络，其中连接捕获它们之间的关系是社交网络。分析这些网络可以了解网络中的个人，谁是真正的影响者，谁是最相关的。审计中可以将多个主体的关系抽象为关系网络图，将更多的审计主体纳入分析对象，挖掘出了背后潜藏的复杂关系。社会网络分析在以往的研究中多见于政府审计，比如审计署昆明特派办理论研究会课题组等（2020）利用基于图结构的非关系型数据库 Neo4j 处理医保审计中的社交关系分析，挖掘医院、医保基金管理部门、卫生计生部门、药企等人员异常关系。邓晓岚等（2020）利用 Hoodoop 平台将全县登记注册企业基本情况表、缴税情况表、自然资源资产许可登记表等进行比对分析，从而查出应办未办自然资源资产许可的企业和个人。

### 三、大数据审计的影响

（一）转变审计思维

一方面，由抽样思维转化为全量思维，传统的审计抽样技术是由于受限的条件不得不采用的一种方法（秦荣生，2014）。在大数据环境下，转变审计思维要结合样本的整体性、分析的逻辑性和结论的相关性，进而从较为宏观的层面提出大数据时代下审计人员应该确立全量信息思维（郑志元，2016），这是区别于传统审计思维最明显的特征（王海洪等，2021）。

另一方面，由因果关系转为相关关系。审计人员要重视微观层面，从利用精确数据向接受混杂数据转变，注重相关关系，通过寻找有利于预测未来事件的方法，利用大数据技术构建分析模型，对数据进行异常识别。不应仅局限于具体技术在审计实务工作中的应用，更应该在战略层面上调整发展方向，对大数据审计转型工作在战略高度上设定目标并予以系统规划（张敏等，2021）。传统的审计思维是在抽样审计的方法上形成的，随着大数据技术和方法的应用，这种局部思维应转变为全量思维，应从小样本转变为大样本，从阶段静态审计转变为持续动态审计，从事后审计转变为事前、事中及事后全链条审计，这样不仅保障了数据的真实性和完整性，而且加深了审计程度。

（二）搭建大数据审计平台，获取审计证据

"数据先行"是前提。应该建立集客户的财务业务数据、事务所审计结果数据、第三方信息数据于一体的大数据审计平台。审计人员需要掌握大数据技术，避免与技术人员之间的信息误差，提高审计的效率和质量。它有助于降低审计师取证成本，打破取证技术限制，证据更加充分适当，减少审计风险（鲁清仿等，2018）。

数据公开更重要。由于数据的保密性，大数据审计最严峻的挑战之一就是数据的获取（易德鹤，2020）。强化公开力度，推动大数据审计的高效化需要扩大企业允许数据采集的范围，加大政府部门数据公开力度，整体提高各类数据的标准和质量（易德鹤，2020）。

构建数据存储基础设施平台。这是影响大数据审计转型的关键障碍（应里孟等，2020）。不同类型的大数据审计平台，要求具有前沿性、专业性和复杂性的（Zhou，2020；刘国城和王会金，2017；赵琛，2016）。江西省审计厅（2016）采用云计算管理软件构建了大数据容灾备份云计算平台，实现了审计信息系统数据备份、数据恢复、数据校验及系统容灾一体化。牛艳芳等（2018）以某地区在建的审计智能分析平台为例，构建审计大数据关联的网络分析平台框架，说明了财政支付网络的建模和分析效果。基于FPGA和卷积神经网络建立了财务审计大数据平台，审计人员通过采用智能决策支持工作和基于大数据分析的神经网络改进了审计工作，降低了审计风险水平（Zhou，2020）。

（三）建立健全大数据审计领域的法律法规

由于大数据审计近几年发展迅速，相关的数据安全、技术执行等问题也相应出现，有必要建立健全审计法规。

审计在很大程度上是一个受法规驱动的职业（Kend et al.，2020），国家审计的法规体现的是对传统审计作业模式的规范，难以适应大数据背景下的审计作业（章轲等，2018）。大数据的产生会给审计领域带来巨大的变革，不仅体现在工作方式上，还表现在行业规则上（Earley，2015）。

虽然说随着大数据的全面特质发展，是否还使用抽样的方法进行审计有待商榷，但是审计利用大数据分析技术极其不充分（Werner，2015；Zhang，Yang and Appelbaum，2015），没有及时跟上技术变革的步伐，根本原因是由于审计的标准仍然处于抽样、汇总和列报（Krahel，2015）。大数据应用的不及时可能是审计行业最大的风险，应该将其广泛地应用于实践、教育和研究中（Griffin，2015）。

关于大数据审计的法律法规不仅要保证数据的准确可靠，也同时要保证数据的私密安全（Appelbaum，2016），处理客户之间的信息传递、解决信息隐私问题也是大数据使用面临的重大挑战（Yoon et al.，2015）。

为了能够使审计人员使用更大的数据集去分析，识别关键风险要素，提高审计质量和覆盖率，审计行业需要与企业、监管机构等关键利益相关者密切合作（Ramlukan，2015）。

（四）审计人才的转变

未采用大数据审计技术的事务所在技术和思维上被边缘化，当上市公司运用大数据技术并不会显著增加国际"四大"的审计费用，但却会显著增加国内事务所的审计费用（杨德明等，2020），使"马太效应"加速会计师事务所两极分化进程（张敏等，2021）。基于数据分析的审计将显著改变审计人员的工作方式（Schneider，2015），甚至利用大数据分析方法可以对审计意见进行预测。张庆龙等（2019）就基于SMOTE算法的BP神经网络模型对审计意见预测模型进行研究，这可以帮助利益相关者和审计人员根据上市公司、事务所、审计环境等相关数据提前预测出审计意见。这些技术带来的变革就迫切需要审计人才朝着技术型、复合型、专家型的方向转变，才能满足市场发展的需求。不过，在大数据审计实施初期，需要大量的初级审计人员处理和标记异常值来促进机器学习，帮助改进审计模型的效率（应里孟等，2020）。

**四、大数据审计应用研究**

大数据审计包括事前预测、事中监督、事后评估，事前预测是指对企业进行舞弊预测，做到防患未然，降低错报风险，提高审计质量，如进行舞弊预测研究。事中监督是指从时间和空间的角度做到全覆盖审计，利用大数据审计获取审计证据。事后评估就是指传统的审计程序，首先利用大数据技术对结构化和非结构化的数据进行获取，在保证数据准确性的同时，还可以提高审计师的工作效率；其次利用证据对被审计单位进行风险评估，为接下来审计程序的执行做出初步判断；最后进行审计循环测试，以从中找出是否存在错报。

（一）利用大数据进行舞弊预测研究

随着被审计单位经营环境、社会环境、技术环境发生巨大变化，舞弊压力和舞弊动机更加复杂、多元化，舞弊手段逐步显示出更强的技术特征，审计风险更难以识别。对于舞弊的影响因素，我国《审计准则公告第 82 条——在财务报表审计中关注舞弊》中将舞弊性财务报告的风险因素分为管理层的品格和对控制环境的影响、行业条件、经营特点和财务稳定性、控制等，要求审计人员在财务报表审计中充分评估舞弊并设计相应的审计程序以揭示舞弊。美国注册会计师协会（AICPA）在《第 99 号审计准则公告》中要求审计人员评估相关舞弊因素，评估可能存在的压力、机会和合理化三个因素，设计相应的审计程序以防范舞弊风险。

已有研究运用了机器学习和数据挖掘的方法对舞弊预测进行了研究。如利用神经网络（NNs）（Haykin，1998）、线性判别函数（Fisher，1936）、Logit 函数（Agresti，1990）、决策树（Quinlan，1996）、支持向量机（SVM）（Earley，2015；Cecchini et al.，2021）和聚类采样（RUSBoost）（BAO et al.，2020）等，还有基于社会网络创建的网络传播算法（Van Vlasselaer et al.，2017）。还有利用公开的财务报表定量数据和监管机构公告、审计师的调查，分别对上市公司财报、管理层、破产逃税、上市公司公告等不同的角度对舞弊预测进行研究，发现隐蔽的舞弊行为，对舞弊现象预测，在事前对审计风险进行控制，完善审计的全量思维，审计思维转向相关关系。

（二）利用大数据审计获取审计证据

利用大数据方法获取审计证据，增强审计证据的独立性、准确性和时效性，有助于审计人员审查和决策，避免舞弊现象发生。大数据获取审计证据的方法主要有两种：第一种是从计算机角度出发，例如数据挖掘、机器学习以及基于 Hadoop 和 Map/Reduce 框架的大数据处理方法等。第二种更强调人机交互，是将人的认知分析能力与大数据数据处理技术结合的可视化分析（Keim，2013）。详细方法如下：

1. 实物检查

大数据对于实物检查的方法有很多，彭冲（2018）应用 SQL 查询语句的研究方法得到了 X 市智慧停车的相关数据，如停车交易表、违章罚单、巡查轨迹等数据信息。湖北省审计学会课题组（2018）使用 Hadoop 集群技术对全省的医保数据进行存储和分布式计算处理。何秀芝（2020）通过 QGIS 获取 OSM 交通路网信息和"天地图"遥感影像及对应的 OSM 道路数据。Christ 等（2020）使用了无人机和自动计数软件为畜牧公司进行牛和羊的可视化分析，在 Appelbaum 等（2017）的研究基础上，发现无人机可以用有针对性的方式实施到某些尚未实现自动化、高成本、高难度的审计任务中。

2. 函证

中注协修订并于 2019 年 12 月 31 日发布施行的五项审计准则问题解答中，对信息技术环境下注册会计师实施函证程序的创新方式提供了进一步指引。面对一些舞弊现象，审计人员无法轻易从表面数据挖掘出根本问题，这就需要从银行、客户等其他主体获取审计证据，很难核实其真实性和可靠性，存在时效性问题，需要审计数据平台的转变，让银行、供应商、销售商等多方参与进来。Jiang（2021）基于模糊层次分析法，提出建立财务共享服务模型进行大数据审计，就可以解决部分审计证据难获取的问题。毕马威与工商银行合作推出国内首款银行级电子函证平台"函证 e 信"，审计师可实现银行询证函全流程线上处理，从事务所的智能平台直接对接银行数据获取审计证据。利用爬虫技术对如企查查、天眼查等商业查询平台，对企业的相关信息和财务数据进行收集，然后使用文本分析等方法进行匹配检验，以此来提高审计效率和准确度。

3. 文件检查

陈伟等（2018）提出了基于网络爬虫技术的大数据审计方法，以某审计项目为例分析了如何采用网络爬虫技术实现所需要审计数据的采集。邓晓岚等（2020）通过关系型 Oracle 数据库对各类台账目录、检测报表等结构化数据进行建库储存，通过开源 postgreSQL 数据库对实时接入的监测数据、批复文档、图片等半结构化、非结构化数据进行建库存储。

4. 分析程序

大数据技术在分析程序方面的运用，一是利用可视化技术，如气泡图（陈伟和居江宁，2018）、折线散点图（邱玉慧等，2014）等；二是使用数据挖掘（邓晓岚等，2020；杨蕴毅等，2015），发现审计疑点；三是进行社交网络关系分析（审计署昆明特派办理论研究会课题组等，2020），挖掘出异常关系锁定异常进行审计分析。

5. 询问

询问证据不具有独立性，有必要通过其他程序获取佐证信息，即支持原始证据的其他证据。通过询问得到的录像音频、采访记录等非结构化数据也可以通过Python对其进行情感分析、关注度分析等，以得出被询问人对公司管理经营等方面的看法，有助于审计师进行审计风险评估。

6. 重新计算和重新执行

审计师相当部分的重新计算都是由计算机辅助审计软件完成的。重新执行是指审计师对被审计单位会计系统中的会计程序内部控制系统中的控制所做的独立测试。重新计算与重新执行的区别在于，前者是再核对某一具体的计算，后者是检查程序。

7. 观察

在整个审计过程中，审计师有很多机会运用视觉、听觉、触觉和嗅觉去评价各种各样的项目。尤其是对于工作现场的观察，这样获取的证据虽然可靠性不高，需要有其他类型的佐证证据支持，但观察仍是有用的证据。

（三）利用大数据审计进行风险评估

大数据环境下，风险导向审计仍然是审计的基本原则，由于全量思维的转换，对被审计单位进行风险评估需要进行全面考量。审计人员除了利用传统的审计证据对被审计单位及其环境进行风险评估以外，还可以使用一些媒体信息、网络分析等数据进行风险评估。

首先，可以通过建立模型来对风险进行预测（隋学深等，2014）和评估（刘国城，2016）。

其次，从微观和宏观两个层面进行数据挖掘。微观层面上，可以利用网络信息挖掘出外部媒体的态度和外界关注度对被审计单位进行初步风险评估（吕敏康等，2015）。宏观层面上，利用宏观数据对客户进行疑点挖掘，利用多种非结构化信息及网络爬虫技术，从审计报告中自动提取出高频审计问题并据此选定财务指标；归集多家上市公司的财报数据，应用迭代式聚类方法，挖掘出疑点公司进行分析（周冉，2014）。

最后，通过进行网络分析构建客户的社会网络关系进行风险评估，赵琛（2016）论证了利用社会网络分析来表达审计人员所关注的审计对象各类关系的可能性，并引入网络技术对图中的节点进行分类，在海量数据中识别具有特殊含义的节点。大数据审计技术虽然有效地降低了检查风险、控制风险甚至内在风险，但同时也带来了新的技术风险、系统风险（Xing et al.，2020）。审计利用大数据分析技术极其不充分（Werner and Gehrke，2015；Zhang，2015），没有及时跟上技术变革的步伐，根本原因是审计的标准仍然处于抽样、汇总和列报阶段

（Krahel，2015）；大数据应用得不及时可能是审计行业最大的风险，应该将其广泛地应用于实践、教育和研究中（Paul and Arnold，2015）。

综上所述，大数据能够提高审计师的判断和决策能力（Liburd et al.，2015），并改变审计师的工作方式（Schneider et al.，2015），甚至打破审计领域原有的游戏规则（Earley，2015），提高整体审计效率。同时不能忽视大数据带来的信息过载、信息源失真等问题，从而降低审计判断准确性。

### 五、大数据审计未来研究展望

（一）大数据审计难点

1. 大数据审计应用缓慢

其原因在于审计人员习惯于使用计算机辅助审计技术（CAAT）分析财务数据，而不熟悉需要大量提取与分析非财务数据的大数据技术（Geppa，2018；Alles and Gray，2016），如无法利用网络新闻、社交网络、电子邮件等非结构化数据。

2. 数据标准化是最大的审计难点之一

"大数据"需要新处理模式才能具有更强的决策力、洞察发现力和流程优化能力的海量、高增长率和多样化的信息资产（Gartner，2012）。大数据的"6V"特征：数据生成和存储量大（Volume）、数据产生或处理速度快（Velocity）、数据源和数据种类多样（Variety）、数据真实性强（Veracity）、数据价值密度低（Value）、数据的获取方式多样（Variability）（Shabani，2021）。大数据分析技术的战略意义在于对这些结构化和非结构化数据进行专业化处理（Zhang et al.，2015）。

（二）非结构化数据来源

在文本数据方面，可以考虑公司 csr 报告、业绩预告、国务院政策文件和法院裁判文书等；在图像数据方面，企业 Logo 图标、高管签名等同样可以纳入研究；在音视频数据方面，可探讨分析师的荐股电话会议、公司宣传片等；在社会网络关系数据方面，除考察审计师之间的相互关系，审计师与高管、分析师、客户、供应商之间的关系也值得研究。

（三）扩展审计研究领域

应该跳出审计看审计，从企业管理者、社会监管者和政策制定者的角度去对大数据审计进行研究，考察各个角色使用大数据的现状、前后变化以及大数据对其产生的影响。利用大数据分析模型对发现财务欺诈、解决财务困境等问题进行分析，有助于审计研究的发展（Adrian Geppa，2018）。

（四）使用新的大数据方法和模型

近几年，由于数据的类型受限，大数据审计的研究总是停留在单一的分析方法上，一方面可以将多种大数据技术结合使用，另一方面可以开发新的更少计算量和更精简的技术和模型，使大数据审计方法更加完善、快速、高效。

（五）大数据安全

大数据给审计行业带来好处的同时也伴随着风险，对于如何保证数据安全是大数据审计发展不可避免地要面对的问题，这就不仅需要审计人员进行发掘，同时还要依靠其他专业技术人员对数据安全、设备稳定等方面进行深入研究。Li 等（2020）开发了一种基于区块链技术的公共审计方案，解决了云存储中实现高效数据完整性验证的问题。但是还有很多类似问题需要进行研究，例如，对数据进行访问控制程序，确保资料的安全的步骤，在监管规定内对数据进行获取、使用和存储等问题。

（六）信息过载

Brown-Liburd 等（2015）发现，将大数据技术添加到审计过程中能为审计工作增加价值，并讨论了信息过载、信息相关性、模式识别和模糊性等问题。当面临信息过载时，审计人员会使用有一定偏见的方式来处理信息，这种情况不仅没有增加审计效率，反而增加了审计风险。因此，研究审计经验是否以及如何减少信息过载的负面影响是很重要的。

## 六、大数据审计对社会资本的影响

基于产权理论，清晰的产权能够缓解一部分外部不经济问题。产权理论认为，在签订契约关系时，基于未来的不确定性，交易关系的当事人会在事前规定双方主体的权利、义务和责任。事务所与客户在审计师进行审计之前，同样会对彼此的权利、义务和责任进行较为清晰的划分和阐述。

产权的第一个概念是使用权。大数据技术的发展，赋予事务所先进的技术去审计客户，在提高审计效率的同时，增加了审计可信度和可靠度，在一定程度上提高了事务所的社会资本，且使拥有大数据技术的事务所轻易地在低价竞争的事务所市场中脱颖而出。第二个概念是分配权。大数据赋予技术雄厚的事务所获得更多客户的权利，而依赖于传统的审计方法的事务所与审计师可能在技术的洪流中最终会被淘汰，在与客户的互相选择中处于被动地位。第三个概念是收益权。审计师在审计客户后，会获得一定经济报酬，并表现为事务所的收益。大数据、机器学习等各类方法的投入可能会产生更高的审计定价。从而，事务所可能会在人力资本和技术上投入更多的资金和精力，以加强审计师个人的专业素养与专业技术，巩固事务所当前所具有的声誉与口碑。事务所的社会资本进一步扩大，更不太可能为迎合客户而发表无保留的审计意见。

## 第三节　大数据审计对事务所——客户社会资本的影响

事务所与客户社会资本的匹配在现实生活中广泛存在，有必要研究大数据审计对这种匹配产生什么样的影响。因此，有必要了解更多的匹配知识。匹配在我们的生活中无处不在，无论是在婚恋市场、金融市场、劳动力市场或是在高考招生上，都需要使用匹配。匹配理论便是从这些现象出发，研究其内在机制与相关问题。进一步地，Roth（1985）在此基础上提出了"双边匹配"理论，以双边匹配为研究对象，研究具有稳定偏好的不相交双方的匹配过程，并将其分为三种类型（一对一、多对一、多对多）。关于双边匹配在国外的运用，如实习生与医院的双边匹配，为了达到实习生与医院稳定匹配状态，市场引入"全国住院医生匹配项目"，并对其进行不断改进，从而使其市场运行更加稳定。另外，学生与学校的双边匹配也是一个较为典型的匹配问题。相关研究发现当学生与学校在双方匹配过程中较为诚实地提出自身的需求对匹配更有利。Kristof（1996）认为双方应当就人生目标、价值观念、宗教信仰是否一致作为判断标准。这让笔者联想到学生在住宿中所关心的一个问题，即舍友是否匹配，那么应当从作息时间、作息环境等方面进行匹配。在劳动力市场中，个人与组织之间的匹配也是求职者无法逃避的问题。Jung（2000）利用人工智能的方法来研究电子商务中的双边匹配问题，并且获得了稳定的匹配结果。Chen等（2021）考察了住宿共享中供应商与客户匹配和错配对顾客线上和线下满意度的影响，以及在不同匹配模式下，线上和线下满意度是否存在显著差异。

认识大数据的本质，就是认识信息资源的本质。从结绳记事、岩画到文字的诞生，信息的加速使我们摆脱了时空约束，使经验和知识有了载体，推进了人类文明的进化。大数据最重要的意义在于所有企业、机构和个人如何将大数据变成自身提升能力、提升竞争力、提升生活质量的来源（杨学山，2017）。本节我们将从事务所—客户社会资本角度出发，试图探讨大数据可能对事务所—客户社会资本匹配产生的影响。

**一、大数据对事务所—客户社会资本匹配规模的影响**

从物理学和生物学的角度可以发现，当我们改变规模时，事物的状态有时也会发生改变。以纳米技术为例，"纳米"是长度计量单位，是一米的十亿分之一，当任何材料用科技手段被细化到这一量级时，该材料物化性能就发生极大的变化，即"量变产生质变"。银离子具有抗菌性，但当它以分子形式存在的时候，这种性质就会消失。一旦达到纳米级别，金属就可以变得柔软，陶土可以具有弹性。同样，当我们增加所利用的数据量时，我们就可以做很多在小数据量的基础上无法完成的事情。

人们之间的血缘和非血缘的社会关系影响着他们的各种行为。随着互联网、手机移动通信以及社交媒体（如 Facebook、Twitter、新浪微博以及微信）等新兴信息技术的发展，产生了海量的社会关联"大数据"，这为开展社会网络的实证研究提供了新的机会，我们得以利用社会关系网络图分析事务所与客户潜在的全方位社会关系，并从事务所与客户的各方面进行匹配。企业进行社会关系需要各种各样的资源，包括有形资源与无形资源，例如企业人数、企业收入、企业声誉或文化等，上述资源是否充分代表了企业有无实施社会关系条件的能力（姚晶晶等，2015）。企业规模是企业资源多少的重要评判标准，它决定了企业是否按照自身意愿主动进行行为选择。熊彼特在其代表作《资本主义、社会主义和民主》（1942）中强调，"大规模控制企业已成为经济进步最强有力的机器……完全竞争不但不可能而且效果不佳，没有资格被树立为理想效率的模范"，"与完全竞争相适应的企业，在许多情况下其内部效率，尤其是技术效率很差……在发展和判断新的可能性时处于不利地位"。他认为，创新活动需要持久和制度化，而大企业才可负担得起研发项目费用，创新成果的收获也需要企业具有某种市场控制能力。根据企业声誉理论的概念，"良好的声誉是企业所拥有的独特资源，它能在企业经营的各个方面提升企业的竞争力"。然而，想要持续拥有良好的企业声誉并非易事，但毁坏它却很容易，可以说是"百年累之，一朝毁之"。因此，对于任何一个想要成为百年企业经久不衰，拥有、培养并维持良好的口碑十分重要。管考磊和张蕊（2019）发现对于实施了正向应计和真实盈余管理的企业，良好的企业声誉能够显著抑制这种盈余管理行为，而对于实施了负向应计和真实盈余管理的企业，良好的企业声誉却能够显著增加这种盈余管理行为。这表明，拥有良好声誉的企业对外报告了更加稳健的盈余信息，符合声誉机制的有效契约观。进一步研究发现，企业声誉对盈余管理的影响是通过高质量审计师的选聘和有效内部控制的实施来实现的。企业承担社会责任在一定程度上能够有效提升投资者的投资意向（张爱卿和师奕，2018）、降低重大盈余意外的发生（周兰和李思奇，2015）、缓解企业融资约束等。

从事务所规模层面来看，理论上，大型事务所在这两方面都具有优势：一是大型事务所受声誉机制和准租金的约束，审计独立性更高；二是大型事务所更能吸引优秀专业人才，培养和发展审计行业专长。这两方面的优势保证了大规模事务所提供高质量审计服务的可能性（陈小林等，2013）。刘笑霞（2013）实证考察了审计师行政惩戒对审计定价的影响，结果发现，就受到证监会处罚的事务所而言，事务所在受处罚后，其审计收费显著高于受处罚前；与未受处罚事务所相比，受处罚事务所在受罚前后审计费用的提高幅度显著更高。因此，大型事务所更具备获取各方面资源和渠道的能力。

从审计师个人特征层面来看，审计师的性别、任期、行业专长、客户数量等（Cheng et al.，2009；丁利等，2012；Gul et al.，2013；闫焕民，2015）会影响需要主观性职业判断和决策的审计活动，进而影响审计质量。然而，已有研究忽视了审计师个体特征中的性格、社会经济特征等是否影响审计决策与审计质量（DeFond and Zhang，2014），未能关注在一定程度上体现审计师个性特征的相对年龄效应是否以及如何对审计产出产生影响。个体出生月份差异会在一定程度上影响个体能力的培养和风险承担意愿。审计师相对年龄效应在审计质量上的体现，取决于审计师能力提升的正面效应和谨慎怀疑执业要求下更大风险承担意愿的负面效应孰占主导。

作为签发审计报告的主体和业务质量的主要负责人，签字审计师个体和团队特征直接决定着审计产出及其质量（DeFond and Francis，2005）。审计师个体特征，包括审计师的教育经历（Cheng et al.，2009；闫焕民，2015）、性别与年龄（叶琼燕和于忠泊，2011；丁利等，2012）、职务角色（Cul et al.，2013）、执业能力（原红旗和韩维芳，2012）、独立性（Choi et al.，2012）、审计师与客户的老乡关系（袁德利等，2018）等，影响着审计师的职业判断，从而影响审计质量。审计师个性特征如过度自信水平越高，审计质量越低（黄凯莉，2015；吴伟荣等，2017）。这部分研究多在实验和问卷等方式下进行（Pincus，1991；张继勋，2002；王爱国和杨明增，2009）。审计师团队特征，如团队异质性（李文颖等，2019）、搭档稳定性（闫焕民等，2017）、曾经的合作伙伴是否受过处罚

（Su and Wu，2017）等，也与审计质量密切相关。DeFond 和 Zhang（2014）呼吁更多的研究将审计师性格、职业怀疑和社会经济特征等纳入审计质量影响因素的考量范围。为回应这一呼吁，逐渐有学者将心理学、社会学领域的成果引入审计研究。He 等（2018）研究审计师开始职业生涯的宏观环境对审计师性格产生的"烙印影响"，萧条期进入职场的审计师会在之后的审计执业中表现出更加谨慎的职业怀疑，提供更高质量的审计。

较大的相对年龄有助于个体收获更加积极的成长经历。相对年龄差异与个体成长早期的适应性水平差异和成熟度差异有关。首先，相对年龄较大的儿童身体素质更好，心理发育相对完善，适应性水平更高。他们从小会因为更好的学校表现得到更多的赞扬和鼓励（Davis et al.，1980；Bickel et al.，1991），这种被认同感促成了个体积极的成长体验。其次，相对年龄较大的个体领导力潜能能够得到更好的挖掘和培养，其成为学生干部的可能性比相对年龄较小的学生高出4%~11%（Dhuey and Lipscomb，2008）。这不仅是因为相对年龄较大个体具有成熟度优势，还可能受到文化因素的影响。在"长幼有序"的传统文化背景下，等级秩序观念深受重视。在同一年级同学中，相对年龄大的个体往往更多地被赋予"榜样"和"带领"的角色要求和正向期待，而这种被信任感也有助于促成个体积极的成长经历。

个体积极的成长经历在促进提高个体能力水平的同时也会增加个体的风险承担意愿。相对年龄较大的个体能够在积极的成长经历中获得更大的能力提升（Crawford et al.，2014）。他们可能会因为在成长期受到更多的表扬及更多地承担领导者的角色，对自己的要求更加严格，努力争取达到他人的期望，从而培养出更强的认知能力、协调能力和沟通能力等。能力水平差异等因素直接造成了相对年龄较小的个体更糟糕的劳动力市场表现，例如较低的工资、较高的失业率（Fredrickson and Ockert，2005；Bedard and Dhuey，2006）。

此外，个体积极的成长经历也会增加个体承担风险的意愿。相对年龄较大的个体在被认同感和被信任感中培养起更大的自尊和自信（Fenzel，1992；Persico et al.，2004），他们对自身价值和能力的认可会在环境正反馈中不断被强化，这降低了他们对风险和不确定性的焦虑（Adoum et al.，2016），使其在做决策时更偏好风险（Dohmen et al.，2010）。已有研究证实，相对年龄较大的基金经理会采取更加激进的交易策略（Bai et al.，2019）。

综上，基于全方位事务所—客户特征的了解与判断，拓展了事务所与客户社会资本匹配规模，进一步发现事务所—客户之间潜在的社会关系，如校友关系、老乡关系与商业关系等。以往的研究发现事务所——客户社会关系匹配可能会影响审计费用与审计质量。相关研究发现客户——事务所的向上匹配会提升审计质量，客户——事务所的向下匹配会削弱审计质量。那么，大数据是否会提升事务所——客户的社会关系的匹配质量？在大数据时代，事务所与客户之间的社会关系将更加透明。事务所与客户的匹配程度越高，越有利于提高审计质量，并为外部投资者、分析师等客户财务报表的使用者提供相关证据，有利于维护资本市场健康发展。

### 二、大数据对事务所——客户社会资本匹配速度的影响

大数据还有一个特点在于速度快，并且在感知、传输、决策、控制这一闭环控制过程中的计算，对数据实时分析处理有着极高的要求。通过传统数据库查询方式得到的"当前结果"很可能已经没有价值，只有最新的数据才有价值。大数据强调的是在线数据的实时分析处理，这是大数据区分于传统数据分析的最显著特征（王宏志，2017）。因此，只有及时挖掘数据背后的价值，数据之间的联系才会变得更加紧密。

可见，在这个实时测量的世界里，传统的年度审计甚至是季度报告评估，都将具有有限的意义（Appelbaum et al. ，2017）。在这个维度上，信息及其处理系统的延迟逐步减少，这主要是由于更快的芯片、互联设备和信息的自动感应的结果。在未来，将关联模型与大量高速数据结合使用，以精确定位审计关注的事务或事件的能力，在持续应用时变得更加有用。持续审计和监控系统可能变得特别重要，从而改变审计实践（Vasarhelyi and Halper 1991；Alles et al. ，2006），例如，可以持续监控不同业务要素和流程之间的统计关系，以检测不规则事件（Kogan et al. ，2011）。

以现实生活为例，滴滴出行已经渗透在现实生活的各个角落，让人们出行更加便捷。然而，滴滴打车同样存在多处安全隐患。交通运输部运输服务司介绍了检查工作有关情况。检查发现，滴滴出行存在7方面33项问题，包括顺风车产品存在重大安全隐患、安全生产主体责任落实不到位、公共安全隐患问题较大、网约车非法营运问题突出、应急管理基础薄弱且效能低下、互联网信息安全存在风险隐患、社会稳定风险突出。这使得原本帮助消费者更好生活的小助手变为了令人"闻风丧胆"的平台。因此，滴滴也为此做出了一系列的紧急措施，如滴滴快车平台监测到司机未按规定路线行走或当乘客到达目的地后发现司机可能存在异常操作，则会在第一时间拨通乘客的电话，确保乘客的生命和财产安全。相

似地，当消费者收到陌生短信要求获取消费者的通信地址时，公安反诈专号也会在第一时间内发来短信提醒近期有诈骗分子冒充电商或快递客服，以商品质量问题、快递丢失并提供赔偿为由让消费者进行贷款或转账，均为诈骗。可见，及时、高效地利用大数据技术能够在一定程度上提醒消费者可能遇到的风险，保护消费者的人身与财产安全。

大数据能够实时关注事务所—客户社会关系网络的建立、消失并进行实时关系匹配。在大数据时代，每个个体的言行举止在不经意间就会留下"痕迹"，成为可以被记录与分析的对象。在大数据时代，被量化的"痕迹"并不是孤立的存在，它们之间有着千丝万缕的联系，并且通过相关性耦合产生一套新的权力关系，进而对不断被数据化的社会带来深刻影响（赵丽涛，2018）。大数据利用其高速性能将信息进一步透明化，使公众能够更加了解社会资本背后的玩家逻辑，在一定程度上打破了权力格局与游戏规则。

大数据同样能够放大事务所—客户社会关系可能潜在的隐患，逐渐以"信息权"取代传统的"关系权"，实时监测事务所、客户可能遇到的风险。对于审计师来说，当客户的风险增加时，可能会配备更多的审计人员进行审计并增加审计费用作为一定风险溢价的补偿，从而提高审计质量，充分保证审计的鉴证作用。若客户向下匹配事务所，且事务所收取了较高的费用，警惕客户可能存在审计意见购买等行为。当客户的财务水平、经营能力、市场声誉等各方面良好，通过社会资本匹配到合适的事务所能够缓解事务所的过度审计现象。因此，通过实时监测事务所—客户的社会关系动态匹配，为保证高质量审计提供了坚实的基础。

### 三、大数据对事务所—客户社会资本匹配价值的影响

大数据的价值（Value）特征包含两方面的含义：一方面，大数据价值密度低。"为了保存那么一点的金子，我们不得不保存所有沙子"，该谚语阐述了大数据低密度的特征。在交通信息化方面，公安部门交通管理科学研究所黄淑兵（2020）以接入公安交通集成指挥平台的道路交通监控设备抓拍的车辆通行轨迹数据为例，分析了交管大数据的数据量虽十分庞大，但价值密度并不高的原因。具体表现在两个方面：一是数据质量不高。根据《道路车辆智能检测记录系统通用技术条件（GAT/497—2016）》规则：日间车辆号牌号码识别准确率应不小于95%；夜间车辆号牌号码识别准确率应不小于90%。按照最理想的环境进行检测，成像的角度、图片的清晰度包括场景都比较单一，所以在一般标准场景下基本上能达到上述两个指标。但实际上卡口都安装在路面上，在实际路面中抽选部

分卡口的图片进行人工核实和确认，发现很多问题。比如，图片清晰首汉字识别错误；图片模糊把同一个首汉字识别成不同的汉字，如湘识别成浙、鲁识别成冀等；把非机动的号码识别成机动车的号码；由于角度问题，把机动车上某一处的数字或者进气栅识别成号牌号码；数字或字母识别错误，如 1 识别成 J，E 识别成 F，D、Q 识别成 0 等。基于这种情况，卡口的识别准确率比较低，也就意味着采集到的数据跟实际需求并不相符。二是覆盖不全面。《2020 年加强重要点位交通监控设备联网接入和运维管理工作方案》要求年底前国家高速公路服务区、收费站卡口联网率达到 60% 以上，因此，全国的卡口都要联网到集成指挥平台中，但目前的状况是还有大量的卡口没有接入。可以发现，尽管我们拥有大量数据，但能够真正发挥价值的仅是其中非常小的部分。

另一方面，大数据背后潜藏的价值巨大。美国社交网站 Facebook 有 10 亿用户，网站对这些用户信息进行分析后，广告商可根据结果精准投放广告。对于广告商来说，10 亿用户的数据价值上千亿美元。在中国，中科宇图是一家科技股份有限公司，致力于为客户提供地图大数据与智能化解决方案。在獐子岛扇贝"跑路"事件中，中科宇图打破传统的审计方式，利用北斗提供的渔船定位点数据分别制定了獐子岛年、月、日的捕捞轨迹图，同时根据捕捞状态计算出不同扇贝的采捕面积，并出具了专业的分析报告。正是这份报告，再结合獐子岛集团自身提高的证据，为证监会认定獐子岛的扇贝"跑路"事件为子虚乌有提供了强有力的证据和便利化的管理，獐子岛企业也受到了应有的处罚。

2020 年，面对突如其来的新冠肺炎疫情，世界被按下了暂停键，学校停课、公司停工。在大数据技术飞速发展的背景下，信息技术取得了新的突破，特别是云计算和数据挖掘技术的发展，这为大数据时代新审计方法的发展奠定了坚实的基础。特殊时刻，大数据审计已经成为事务所和审计师使用的主要审计方法。Zhang 和 Zhou（2004）将大数据视为发现"金块"的途径。Krahel 和 Titera（2015）认为大数据能够帮助审计师分析海量数据，伴随着审计集思会与方法发生的巨大变革，大数据能够帮助审计师提高工作效率。Earley（2015）分析了审计师利用大数据分析的四大优点：一是大数据能够提高审计师的工作效率，审计师能够测试比现如今更多的交易；二是大数据能够提高审计师的审计质量，通过对客户更深入的了解；三是大数据能够降低审计风险，审计师利用当前的工具与技术更容易发现客户欺诈行为；四是大数据为客户提供额外服务，审计师能够充分利用外部数据，并为客户提供服务以解决超出当前能力范围的问题。不仅如此，大数据更有助于审计师在该职业在价值链条中向上移动，使审计师真正成为客户的商业合作伙伴，而不仅是一个非功能服务提供商。在匹配上，匹配随着某一方更能为对方提供价值而地位提升。事务所因能够给客户增加更多的价值而处于更有利地位或更强势地位，因此，我们推断，审计师可能在匹配中处于更加有利的地位。客户数据透明，即使是在较差的事务所，事务所的审计水平也会达到社会平均水平，否则会被市场和行业淘汰。大数据审计使审计技术与方法发生大的变化，客户将从中受益（Brown-Liburd et al.，2015）。

　　总之，由于大数据、云储存、区块链等的发展，审计流程形式和性质发生改变，后果是管理控制、持续监控和持续审计职能之间的重叠，这些概念都需要进行重新定义。尽管学者对大数据持乐观态度，但是大数据在审计领域的发展还不充分，如何解决这些制约发展的因素成为现如今值得研究的问题。大数据审计难点在于，首先大数据审计应用缓慢，原因在于审计人员习惯于使用计算机辅助审计技术（CAAT）分析财务数据，而没有动机去大量提取与分析非财务数据的大数据技术（Adrian Geppa，2018；Allesand Gray，2016）。其次是成本问题，将大数据纳入审计工作所需的软件、人员配备的具体成本如何降低？最后大数据分析技术的战略意义在于对这些结构化和非结构化数据进行专业化处理（Zhang，2015）。如何合理合法地获取并进行数据标准化是一大问题，"大数据"是需要新处理模式才能具有更强的决策力、洞察发现力和流程优化能力的海量、高增长率和多样化的信息资产。

# 第八章 结论和研究展望

## 第一节 主要研究结论

近年来，会计师事务所与客户所拥有的社会资本匹配问题越来越受到外部投资者的关注。审计师与客户关系的误配，不但会使得信息使用者重新评估企业未来的盈利情况，还有可能降低其对报告盈利质量的信心，从而对审计师与企业双方声誉均造成不利影响。而事务所与客户的社会资本适配程度越高，社会资本所发挥的治理效应可能越强。在以往学者研究的基础之上，本书立足于中国的特殊背景，从事务所与客户社会资本历史沿革出发、分析事务所与客户社会资本匹配的影响机理、探讨事务所与客户社会资本匹配的经济后果并结合大数据技术预测其对匹配理论可能在审计应用中发挥的影响作用，最终构建会计师事务所与客户社会资本匹配的治理效应逻辑框架图。

现将本书的主要结论归纳如下：

通过分析会计师事务所与客户社会资本匹配对审计行为影响的机理发现：第一，事务所与客户各层面社会资本互动时发挥的功能各异。审计双方的社会资本发挥认同与协调功能、相对资源权力功能。双方利益分配策略发生了变化，即社会资本匹配度通过改变审计合谋发生概率的阈值大小，与其他资本一同影响双方交易策略和审计产出。第二，审计双方的社会资本互动时，无论是基于信任的合作还是基于权力的威服，均会改变原来仅依赖合约和正式审计准则进行决策的行为偏好，而其真实审计效应的结果导向同时取决于审计目标一致性、关系连带、相对资源权力大小和社会关系所处特定的宏观文化与制度背景制约，这为理解嵌入事务所与客户各自社会网络中的风险评估、沟通互动和经济后果提供新的视角。第三，审计双方有社会关联时，两者认知面和关系面社会资本通过基于认同与协调功能的信息机制、人情机制对审计行为发挥作用，认同与协调功能包括身份型和规范型两类；无社会关联时，双方结构面社会资本互动对审计行为的影响则基于相对资源权力功能发挥权力机制、声誉保护机制和信息机制的作用。

观察事务所与客户社会资本匹配程度对事务所内部治理的影响。发现双方匹配程度的大小将决定有利于事务所还是有利于客户，当事务所的社会资本大于客户的时，将有利于其与客户的博弈。第一步，将确定事务所在洽谈审计收费时，能否获得更公平的审计收费，且不易被收买，需要探讨双方匹配程度对审计收费的影响。第二步，确定接受客户与审计收费后，进入现场审计，而审计实施的最终结果是审计质量，有必要探讨双方匹配程度对审计质量的影响。第三步，选取来自监管部门的审计调整数据，作为审计质量的替代变量，观察双方社会资本匹配程度对审计调整的影响。

在新兴经济体中，面对弱的制度环境，审计更能够对客户起到治理作用（Fan and Wong，2008）。事务所与客户社会资本匹配存在三种结果，即事务所社会资本高于、等于或低于客户社会资本。双方社会资本完全匹配或相等的概率较小，常态是必定有一方社会资本会高于另一方。社会资本高的一方将在双方博弈过程中掌握主动权，获取更多的收益。这种匹配对客户的治理效应应当是对客户的所有治理层面有诸多大小不同、方向有异的影响，但是限于篇幅，不可能面面俱到，为此选择目前影响较为显著地对客户决策、盈余质量与绩效前后相继的三个方面展开分析，以期未来有关研究能够对更多方面展开分析与探讨。首先关注的是对客户董事会决策产生的影响，其次是客户的盈余质量，进而对绩效产生影响，最后是对薪酬治理的影响。研究发现，社会资本能起到较好的治理作用。

事务所对客户审计最终通过审计报告呈现在资本市场上，对资本市场的各方参与者如分析师、机构投资者、中小投资者、评级机构、媒体等产生影响。事务所与客户社会资本的匹配也会对此产生影响。本书选取分析师、媒体和投资者三个方面展开分析，发现双方社会资本的匹配也影响了资本市场的各方参与者。

数据已经渗透到当今每一个行业和业务职能领域，成为重要的生产因素。人们不再认为数据是静止和陈旧的，并对海量数据进行挖掘和运用。"大数据"在物理学、生物学、环境生态学等领域以及军事、金融、通信等行业存在已有时日，却因为近年来互联网和信息行业的发展而引起人们关注。可以发现，大数据通过"量化一切"而实现世界的数据化，形成全新的大数据生态系统与大数据世界观，这将彻底改变个人的思维、企业的发展、国家的治理以及国家之间的博弈方式。大数据技术会给事务所社会资本的产生与发展带来巨大的影响，而这方面的相关研究成果较少，这是未来的一个研究机会。

## 第二节　未来展望

近年来，审计研究产生许多新兴领域，包括竞争和定价（Carson，2013；Carson et al.，2014；Ciconte et al.，2015；Dutillieux et al.，2013；Kend et al.，2014；Van der Laan and Christodoulou，2012）、监管变化带来的影响（Carey et al.，2014；Houghton et al.，2013；Lee et al.，2013）、信任（Howieson，2013）、声誉（Bigus，2015），以及审计判断和决策（Trotman et al.，2011）。其他新兴领域包括内部审计和外部审计（Rose et al.，2013；Sarens et al.，2013）、公司治理与审计（Aldamen et al.，2012；Bliss，2011；Bolton，2014；Chan，2013；Contessotto and Moroney，2014；Purcell et al.，2014；Seamer，2014；Wu et al.，2014）、国际会计准则的影响（Samsonova–Taddei，2013）、金融危机与审计（Carey et al.，2012；Xu et al.，2013）、非审计费用（Habib，2012），以及审计质量对信息不对称的影响（Clinch et al.，2012）。这些研究包含着各种新研究方向，也存在着综合的、包罗万象的框架来汇集各种研究流的领域。但是，这些研究并未涉及审计与社会资本。或许审计与社会资本的研究正是未来好的研究机会。

### 一、审计中社会资本形成与作用

（一）审计市场社会资本的产生是否"无为而治"？

CPA 或事务所如果为他人提供服务便是创造义务，也就是在积累事务所的社会资本。制造他人对事务所需求（拉动需求），正是增加 CPA 个人社会资本的一种方式。在无须为他人付出很大代价时帮助他人，阻止他人为自己提供帮助，从承担义务中解脱出来。事务所或 CPA 个人的社会资本积累会产生"滚雪球"效应，利用越多，价值越大。当然，这种社会资本的积累呈指数速度增长，而人力资本的积累呈算数速度增长（林南，2005）。是否能够通过 CPA 或事务所参加各种活动都视同一种服务，如审计上市公司、捐赠、各种慈善，这都是一种服务，然后观察其获得的客户数量、审计收费金额等，进行衡量其投入的数量或金额，或许也会有新的发现。

社会资本建立并非易事，但是一些早先的印记如籍贯是否会产生社会资本？中国的认祖归宗、荣归故里、少小离家老大回都是籍贯在其中起着作用。韦伯的《儒家与道教》中写道，迁移到城里的居民，特别是有钱人仍保持着同祖籍的关系，那里有他宗族的祖田和祖祠，保持着同出生的村子的一切礼仪的和个人的关系。中国城市没有西方古代那种住在城里的自我武装的军人等级意义上的市民阶层。根本没有武装起来的城里人的政治盟会，这是问题的症结所在。所以，中国的籍贯意义更大。这些人可能需要通过回乡来获得某种保护。弥补城市治理功能的缺失。还有社会服务功能的缺失，使得中国人很可能需要通过宗族的力量面对不确定性。是否可以根据审计师—客户来自同一家乡、监管机构领导家乡与被监管对象为同一地方，是否会影响审计质量或监管质量呢？经济学相关研究已有较多类似研究，而审计师的籍贯问题也正成为热点，如果将籍贯与社会资本联系起来，或许会有新的发现。

（二）审计市场社会资本真的会发挥和想象中一样大的作用吗？

罗伯特·普特南（Robert Putnam，1995）发表了一篇很有想法的短文，随后出版了《孤独打保龄球》一书。普特南通过一个人去打保龄球（不与同事、俱乐部的人一起）这一现象指出，美国参与团体活动的人数大幅下降，而他认为，这种下降降低了社会资本，威胁了民主的质量以及生活的质量。这一想法激发学者们展开了广泛的研究活动：如研究企业的社会资本、调查信任是如何在社区及经济转型中被创造的，以及跨国的社会资本研究。新冠肺炎疫情使得事务所与CPA更多网上办公与开会，参与社团越来越少，降低了事务所可能的社会资本。如果事务所与客户长时间处于相互隔离状态，只是通过网络联系，相互之间的信任势必下降，此时，审计质量是否也会受到影响？是否可以研究新冠肺炎疫情前后，事务所与客户之间互动的方式、手段、频率，通过问卷调查获取相互之间的信任程度是否下降展开研究，观察社会资本在审计市场是否以及真的发挥了很大作用，正好有一个可控的外生事件，因为新冠肺炎疫情，有一个外生冲击事件来观察审计市场人与人之间的交流情况。

故事也是有套路的，在人类历史上，只有少数能引发共鸣的故事被不断讲述和传播，只有故事的名称和细节有些许变化。1916年乔治·波尔蒂大胆宣称：基本的戏剧情境只有36种。罗纳德·托比亚斯在1993年写道，只有20种基本的情节，分别为：探索、冒险、追击、营救、逃脱、复仇、谜团、对抗、迫害、诱惑、变局、转型、成熟、爱情、矮人、牺牲、发现、贪婪、升华和堕落。审计师与客户之间的交流是否可以根据这些情节进行区分呢？这样形成的社会资本如何量化及标准化？审计师与客户合谋，每一方获得好处，这也是一种经济均衡，即每个人寻求自身利益，但是公众受损。故事就像病毒，它们口口相传，具有一定的传染性。信心或丧失信心也可以这样传播，其传染力不亚于任何一种疾病，信心或悲观情绪如果神奇地四处蔓延，很可能只是因为某种思维模式的传染率发生了改变。小事务所认为自己获得的资源较少，自然给了他们一副烂牌，其次，面对大的事务所，大所对他们有敌对心理，这相当于庄家在作弊。道义上就不公平公正，他们必须花费更多心思来应对。我们承认市场的力量，不论它是好是坏，不过不能把审计市场所有的问题全部留给机遇和市场来解决的观点。鉴于社会资本存在于网络之中，需要他人的相互配合，无法如资产一样可以被一方单独所有，因而无法继承或传承，可能更多地体现为一种功利主义。所以，这或许是社会资本的一种宿命。也是为什么较少有学者讨论事务所合伙人传承问题，也少有研究 CPA 精神的原因所在。研究过程中，过于强调社会资本的作用，与此相对的规制的作用难道不能或较少发挥作用吗？如果审计制度不能充分发挥作用，我们企业的治理机制是否存在问题呢？如果社会资本属于社会治理，那么这样的社会治理是否也包含社会资本治理呢？现有的相关研究较少或几乎未开展研究。

如果审计师与客户存在同样匹配的社会资本，是否可以想象，我们的审计质量会更高呢？因为可以设想，审计师并不天然愿意被处罚，愿意造假，而是尽可能达到一种均衡。如果审计师连任时，供大于求，更可能是审计师有求于客户，此时，是否可以认为客户的社会资本更强。这是一种失衡的社会资本，还是一一对应的社会资本呢？审计市场为什么失灵？是否社会资本也在审计市场上起到一定作用或者未发挥应有的作用？我们是否对社会资本给予太多的期待呢？

## 二、审计市场社会资本类型与区别

（一）事务所的"关系"或社会资本

关系网络的产生。生于 1743 年的鲍志道，经商发达后做了三件事：一是构筑错综复杂的官商网络；二是培育同族子弟攻考科举；三是重建宗族世家。这是否也是一个社会关系网络的重建。山西票商因为后来的利润来自官家，所有票号已经逐渐失去了创新的动力，精力用于公关和钻营，"极炫耀处，即衰落处"，如果是这样的社会资本，不要也罢，因而社会资本的负面作用也是应当警惕的。1911 年辛亥革命爆发，以公款业务为支柱的票号生意断流。出生于 1769 年曾为中国首富的商人伍秉鉴取得成功有两个原因：一是诚实谦顺，敢于吃亏；二是与英美外资公司的密切关系。目前我国的事务所多为合伙制，那么这些合伙人是否在建立社会资本方面能够遵守职业道德，是否乐于建立各种关系网络呢？稍加分析就可以发现，无论是中国注册会计师协会，还是地方会计师协会，在这些协会办公地附近，总会有很多事务所的注册地或分所居于其中，这或许可以归为事务所希望与注册会计师协会建立紧密的联系。如果把事务所与注册会计师协会的地理距离进行计算，是否可以发现，离协会越近，事务所审计质量或审计业务越多呢？或者处罚越少？这或许也是观察事务所获取社会资本的一条途径。

为什么我们强调社会资本，英文"关系"（guanxi）一词产生于中文的音译。但是社会资本也是西方借鉴而来，并不能因此认定我国更重视社会资本，这样的社会资本可能并不能完全等同于我国的关系。我国的"关系"更多是可能出于对规则的偏离，而社会资本是在遵守现在规制情况下的合理利用，或经由交流而增量产生的资本，而不是对规制的偏离。如我们寻找关系从事无法在规则下做到的事，这就是找"关系"，但是社会资本是因为交流双方认同某种理念，而产生的一种双方合作的意愿，而不是对现有规制的践踏。如何区分事务所在获取关系或社会资本方面所做的努力，这是十分困难的事情，如果能够通过访谈或问卷，获取关系或社会资本的题项，通过实验研究，区分何种为关系，何种为社会资本，或许会非常有意义，对于监管部门在制订政策和监管方面有所帮助。

我国历史上早期就存在社会资本。商帮的出现，是中国企业史上的一件大事，它兼具血缘性与地缘性，根植于偏远的宗族乡村，以市镇为生产和销售基地，以城郡为生活和消费中心，构成一种独特的经营模式。籍贯对为官为商带来很大的帮助。而中国在明代之后，落后于世界，生产处于停滞阶段，未能产生于法权体系的资本主义（顾准，1994），而西方在此时代已经出现资本主义萌芽。可见，这样的籍贯也是一种社会资本的体现。千百年来，尽管每代都有很多成功的商人，然而他们始终没有培育出一种"商人精神，最根本原因是，从知识精英到他们自己，都不认同商人是一个独立阶层，他们从来没有形成自己的阶层意识，如费正清所言，中国商人最大的成功是，他们的子孙不再是商人"（吴晓波，2012）。明嘉靖年间，朝廷采纳礼部尚书夏言的建议，准许天下臣工建立自己的家庙，从而打破了"庶人不得立家庙"的古制。从此，民间建祠堂、置祠田、修宗谱、立族规成为全社会的风尚。社会资本从此有了一个隐性的渠道。这也是现在籍贯为什么这么重要的原因所在。事务所的籍贯意味着关系网、价值理念、领导风格、创造性及变通能力、风俗习惯等，这些是否也可以归入社会资本呢？与客户的社会资本如何进行匹配呢？家族企业很强调传承，而事务所很少有合伙人愿意让子女传承，这是否是因为事务所是人合而不是资合，或者事务所没有可以传承的资源？这一研究或许对合伙制企业与股份公司或有限责任公司的区分做出一定贡献。

### （二）"四大"与"非四大"社会资本比较研究

为什么欧美"四大"在当地上市公司审计市场份额超过80%，而中国的"四大"份额相对较低，如果从客户数量比较占比更小。西方发展国家"四大"的发展用了近100年，才实现了今天的"四大"，而中国用了不到30年，在中国实现了"四大"，而在日本、欧洲的"四大"是如何获得发展的呢？原因何在？是否能够从社会资本视角对此解释呢？

科尔曼说过，"富裕、政府资助等因素使人们相互需要的程度越低，所创造的社会资本越少"。是否"非四大"这样中小的事务所更需要他人的帮助，或者CPA弱小时，更需要有人帮助，而"四大"事务所不需要其他所的帮助，因而"非四大"更重视社会资本，而"四大"因为富裕而不需要社会资本呢？"非四大"事务所是否就是因为小而资源较少，更依赖社会资本，而"四大"事务所因为资源丰富，不太需要依靠社会资本，也不太需要社会资本。社会责任报告是否会体现出这样的结果呢？

### （三）各地方审计市场社会资本差异研究

如果以省为单位进行区分，各个省的社会资本是否或可能存在差异呢？樊纲指标在衡量各地差异时，有市场化指数，但是我们是否可以根据相关的指标构筑一个社会资本差异呢？已有研究关注各地社会资本差异一般从寺庙、慈善等方面衡量，而审计是否以及如何受到当地社会资本差异的影响，较少看到这方面的相关研究成果。

尽管所有省份都采用同样的审计法制，但是一些省份的审计市场治理好于另一些省份。可以按照如下四个标准来观察各个省份审计市场的治理绩效：一是审计市场制度绩效必须是全面的，包括对人才的吸引力、审计质量、制度建设、获利水平、对当地资本市场贡献、事务所文化建议等各个方面。二是这种绩效标准内须具有内在一致性，注重整个审计市场，而不偏重于任何一个方面。三是这种绩效是持续的、可靠的，每年能够衡量。事务所100强的评比也体现出了绩效标准的内在一致性。如果将前100强事务所的客户审计质量进行比较，审计质量是否与排名一致？如果不一致，这是否就可以说明排名就有问题呢？四是制度绩效必须与客户和事务所的目标和评价一致。如果前100名的排名与客户和事务所公认的标准不一致，是否说明这里面排名存在问题？为此，在这种排名中，是否可以看出各地社会资本对排名是否有影响？这是值得关注的一个问题。

审计市场较好省份，是否存在着更多的社团组织，如捐赠、民间组织、参与广场舞与购买彩票的人数是否也越多？因为大家更愿意通过各种公益组织来解决问题。审计市场发展不好的省份，其种公共事务是否也发展不起来，他们互不信任，被约谈现象较多，或者被处罚的客户更多？可否反过来衡量，客户被处罚更多的地方，除了事务所本身因素外，还有当地文化与社团组织或风俗习惯带来的影响更多。可否观察注册地的客户审计质量，如以 DA（可操控性应计利润）衡量，是否存在地区差异，这是否说明不是事务所，而是当地文化与习俗对客户质量的影响更大？这也是未来的一个研究机会。

每个省审计市场尽管统一执行中央政策，但还是会有一些细微的差异，以新型冠状病毒肺炎疫情为例，浙江整个制度环境比较宽松，而某些地方在有制度范本的情况下还出现这样大的问题，这是完全受法制因素影响吗？或许也会受到当地文化习俗影响，即社会资本影响。这也是我们后续需要考虑的问题。

### 三、社会资本与审计市场的未来发展

根据燕继荣（2006）的投资社会资本理论，一个秩序良好的审计市场，应当在合理划分投资者（使用者）—审计师—客户三者界限的基础上，在不同领域，针对不同对象，实行不同的"治理"原则和手段，即所谓的"分而治之"。如果把对审计师的监管称作"治理审计"（属于政治的范畴），那么对监管层自身的管理可以被界定为"治理政府"（治政的范畴）。后者是限官，但是我们很少或几乎没有考虑如何防止监管层的作为，需要探讨合理授权、分权和控权的有效机制和规则，而这方面的研究很少，未来可以从这方面探讨审计市场社会资本。

加强党的建设其实也是关注思想文化建设的一个重要体现，通过这样的活动可能培育出事务所更多的社会资本，或许审计市场问题会更少。

2016 年 12 月 9 日，习近平总书记在主持中共中央政治局第三十七次集体学习时强调：法律是准绳，任何时候都必须遵循；道德是基石，任何时候都不可忽视。必须坚持依法治国和以德治国相结合，使法治和德治在国家治理中相互补充、相互促进、相得益彰，推进国家治理体系和治理能力现代化。2017 年 5 月 3 日，习近平总书记在中国政法大学考察时指出："中国特色社会主义法治道路的一个鲜明特点，就是坚持依法治国和以德治国相结合，强调法治和德治两手抓，两手都要硬。"事务所德治方面，可能会进行各种公益活动履行其社会责任，这

样也会形成社会资本，已经有一些研究甚至直接用企业社会责任报告来衡量其社会资本。

审计市场也有一些社会资本的形成或培养审计市场的事务所"公民企业"，通过一次次约谈，一次次处罚，使得事务所如履薄冰，使得一些事务所几乎不敢有任何创新思维与方法，唯求不被起诉，这样的审计市场难道就是我们希望或需要的审计市场吗？以德治国，培养全民的道德素养，或者培养审计市场在投资者、审计师与客户之间形成一个良性的互动市场，不是更好吗？如果在一个具有丰富的社会资本审计市场或资本市场中进行投资和交易，对于整个审计市场而言，一个有丰富社会资本存量的审计市场意味着和谐稳定的秩序和良好的审计治理。所以，审计市场的社会资本投资是非常值得的，也是值得研究的。

# 参考文献

［1］ Abowd J M, Farber H S. Job Queues and the Union Status of Workers ［J］. ILR Review, 1982, 35 (3): 354-367.

［2］ Al Guindy M. Corporate Twitter Use and Cost of equity Capital ［J］. Journal of Corporate Finance, 2021, 68: 101-126.

［3］ Álvarez-Botas C, González V M. Does Trust Matter for the Cost of Bank Loans? ［J］. Journal of Corporate Finance, 2021, 66: 101-191.

［4］ Ang J S, Cheng Y, Wu C. Trust, Investment, and Business Contracting ［J］. Journal of Financial and Quantitative Analysis, 2015, 50 (3): 569-595.

［5］ Argyres N S, Felin T, Foss N, et al. Organizational Economics of Aapability and Heterogeneity ［J］. Organization Science, 2012, 23 (5): 1213-1226.

［6］ Ashbaugh H, LaFond R, Mayhew B W. Do Nonaudit Services Compromise Auditor Independence? Further Evidence ［J］. The Accounting Review, 2003, 78 (3): 611-639.

［7］ Ashbaugh H, Warfield T D. Audits as a Corporate Governance Mechanism: Evidence from the German market ［J］. Journal of International Accounting Research, 2003, 2 (1): 1-21.

［8］ Balasundaram B, Butenko S, Hicks I V. Clique Relaxations in Social Network Analysis: The Maximum k-Plex Problem ［J］. Operations Research, 2011, 59 (1): 133-142.

［9］ Barth F. Ethnic Groups and Boundaries: The Social Organization of Culture Difference ［M］. Waveland Press, 1998.

［10］ Beardsley E L, Imdieke A J, Omer T C. The Distraction Effect of Non-Audit Services on Audit Quality ［J］. Journal of Accounting and Economics, 2021, 71

(2-3): 101-180.

[11] Becchetti L, Ciciretti R, Giovannelli A. Corporate Social Responsibility and Earnings Forecasting Unbiasedness [J]. Journal of Banking & Finance, 2013, 37 (9): 3654-3668.

[12] Bedard J C, Deis D R, Curtis M B, et al. Risk Monitoring and Control in Audit Firms: A Research Synthesis [J]. Auditing: A Journal of Practice & Theory, 2008, 27 (1): 187-218.

[13] Berglund N, Kang T. Does Social Trust Matter in Financial Reporting? Evidence from Audit Pricing [J]. Journal of Accounting Research, 2013, 12: 119-121.

[14] Bianchi P A, Carrera N, Trombetta M. The Effects of Auditor Social and Human Capital on Auditor Compensation: Evidence from the Italian Small Audit Firm Market [J]. European Accounting Review, 2020, 29 (4): 693-721.

[15] Bianchi P A. Auditors' Joint Engagements and Audit Quality: Evidence from Italian Private Companies [J]. Contemporary Accounting Research, 2018, 35 (3): 1533-1577.

[16] Bilal, Chen S, Komal B. Audit Committee Financial Expertise and Earnings Quality: A Meta-Analysis [J]. Journal of Business Research, 2018, 84: 253-270.

[17] Blouin J, Grein B M, Rountree B R. An Analysis of Forced Auditor Change: The Case of Former Arthur Andersen clients [J]. The Accounting Review, 2007, 82 (3): 621-650.

[18] Boubakri N, Guedhami O, Mishra D, et al. Political Connections and the Cost of Equity Capital [J]. Journal of Corporate Finance, 2012, 18 (3): 541-559.

[19] Brown-Liburd H, Zamora V L. The Role of Corporate Social Responsibility (CSR) Assurance in Investors' Judgments When Managerial Pay is Explicitly Tied to CSR Performance [J]. Auditing: A Journal of Practice & Theory, 2015, 34 (1): 75-96.

[20] Cahan S F, Chen C, Chen L, et al. Corporate Social Responsibility and Media Coverage [J]. Journal of Banking Finance, 2015, 59: 409-422.

[21] Carey P, Simnett R. Audit Partner Tenure and Audit Quality [J]. The Accounting Review, 2006, 81 (3): 653-676.

[22] Carstensen L L. Social and Emotional Patterns in Adulthood: Support for

Socioemotional Selectivity Theory [J]. Psychology and Aging, 1992, 7 (3): 331.

[23] Chen C Y, Lin C J, Lin Y C. Audit Partner Tenure, Audit Firm Tenure, and Discretionary Accruals: Does Long Auditor Tenure Impair Earnings Quality? [J]. Contemporary Accounting Research, 2008, 25 (2): 415-445.

[24] Chen D, Li L, Liu X, et al. Social Trust and Auditor Reporting Conservatism [J]. Journal of Business Ethics, 2018, 153: 1083-1108.

[25] Chen F, Peng S, Xue S, et al. Do Audit Clients Successfully Engage in Opinion Shopping? Partner-Level Evidence [J]. Journal of Accounting Research, 2016, 54 (1): 79-112.

[26] Chen H L, Ho H C, Hsu W T. Does Board Social Capital Influence Chief Executive Officers' Investment Decisions in Research and Development? [J]. R&D Management, 2013, 43 (4): 381-393.

[27] Chen R C Y, Hung S W. Exploring the Impact of Corporate Social Responsibility on Real Earning Management and Discretionary Accruals [J]. Corporate Social Responsibility and Environmental Management, 2021, 28 (1): 333-351.

[28] Chen S, Sun S Y J, Wu D. Client Importance, Institutional Improvements, and Audit Quality in China: An Office and Individual Auditor Level Analysis [J]. The Accounting Review, 2010, 85 (1): 127-158.

[29] Cheng C S A, Wang K, Xu Y, et al. The Impact of Revealing Auditor Partner Quality: Evidence from a Long Panel [J]. Review of Accounting Studies, 2020, 25 (4): 1475-1506.

[30] Chi W, Douthett Jr E B, Lisic L L. Client Importance and Audit Partner Independence [J]. Journal of Accounting and Public Policy, 2012, 31 (3): 320-336.

[31] Choi J H, Kim J B, Qiu A A, et al. Geographic Proximity between Auditor and Client: How Does it Impact Audit Quality? [J]. Auditing: A Journal of Practice & Theory, 2012, 31 (2): 43-72.

[32] Christensen B E, Omer T C, Shelley M K, et al. Affiliated Former Partners on the Audit Committee: Influence on the Auditor-Client Relationship and Audit Quality [J]. Auditing: A Journal of Practice & Theory, 2019, 38 (3): 95-119.

[33] Chung H, Kallapur S. Client Importance, Nonaudit Services, and Abnormal Accruals [J]. The Accounting Review, 2003, 78 (4): 931-955.

[34] Cohen J R , Gaynor L M , Krishnamoorthy G , et al. The Impact on Auditor Judgments of CEO Influence on Audit Committee Independence [J] . Auditing: A Journal of Practice & Theory, 2011, 30 (4): 129-147.

[35] Connelly B L, Tihanyi L, Crook T R, et al. Tournament Theory: Thirty Years of Contests and Competitions [J] . Journal of Management, 2014, 40 (1): 16-47.

[36] Crane A D, Koch A, Michenaud S. Institutional Investor Cliques and Governance [J] . Journal of Financial Economics, 2019, 133 (1): 175-197.

[37] Craswell A, Stokes D J, Laughton J. Auditor Independence and Fee Dependence [J] . Journal of Accounting and Economics, 2002, 33 (2): 253-275.

[38] Dalziel T, Gentry R J, Bowerman M. An Integrated Agency-Resource Dependence View of the Influence of Directors' Human and Relational Capital on Firms' R&D Spending [J] . Journal of Management Studies, 2011, 48 (6): 1217-1242.

[39] Dan S D , Radhakrishnan S , Tsang A , et al. Nonfinandal Disclosure and Analyst Forecast Accuracy: International Evidence on Corporate Social Responsibility Disclosure [J] . Accounting Review, 2012, 87 (3): 723-759.

[40] Dang C, Li Z F, Yang C. Measuring Firm Size in Empirical Corporate Finance [J] . Journal of Banking & Finance, 2018, 86: 159-176.

[41] De Angelo L E. Auditor Size and Audit Quality [J] . Journal of Accounting and Economics, 1981, 3 (3): 183-199.

[42] DeAngelo L E. Auditor Independence, "Low Balling", and Disclosure Regulation [J] . Journal of Accounting and Economics, 1981, 3 (2): 113-127.

[43] DeFond M L, Francis J R. Audit Research after Sarbanes-OxleyA [J] . Auditing: A Journal of Practice & Theory, 2005, 24 (s-1): 5-30.

[44] DeFond M L, Jiambalvo J. Debt Covenant Violation and Manipulation of Accruals [J] . Journal of Accounting and Economics, 1994, 17 (1-2): 145-176.

[45] DeFond M, Zhang J. A Review of Archival Auditing Research [J] . Journal of Accounting and Economics, 2014, 58 (2-3): 275-326.

[46] Dhaliwal D S, Li O Z, Tsang A, et al. Voluntary Non-Financial Disclosure and the Cost of Equity Capital: The initation of Corporate Social Responsibility Reporting [J] . The Accounting Review, 2011, 86 (1): 59-100.

[47] Du S, Yu K. Do Corporate Social Responsibility Reports Convey Value Rel-

evant Information? Evidence from Report Readability and Tone ［J］. Journal of Business Ethics, 2021, 172 (2): 253-274.

［48］Du X. Does CEO-Auditor Dialect Sharing Impair Pre-IPO Audit Quality? Evidence from China ［J］. Journal of Business Ethics, 2019, 156 (3): 699-735.

［49］El Ghoul S, Guedhami O, Kim H, et al. Corporate Environmental Responsibility and the Cost of Capital: International Evidence ［J］. Journal of Business Ethics, 2018, 149 (2): 335-361.

［50］Empson L. Organizational Identity Change: Mmanagerial Regulation and Member Identification in An Accounting Firm Acquisition ［J］. Accounting, Organizations and Society, 2004, 29 (8): 759-781.

［51］FaccioM , Masulis R W , Mcconnell J J. Political Connections and Corporate Bailouts ［J］. Journal of Finance, 2006, 61 (6): 2597-2635.

［52］Fargher N L, Jiang L. Changes in the Audit Environment and Auditors' Propensity to Issue Going-Concern Opinions ［J］. Auditing: A Journal of Practice & Theory, 2008, 27 (2): 55-77.

［53］Ferguson M J, Seow G S, Young D. Nonaudit Services and Earnings Management: UK Evidence ［J］. Contemporary Accounting Research, 2004, 21 (4): 813-841.

［54］Ferris S P , Javakhadze D , Liu Y. The Price of Boardroom Social Capital: The Effects of Corporate Demand for External Connectivity ［J］. Journal of Banking and Finance, 2019, 111: 105-129.

［55］Ferris S P, Javakhadze D, Rajkovic T. The International Effect of Managerial Social Capital on the Cost of Equity ［J］. Journal of Banking and Finance, 2017, 74: 69-84.

［56］Firth M, Rui O M, Wu W. Cooking the Books: Recipes and Costs of Falsified Financial Statements in China ［J］. Journal of Corporate Finance, 2011, 17 (2): 371-390.

［57］Fisman R. Estimating the Value of Political Connections ［J］. American Economic Review, 2001, 91 (4): 1095-1102.

［58］Fogel K, Jandik T, McCumber W R. CFO Social Capital and Private Debt ［J］. Journal of Corporate Finance, 2018, 52: 28-52.

［59］Fracassi C , Tate G . External Networking and Internal Firm Governance

[J]. Journal of Finance, 2012, 67 (1): 153-194.

[60] Francis J R, Michas P N, Seavey S E. Does Audit Market Concentration Harm the Quality of Audited Earnings? Evidence from Audit Markets in 42 Countries [J]. Contemporary Accounting Research, 2013, 30 (1): 325-355.

[61] Frankel R M, Johnson M F, Nelson K K. The Relation Between Auditors' Fees for Nonaudit Services and Earnings Management [J]. The Accounting Review, 2002, 77 (s-1): 71-105.

[62] Gaver J J, Paterson J S. The Influence of Large Clients on Office-Level Auditor Oversight: Evidence from the Property-Casualty Insurance Industry [J]. Journal of Accounting and Economics, 2007, 43 (2-3): 299-320.

[63] Gendron Y. What Went Wrong? The Downfall of Arthur Andersen and the Construction of Controllability Boundaries Surrounding Financial Auditing [J]. Contemporary Accounting Research, 2009, 26 (4): 987-1027.

[64] Ghosh A A, Kallapur S, Moon D. Audit and Non-Audit Fees and Capital Market Perceptions of Auditor Independence [J]. Journal of Accounting and Public Policy, 2009, 28 (5): 369-385.

[65] Gong Q, Li O Z, Lin Y, et al. On the Benefits of Audit Market Consolidation: Evidence from Merged Audit Firms [J]. The Accounting Review, 2016, 91 (2): 463-488.

[66] Greene W. Functional Form and Heterogeneity in Models for Count Data [M]. Now Publishers Inc., 2007.

[67] Grein B M, Tate S L. Monitoring by Auditors: The Case of Public Housing Authorities [J]. The Accounting Review, 2011, 86 (4): 1289-1319.

[68] Guan Y, Su L, Wu D, et al. Do School Ties Between Auditors and Client Executives Influence Audit Outcomes? [J]. Journal of Accounting & Economics, 2016, 61 (2-3): 506-525.

[69] Guan Y, Lobo G J, Tsang A, et al. Societal Trust and Management Earnings Forecasts [J]. The Accounting Review, 2020, 95 (5): 149-184.

[70] Gul F A, Jaggi B L, Krishnan G V. Auditor Independence: Evidence on the Joint Effects of Auditor Tenure and Nonaudit Fees [J]. Auditing: A Journal of Practice & Theory, 2007, 26 (2): 117-142.

[71] Gupta A, Raman K, Shang C. Social Capital and the Cost of Equity [J].

Journal of Banking & Finance, 2018, 87: 102-117.

［72］Hasan I , Hoi C K , Wu Q , et al. Social Capital and Debt Contracting: Evidence from Bank Loans and Public Bonds ［J］. Journal of Financial & Quantitative Analysis, 2017, 52（3）: 1017-1047.

［73］Hay D C, Baskerville R F, Qiu T H. The Association Between Partnership Financial Integration and Risky Audit Client Portfolios ［J］. Auditing: A Journal of Practice & Theory, 2007, 26（2）: 57-68.

［74］Haynes K T, Hillman A. The Effect of Board Capital and CEO Power on Strategic Change ［J］. Strategic Management Journal, 2010, 31（11）: 1145-1163.

［75］He X, Kothari S P, Xiao T, et al. Long-Term Impact of Economic Conditions on Auditors' Judgment ［J］. The Accounting Review, 2018, 93（6）: 203-229.

［76］He X, Pittman J A, Rui O M, et al. Do Social Ties Between External Auditors and Audit Committee Members Affect Audit Quality? ［J］. The Accounting Review, 2017, 92（5）: 61-87.

［77］Heidl R A, Steensma H K, Phelps C. Divisive Faultlines and the Unplanned Dissolutions of Multipartner Alliances ［J］. Organization Science, 2014, 25（5）: 1351-1371.

［78］Heitzman S, Wasley C, Zimmerman J. The Joint Effects of Materiality Thresholds and Voluntary Disclosure Incentives on Firms' Disclosure Decisions ［J］. Journal of Accounting and Economics, 2010, 49（1-2）: 109-132.

［79］Hoi C , Wu Q , Zhang H . Does Social Capital Mitigate Agency Problems? Evidence from Chief Executive Officer（CEO）compensation ［J］. Journal of Financial Economics, 2019, 133（2）: 498-519.

［80］Horton J , Millo Y , Serafeim G . Resources or Power? Implications of Social Networks on Compensation and Firm Performance ［J］. Journal of Business Finance & Accounting, 2012, 39: 399-426.

［81］Hsieh T S, Kim J B, Wang R R, et al. Seeing is Believing? Executives' Facial Trustworthiness, Auditor Tenure, and Audit Fees ［J］. Journal of Accounting and Economics, 2020, 69（1）: 101-160.

［82］Hung Chan K, Wu D. Aggregate Quasi Rents and Auditor Independence: Evidence from Audit Firm Mergers in China ［J］. Contemporary Accounting Research,

2011, 28 (1): 175-213.

[83] Hung M, Wong T J, Zhang T. Political Considerations in the Decision of Chinese SOEs to List in Hong Kong [J]. Journal of Accounting and Economics, 2012, 53 (1-2): 435-449.

[84] Hunt A K, Lulseged A. Client Importance and Non-Big 5 Auditors' Reporting Decisions [J]. Journal of Accounting and Public Policy, 2007, 26 (2): 212-248.

[85] Hutchison-Krupat J, Kavadias S. Strategic Resource Allocation: Top-Down, Bottom-Up, and the Value of Strategic Buckets [J]. Management Science, 2015, 61 (2): 391-412.

[86] Hwang B H, Kim S. It Pays to Have Friends [J]. Journal of Financial Economics, 2009, 93 (1): 138-158.

[87] Hwang K. Face and Favor: The Chinese Power Game [J]. American Journal of Sociology, 1987, 92 (4): 944-974.

[88] Hwang N C R, Chang C J. Litigation Environment and Auditors' Decisions to Accept Clients' Aggressive Reporting [J]. Journal of Accounting and Public Policy, 2010, 29 (3): 281-295.

[89] Ioannou I, Serafeim G. The Impact of Corporate Social Responsibility on Investment Recommendations: Analysts' Perceptions and Shifting Institutional Logics [J]. Strategic Management Journal, 2015, 36 (7): 1053-1081.

[90] Jha A, Chen Y. Audit Fees and Social Capital [J]. The Accounting Review, 2015, 90 (2): 611-639.

[91] Johnson E N, Lowe D J, Reckers P M J. The Influence of Mood on Subordinates' Ability to Resist Coercive Pressure in Public Accounting [J]. Contemporary Accounting Research, 2016, 33 (1): 261-287.

[92] Kanagaretnam K, Krishnan G V, Lobo G J. An Empirical Analysis of Auditor Independence in the Banking Industry [J]. The Accounting Review, 2010, 85 (6): 2011-2046.

[93] Ke B, Lennox C S, Xin Q. The Effect of China's Weak Institutional Environment on the Quality of Big 4 Audits [J]. The Accounting Review, 2015, 90 (4): 1591-1619.

[94] Keune M B, Johnstone K M. Materiality Judgments and the Resolution of

Detected Misstatements: The Role of Managers, Auditors, and Audit Committees [J]. The Accounting Review, 2012, 87 (5): 1641-1677.

[95] Kinney Jr W R, McDaniel L S. Characteristics of Firms Correcting Previously Reported Quarterly Earnings [J]. Journal of Accounting and Economics, 1989, 11 (1): 71-93.

[96] Kinney Jr W R, Palmrose Z V, Scholz S. Auditor Independence, Non-Audit Services, and Restatements: Was the US Government Right? [J]. Journal of Accounting Research, 2004, 42 (3): 561-588.

[97] Kipping M, Kirkpatrick I. Alternative Pathways of Change in Professional Services Firms: The Case of Management Consulting [J]. Journal of Management Studies, 2013, 50 (5): 777-807.

[98] Klein A. Audit Committee, Board of Director Characteristics, and Earnings Management [J]. Journal of Accounting & Economics, 2002, 33 (3): 375-400.

[99] Krackhardt D, Stern R N. Informal Networks and Organizational Crises: An Experimental Simulation [J]. Social Psychology Quarterly, 1988, S1 (2): 123-140.

[100] Krishnamurthy S, Zhou J, Zhou N. Auditor Reputation, Auditor Independence, and the Stock—Market Impact of Andersen's Indictment on its Client Firms [J]. Contemporary Accounting Research, 2006, 23 (2): 465-490.

[101] Kwon S Y, Yi H S. Do Social Ties Between CEOs and Engagement Audit Partners Affect Audit Quality and Audit Fees? [J]. Auditing: A Journal of Practice & Theory, 2018, 37 (2): 139-161.

[102] Lennox C S, Wu X, Zhang T. Does Mandatory Rotation of Audit Partners Improve Audit Quality? [J]. The Accounting Review, 2014, 89 (5): 1775-1803.

[103] Lennox C, Wu X, Zhang T. The Effect of Audit Adjustments on Earnings Quality: Evidence from China [J]. Journal of Accounting and Economics, 2016, 61 (2-3): 545-562.

[104] Li C. Does Client Importance Affect Auditor Independence at the Office Level? Empirical Evidence from Going-Concern Opinions [J]. Contemporary Accounting Research, 2009, 26 (1): 201-230.

[105] Lins K V, Servaes H, Tamayo A. Social Capital, Trust, and Firm Performance: The Value of Corporate Social Responsibility During The Financial Crisis

［J］. The Journal of Finance, 2017, 72 (4): 1785-1824.

［106］Liu J , Wang Y , Wu L. The Effect of Guanxi on Audit Quality in China ［J］. Journal of Business Ethics, 2011, 103 (4): 621-638.

［107］Liu X, Simunic D A. Profit Sharing in An Auditing Oligopoly ［J］. The Accounting Review, 2005, 80 (2): 677-702.

［108］Luo J D. Guanxi Revisited: An Exploratory Study of Familiar Ties in a Chinese Workplace ［J］. Management and Organization Review, 2011, 7 (2): 329-351.

［109］Luo J, Huang Z, Li X, et al. Are Women CEOs Valuable in Terms of Bank Loan Costs? Evidence from China ［J］. Journal of Business Ethics, 2018, 153 (2): 337-355.

［110］Luo Y, Huang Y, Wang S L. Guanxi and Organizational Performance: A Meta-analysis ［J］. Management and Organization Review, 2012, 8 (1): 139-172.

［111］Maddala G S. Limited-Dependent and Qualitative Variables in Econometrics ［M］. Cambridge University Press, 1986.

［112］Menon K, D. D. Williams. Former Audit Partners and Abnormal Accruals ［J］. The Accounting Review, 2004, 79 (4) : 1095-1118.

［113］Morrison A D, Wilhelm Jr W J. The Demise of Investment Banking Partnerships: Theory and Evidence ［J］. The Journal of Finance, 2008, 63 (1): 311-350.

［114］Muslu V, Mutlu S, Radhakrishnan S, et al. Corporate Social Responsibility Report Narratives and Analyst Forecast Accuracy ［J］. Journal of Business Ethics, 2019, 154 (4): 1119-1142.

［115］Nelson K K, Price R A, Rountree B R. The Market Reaction to Arthur Andersen's Role in the Enron Scandal: Loss of Reputation or Confounding Effects? ［J］. Journal of Accounting and Economics, 2008, 46 (2-3): 279-293.

［116］Nelson M W, Elliott J A, Tarpley R L. Evidence from Auditors about Managers' and Auditors' Earnings Management Decisions ［J］. The Accounting Review, 2002, 77 (s-1): 175-202.

［117］Nnadi M I, Sorwar G, Eskandari R, et al. Political Connections and Seasoned Equity Offerings ［J］. Journal of Banking & Finance, 2021, 133: 106-112.

［118］Ouchi W. A Conceptual Framework for the Design of Organizational Control Mechanisms [J]. Management Science, 1979, 25 (9): 833-848.

[119] Ouchi W. Markets, Bureaucracies, and Clans [J]. Administrative Science Quarterly, 1980, 25 (1): 129-141.

[120] Pan X F, Tian G G. Political Connections and Corporate Investments: Evidence from the Recent Anti-Corruption Campaign in China [J]. Journal of Banking and Finance, 2020, 119.

[121] Peay E. R. Hierarchail Clique Structures [J]. Sociometry, 1974, 37 (1): 54-65.

[122] Peng M W, Luo Y. Managerial Ties and Firm Performance in a Transition Economy: The Nature of a Micro-Macro Link [J]. The Academy of Management Journal, 2000, 43 (3): 486-501.

[123] Poirier D J. Partial Observability in Bivariate Probit Models [J]. Journal of Econometrics, 1980, 12 (2): 209-217.

[124] Rajan R G, Zingales L. The Firm as a Dedicated Hierarchy: A Theory of the Origins and Growth of Firms [J]. The Quarterly Journal of Economics, 2001, 116 (3): 805-851.

[125] Reynolds J K, Francis J R. Does Size Matter? The Influence of Large Clients on Office-level Auditor Reporting Decisions [J]. Journal of Accounting and Economics, 2000, 30 (3): 375-400.

[126] Sanders C B, Steward M D, Bridges S. Facilitating Knowledge Transfer During SOX-mandated Audit Partner Rotation [J]. Business Horizons, 2009, 52 (6): 573-582.

[127] Saxton G D, Gómez L, Ngoh Z, et al. Do CSR Messages Resonate? Examining Public Reactions to Firms' CSR Efforts on Social Media [J]. Journal of Business Ethics, 2019, 155 (2): 359-377.

[128] Su X, Wu X. Client Following Former Audit Partners and Audit Quality: Evidence from Unforced Audit Firm Changes in China [J]. The International Journal of Accounting, 2016, 51 (1): 1-22.

[129] Tichy N. An Analysis of Clique Formation and Structure in Organizations [J]. Administrative Science Quarterly, 1973, 18 (2): 194-208.

[130] Wang Y, J. You. Corruption and Firm Growth: Evidence from China [J]. China Economic Review, 2012, 23 (2): 415-433.

［131］Watts D J, Strogatz S H. Collective Dynamics of "Small-world" Networks ［J］. Nature, 1998, 393（6684）：440-442.

［132］Weber J, Willenborg M, Zhang J. Does Auditor Reputation Matter? The Case of KPMG Germany and ComROAD AG ［J］. Journal of Accounting Research, 2008, 46（4）：941-972.

［133］Yang Z. Do Political Connections Add Value to Audit Firms? Evidence from IPO Audits in China ［J］. Contemporary Accounting Research, 2013, 30（3）：891-921.

［134］Young C S, Tsai L C. The Sensitivity of Compensation to Social Capital：Family CEOs vs. Nonfamily CEOs in the Family Business Groups ［J］. Journal of Business Research, 2008, 61（4）：363-374.

［135］Zhang Y, Zhou J, Zhou N. Audit Committee Quality, Auditor Independence, and Internal Control Weaknesses ［J］. Journal of Accounting and Public Policy, 2007, 26（3）：300-327.

［136］蔡春, 孙婷, 叶建明. 中国内资会计师事务所合并效果研究——基于国际"四大"审计收费溢价的分析 ［J］. 会计研究, 2011（1）：83-89.

［137］蔡春, 谢柳芳, 马可哪呐. 高管审计背景、盈余管理与异常审计收费 ［J］. 会计研究, 2015（3）：72-78.

［138］曹强, 胡南薇. 审计师子群体地位与审计质量 ［J］. 会计研究, 2019（8）：88-94.

［139］曹廷求, 王营, 张蕾. 董事网络位置及其溢出效应：为关系支付薪酬? ［J］. 财经研究, 2012, 38（10）：15-25.

［140］陈旭霞, 吴溪, 杨育龙. 审计师成为客户高管前对未来雇主的审计更宽松吗? ［J］. 审计研究, 2015（1）：84-90.

［141］陈运森, 谢德仁. 董事网络、独立董事治理与高管激励 ［J］. 金融研究, 2012, 380（2）：168-182.

［142］董沛武, 程璐, 乔凯. 客户关系是否影响审计收费与审计质量 ［J］. 管理世界, 2018, 34（8）：143-153.

［143］高凤莲, 王志强. "董秘"社会资本对信息披露质量的影响研究 ［J］. 南开管理评论, 2015（4）：60-71.

［144］龚启辉, 李琦, 吴联生. 政府控制对审计质量的双重影响 ［J］. 会计研究, 2011（8）：68-75+96.

［145］蒋尧明，张雷云．审计师—客户兼容性是否影响审计收费与审计质量［J］．当代财经，2019，417（8）：117-127.

［146］酒莉莉，刘媛媛．审计师—客户匹配度、审计师变更与审计费用［J］．审计研究，2018（2）：64-71.

［147］李四海，江新峰，刘星河．跨体制社会资本与高管薪酬契约［J］．经济管理，2017，39（2）：100-116.

［148］李智超，罗家德．中国人的社会行为与关系网络特质——一个社会网的观点［J］．社会科学战线，2012（1）：159-164.

［149］刘继红，章丽珠．高管的审计师工作背景、关联关系与应计、真实盈余管理［J］．审计研究，2014（4）：104-112.

［150］刘继红．高管会计师事务所关联、审计任期与审计质量［J］．审计研究，2011（2）：63-70.

［151］刘圻，罗忠莲．客户关系投资、产品市场竞争与审计师定价决策［J］．山西财经大学学报，2018，40（3）：110-124.

［152］刘启亮，周连辉，付杰，等．政治联系、私人关系、事务所选择与审计合谋［J］．审计研究，2010（4）：66-77.

［153］刘文军．审计师的地理位置与审计定价策略［J］．财经研究，2014，40（9）：121-132.

［154］刘笑霞，李明辉．社会信任水平对审计定价的影响——基于 CGSS 数据的经验证据［J］．经济管理，2019，41（10）：143-161.

［155］刘笑霞，李明辉．审计师关注客户所在地区社会信任水平吗？——基于 Pecking Order 模型的研究［J］．管理工程学报，2021，35（2）：113-129.

［156］罗进辉，李雪，林芷如．审计师—客户公司的地理邻近性与会计稳健性［J］．管理科学，2016，29（6）：145-160.

［157］潘越，戴亦一，吴超鹏，刘建亮．社会资本、政治关系与公司投资决策［J］．经济研究，2009，44（11）：82-94.

［158］邱力生，王文军，任晓怡．论"圈式缘聚"理论在管理学的作用［J］．管理世界，2012（2）：183-185.

［159］申宇，赵静梅，何欣．校友关系网络、基金投资业绩与"小圈子"效应［J］．经济学（季刊），2016，15（1）：403-428.

［160］申宇，赵玲，吴风云．创新的母校印记：基于校友圈与专利申请的证据［J］．中国工业经济，2017（8）：157-174.

［161］孙亮，刘春，柳建华．御用会计师：合作抑或合谋［J］．管理科学学报，2016，19（2）：109-126.

［162］田利辉，张伟．政治关联影响我国上市公司长期绩效的三大效应［J］．经济研究，2013，48（11）：71-86.

［163］王春飞，吴溪．会计师事务所分部间的审计客户调整——内部治理视角的解释［J］．审计研究，2019，210（4）：57-65.

［164］王楠，黄静，王斌．董事会社会资本、CEO 权力与企业研发投资——基于创业板上市公司的实证［J］．科研管理，2019，40（5）：244-253.

［165］王文姣，谭云．客户—审计师不匹配关系与企业商誉［J］．审计与经济研究，2020，35（3）：22-33.

［166］王文姣，王靖懿，傅超．客户和审计师不匹配关系与会计稳健性［J］．审计研究，2020（3）：105-114.

［167］吴超鹏，金溪．社会资本、企业创新与会计绩效［J］．会计研究，2020（4）：45-57.

［168］吴伟荣，李晶晶．校友关系影响审计质量研究——基于权利中心度和关系亲密度的证据［J］．中国软科学，2018（8）：105-116.

［169］吴文锋，吴冲锋，刘晓薇．中国民营上市公司高管的政府背景与公司价值［J］．经济研究，2008（7）：130-141.

［170］吴溪，王春飞，陆正飞．独立董事与审计师出自同门是"祸"还是"福"？——独立性与竞争—合作关系之公司治理效应研究［J］．管理世界，2015（9）：137-146+188.

［171］谢盛纹，李远艳．公司高管与签字注册会计师的校友关系对审计意见的影响——来自中国证券市场的经验证据［J］．当代财经，2017（6）：109-119.

［172］谢盛纹，闫焕民．换"所"不换"师"式变更、超工具性关系与审计质量［J］．会计研究，2013（12）：86-91.

［173］邢秋航，韩晓梅，吴联生．审计委员会—会计师事务所连锁关系与审计调整［J］．会计研究，2020（2）：179-190.

［174］徐业坤，李维安．社会资本影响民营企业债务来源吗？［J］．经济管理，2016，38（4）：46-59.

［175］杨钦皓，张超翔．审计师和高管之间的校友关系对财务重述的影响［J］．统计与决策，2019，35（23）：168-171.

［176］尹筑嘉，曾浩，毛晨旭．董事网络缓解融资约束的机制：信息效应与治理效应［J］．财贸经济，2018，39（11）：112-127．

［177］游家兴，刘淳．嵌入性视角下的企业家社会资本与权益资本成本——来自我国民营上市公司的经验证据［J］．中国工业经济，2011（6）：109-119．

［178］游家兴，邹雨菲．社会资本、多元化战略与公司业绩——基于企业家嵌入性网络的分析视角［J］．南开管理评论，2014（5）：91-101．

［179］于蔚，汪淼军，金祥荣．政治关联和融资约束：信息效应与资源效应［J］．经济研究，2012（9）：125-139．

［180］袁德利，许为宾，陈小林，刘小元，刘广瑞．签字会计师—高管乡音关系与审计质量［J］．审计研究，2018（2）：113-121．

［181］袁建国，后青松，程晨．企业政治资源的诅咒效应——基于政治关联与企业技术创新的考察［J］．管理世界，2015，256（1）：139-155．

［182］张宏亮，王瑶，王靖宇．外部审计师与独立董事之间的社会关系是否影响审计质量［J］．审计研究，2019，210（4）：92-100．

［183］张俊民，胡国强．高管会计师事务所经历与审计定价：基于角色视角［J］．审计与经济研究，2013（2）：25-34．

［184］张俊民，胡国强，孔德立．高管审计背景、会计师事务所关联与审计定价——来自中国A股上市公司的经验证据［J］．中央财经大学学报，2013（5）：90-96．

［185］张永建．企业兼并中的文化融合［J］．中国工业经济，1999（10）：67-71．

［186］赵炎，韩笑，栗铮．派系及联络企业的创新能力评价［J］．科研管理，2019（1）：61-75．

［187］赵炎，栗铮．适度站队：派系视角下创新网络中企业创新与结派行为研究［J］．研究与发展管理，2019（2）：102-109．

［188］郑军，林钟高，彭琳，等．政治关系能实现审计意见购买吗？——基于投资者保护视角的检验［J］．财经研究，2010，36（11）：104-114．

［189］周明建，侍水生．领导—成员交换差异与团队关系冲突：道德型领导力的调节作用［J］．南开管理评论，2013（2）：26-35．

［190］周泽将，徐硕，马静．政治关联、事务所背景与盈余管理——基于独立董事视角的经验证据［J］．审计研究，2017，200（6）：99-104．